石油化學工業 (第三版)
一原料製程及市場

AN INTRODUCTION TO PETROCHEMICAL INDUSTRY

徐武軍　著

懷念畏友

石延平　先生

2015 年新版自序

重寫《石油化學工業導論》的原因有二：

一是在 2010 年左右，由於成功的開發了自油砂（tar sand）取得石油、和自頁岩層（shale）取得天然氣，全面的改變了油和氣的供應：學生需要知道這些變化對能源和石化工業的影響。

第二個原因是，作者能持續修正內容的時間有限，故而需要刪除內容中時間性高的內容，補入一些時間性少的內容。

廿餘年前，承馬哲儒兄的幫助，自國科會取得編寫本書的補助，謹向哲儒兄致上遲來的感謝。五南出版社多年來配合作者多次修補內容，在艱苦的環境中盡到了文化出版人的責任，謹在此表示敬意。

吾妻勵君、吾女元純、元潔長年是我的精神支柱，我愛你們。

徐武軍

謹識於 2014 年歲末

序

　　能有機會為這本書寫序，是莫大的光榮。

　　二十七、八年前，武軍兄與我先後回國，是同一個系裡的同事，也是同一個院子裡的鄰居。所不同的是，他並沒有把自己鎖在研究室裡，把在國外時的學術研究延伸下去，而是對工業界的發展高度地關心，也願意多所參與。這二十多年來，他走了不少的地方，做了很多的事，實務上的見聞與經驗，加上當年學術上的堅實基礎，都是武軍兄編寫這本大作的重要資本。

　　化學工業導論應該是大學化工系裡一門相當重要的課程。做為一個大學化工系的畢業生，有必要對世界上，以及自己國內的化學工業的概況有一個全盤性的瞭解。最近在幾次口試的場合，把一些新聞媒體上有關化學工業的熱門話題拿來問我們的畢業生，絕大多數都答得難以令人滿意。我們怎麼能抱怨社會大眾對化學工業的認識不夠呢？連我們自己培養出來的畢業生都不過如此！這顯示國內大學化工系的教育在這一方面相當地失敗，我們身為教授的當然難辭其咎。武軍兄的這本書適時問世，正好滿足了這方面的需求。

　　國內各大學化工系的許多課程採用美國的課本。因為大部分的課程都是國際性的，我們的物理化學、單元操作的教材，和美國的，或是世界其他各地的，不必有什麼不同，使用英文的教材可以為學生的外文能力打些基礎，也是好事。但是化學工業導論是一門有地域性的課程，各地的化學工業，因為原料、市場、經濟和政治因素以及歷史背景的不同，都各有其特色。我們的學生不能只把美國書上的美國資料學到了，反而不瞭解自己周遭的現狀。早就應該有人為我們自己的學生寫一本化學工業導論了！

　　編寫教科書是一件高度服務性的工作，非常吃力、又難以討好。因為並非原創性，不能靠它來升等、得獎；國內的市場小，又會拿不到幾文版稅。好在武軍兄已經到了對這些功利因素看得很淡的境界，投入了心力，換到的是對國內化工界和教育界的一份功德，未嘗不是一件非常划得來的事。

　　這本書向讀者們介紹全盤性及地域性的化學工業概況。這是一門活的學問，是會隨著時間不斷地演變的。因此，這本書也難免需要不時地加以修訂、補充、再版。每次的修訂都會使其內容更為精緻、完美而充實。這篇序文雖然寫得不怎樣，但我希望以後每次再版時武軍兄念在老朋友的份上不要把它刪除，讓我有機會永遠分享一點他的光榮。

馬哲儒

1992 年於成功大學化工系

自　序
—編寫石油化學工業導論的背景和目標—

　　化學品製造工業，是利用化學變化的方法，將原料轉變成為產品的工業。過程中包含了聚合、氧化、脫氫等化學變化，以及物料的輸送、換熱、分餾等物理變化。因此化學工業的智識是以化學和物理作為基礎的。而與化學工業相關人材的訓練亦是建立在化學、物理，以及作為物理和化學基本工具的數學三個支柱之上的。

　　自從 1950 年代開始，Bird 等開始用數學模式來處理化學工業中物理轉換的問題，基本上發展出「化學工程科學」，並得到相當的成果。此一發展，配合上計算機的大量使用，遂使得化學工程在以物理為基礎的基本訓練上，走向高度的系統化和專業化，而沒有餘力去照顧到化學反應這一部分。

　　事實上，化學工業中的化學反應也是日益精細複雜，要去通盤瞭解，殊非易事。是以傳統的、以說明化學反應為主的「單元程序」課程，變成以說明化學工業的產業結構為目標。Shreve 的 *Chemical Process Industries* 一書即是其顯例。作為化學工業中的從業人員，都有必要去瞭解產業的結構、現況和發展前景，這對個人在專業方面的成長，和整體產業的發展都是不可缺少的。

　　產業不同於科學，由於發展階段、市場和原料的來源等因素，具有強烈的區域性。本書的目的即是試圖說明台灣和鄰近地區的：石油化學工業的結構和體系，以及這些工業依次在台灣、中國大陸、東南亞、日本及美國、中東和其他地區的情況和發展趨勢，以作為從事與化學工業相關工作者的參考，和作為大專學校教材之用。有興趣的讀者，同時可以參閱同一性質的另一本書《特用化學品》。

　　本冊的內容涵蓋石油化學工業、能源、環境保護和工業安全，結構如下：

　　第 1 章敘述近代化學工業的範圍、發展的簡史、泛用和特用化學品工業在結構上的區別，和石油化學工業發展的現況和展望。

　　第 2 章說明石油化學工業的基本原料——石油和天然氣——的性質和來源，以及煉油工業與石油化學工業之間的關係。

　　第 3 章討論石油化學工業所需要的基本原料——烯氫和芳香族——的來源、乙烯生產成本與原料的關係，以及乙烯產能的分佈和發展趨勢。

　　第 4 章及第 8 章分別說明乙烯、丙烯、丁二烯、苯、甲苯、二甲苯和甲烷的主要衍生物。藉由不同製程間的比較，指出催化劑是石化工業改進製程的重心；製程研發的基本方向是：簡化現有的製程、發展合乎環保要求的新製程和利用新原料。在第 8 章中對未來在石油的供應開始短缺時化學工業的可能原料來源有所討論。

　　第 9～11 章將前列主要衍生物區分為塑膠、人纖和合成橡膠三大類產業，分別討論其市場和在亞洲地區的供需情況。

　　第 12 章討論能源和化學工業間的關係。

　　第 13 章則對與化學工業相關的環保和工業安全作全盤性的說明。

　　在編寫的過程中，郭東瀛、陳陵援和邱作基兄，見義勇為的分別負責了第 10 章、第 12 章和第 13 章。呂維明、周澤川、吳文騰、劉東昇、馬哲儒和雷敏宏諸兄對書的內容各有指正；雷敏宏和馬哲儒二兄的細緻，一方面固然令自己汗顏不已，同時也領受到了更多的益處。馬哲儒兄慨允賜序，其間所代表的情誼，不是用文字能表達出來的；董師世芬指正了原版書中的誤失達二百餘處。一併在此致謝！至愛的妻女更是我編寫本書的原動力。

　　行文中，英、中簡稱是有意的混雜作用。書中的誤失和不足，均源於我個人的粗陋，任何指正都請賜寄給東海大學化工系本人，我們會用感激的心逐一加以補正、改進。

徐武軍

1992 年謹識於東海大學

···◆··· 目　錄 ···◆···

Chapter 2　石化工業的原料──燃料及其他原料來源

Chapter 3　烯氫、雙烯和芳香族的來源

Chapter 4　烯氫的衍生物

Chapter 8　塑膠工業

Chapter 9　人造纖維

Chapter 10　合成橡膠

Chapter 11　能　源

Chapter 1

化學工業概論

在這一章中,將依次說明
- 化學工業的涵義。
- 構成化學工業的三元素。
- 近代化學工業的起源。
- 石油化學工業的興起和成長。
- 化學工業的現況。

1.1 化學工業的涵義

人類的經濟活動分為三大類
- 第一產業是指農、畜牧、漁、林和採礦業,是對天然資源的直接開發和利用,具強烈的地域性。
- 第二產業是指製造業(manufacture industries),即是泛指將原料加工為產品的各種工業(industries)。原料主要是礦產物,以及農業產品,是以科技為基礎的產業,地域性極低。
- 第三產業是服務業(service industries),泛指對一般人民、第一和第二產業、以及第三產業提供不同服務的各種產業,包含和資金相關的銀行、證券等行業、運輸、旅遊、飲食、娛樂等等。第二及第一產業發展的程度愈高,對服務業的需求愈高。即是,沒有第一及第二產業,即沒有第三產業。

化學工業歸屬於第二產業,即是製造業,他的特性是以化學變化作為將原料加工為產品過程(process,亦譯為程序、製程)的核心,即是:

原料→以化學反應為核心的過程→產品

化學工業的產品是材料(materials),這些材料在經過再加工之後成為銷售給消費者的終端產品。例如:
- 化工業所生產的塑膠經過加工業者的加工之後,所得到的產品包含有:日

用品、光碟等直接銷售給消費者的產品，以及作為汽車和家電的構件，來供應給消費者。

- 將化工所生產的人造纖維用的聚合物，經過：抽絲、紡織、染整、成衣等步驟之後的產品是售與消費者的衣物。

將基本化工材料，加工為終端產品的過程中，有些過程完全不涉及化學反應，例如塑膠加工；也有些過程涉及化學反應，例如染整；這些加工業，均涵蓋在廣義的化學工業內。

將天然礦石冶煉成金屬的冶金工業，和將石灰石轉化為水泥的水泥工業，其核心過程均為化學反應，但一般不歸屬在化學工業的範圍之內。鹼氯和製酸工業則歸類在化學工業中。其區別在於酸、鹼、氯均是化學工業的原材料；而鋼鐵等金屬以及水泥等產品，只是建廠階段的必需品，而不是生產階段的必需品，是以不歸類在化學工業中。若干催化劑的主要成份是金屬，生產催化劑的工廠是化學工廠。

- 化學工業的骨幹是將原料，用化學反應作為手段，轉換成有用材料的工業。
- 提供此一骨幹產業所需要的原材料的工業，屬於化學工業的範疇。
- 將骨幹產業所生產的材料，再次加工成為直接面對市場終端產品的加工業，是廣義的化學工業。

1.2　構成化學工業的三要素

在 1.1 節中說明什麼是化學工業的意涵。從經濟活動的觀點來看，化學工業以及提供化學工業所需要主原料的供應者，形成的供應鏈，此一供應鏈必需要有相對應的消費端來完成經濟活動。

即是，此一經濟行為的過程是：

原料→經由化學工業→消費者市場

即是，化學工業在此一行為的過程中，所扮演的是用技術將原料轉化為有消費者市場產品的角色。沒有市場、原料或技術，化學工業就不可能存在。是以構成化學工業的要素是：

- 原料，
- 技術，和
- 市場。

在這三個要素中，市場最是重要、沒有市場，即不需要產品，技術和原料就沒有著力點。

市場來自需要，需要有不同的層次。食、衣、住是最基本的層次，是屬於必需的層次。是以和食、衣、住相關的產品，市場最大。在必需層次之上的，是提供便利性的產品，在這一層次上，消費者消費能力的重要性開始實現；即是，要求便利性是普遍的，而只有消費能力高的（有錢的）消費者才能取得較多的便利性。第三個層次是突顯個人特性的產品，包涵有個人的外觀、習性等；在這個層次中，消費能力具有決定性，即是，這是有充足資源（錢和影響）的人的市場。

- 這三個層次之間沒有非常清楚的界線。即是便利性的產品和必需性產品之間有重疊，後者和個人特性產品之間也有重疊。但必需品和個人特性產品之間，界限非常清楚。

- 以量來計算，必需品的產品大於便利性的產品，再遠大於個人特性產品。以市場價值來計算，表現個人特性產品的銷售金額可以超比例的高；即是，個人特性產品的利潤高於便利性產品，後者又高於必需性產品。

- 當產品的價格下降，或者當消費能力增加的時候，個人特性產品和便利性產品的市場可能向另一層次擴散、擴大，而失去其原來的市場特性。

- 產業鏈能存在的原因，是：在有利可圖的情況下，提供能滿足消費者需要的產品。供應鏈的利潤和原料成本及技術的有效性相關。即是，如果原料價格下降、技術的有效性提高，供應鏈的利潤即上昇，如果再將利潤分攤一部份給使用者來降低產品的價格，即可能改變產品消費的層次。例如用於光學用途聚合物品質的提昇，使得光學鏡頭的價格下降，而使得手機均

具有照相功能。

發展產業的首要之務，是要有明確的市場，對化學工業來說：

- 最明確的市場是仿造或取代天然產品的市場。染料、人造纖維和合成橡膠均是如此開始的。
- 在進入市場之後，由於對市場的需求有更細緻的瞭解，藉由技術進一步的發展，可以再進一步擴大和深化市場。
- 對以材料為主要的化學工業來說，開發不存在於自然界的材料的困難度極高，但是成功之後的果實也極為碩大，例如塑膠類產品。

作為產業鏈開端的原料，需要具備下列條件：

- 量必需要能滿足現在，以及未來三十年以上的需要。將原料轉變為產品的技術，是經由人力和資源的投入而獲得的；原料不同時，技術的內涵也必需要修正。是以當原料的供應量可能不足或是有斷缺可能的時候，在技術上所需要投入資源的比例大幅度增加，而使得產業鏈的經濟可行性減少。當原料供應不足時另一種可能是：沒有足夠的時間去開發新的技術，來適應新的原料，而使得產業鏈中斷。
- 原料的取得成本要合理，而且不會突然大幅度的改變，將所選用的原料轉換為產品的過程（process），和其他原料相比較，一定是要比較短的，經濟性高的。

本書的內容，聚焦於石油化學工業的原料、技術和市場。

1.3 近代化學工業的起源

本書將化學工業的產品分為兩類。

- 一類是產品是單一分子的化學品（chemicals）。
- 第二類是由多個分子結構相同的小分子聯結而成的聚合物（polymer）。

分別說明這兩類產品發展的過程，以及二者的異同。

1765 年，Watt 改良了蒸氣機（steam engine），使蒸氣機成為具實用價值的動力（power）來源。蒸氣可以驅動大型機械，提高生產的效率和規模，形成集中生產的工廠；蒸氣機同時又能驅動運輸用的火車和輪船，能有效率的輸送原料和產品。這些條件，導致工業革命，也就是第二產業的興起。工業累聚財富的速度，遠高於農業，即是在工業革命開始之後，這些工業化國家的財富快速上升，在變得富有之後，對物資需求的量，和物資品質的要求，亦快速上升；即是，在人口總數變化不大的情況下，以衣著為例，每人擁有衣物的數量大增，對衣物材質和外觀的要求也大幅提高。約而言之：

- 由蒸氣機所提供的動力，使集中生產成為可能。是為工業化。
- 工業累積財富的能力，遠大於農業。即是工業化促使財富快速增加。
- 財富的增加，促進對物資的量和質的要求。即是市場規模的大幅度的增加。

在 19 世紀中葉之前，化學工業有製酸和製鹼工業，以及油酯工業，即是將鯨魚油和其他的動植物油，製作蠟燭、肥皂和潤滑油酯的工業。

週期表（periodic table）是 Mendeleyev 在 1869 年 3 月 6 日發表的。週期表所要顯示的是各元素性質之間的系統性，是形成「科學」的第一步。在 1870 年代，化學家們才認定有機化合物（organic compounds）的意涵是含碳化合物。即是，在 19 世紀中葉，化學是一門尚在摸索、萌芽階段的學門。

棉原生於埃及、印度和中國，英國在 1609 年首次成功的在北美的南部移植棉花。工業革命即是自和「衣」相關的棉紡織業開始。即是，在工業革命開始之後，和紡織、染整產業相關的原料的需求均大幅度增加。其中尤以染料為甚。

以上，是近代化學工業興起的時代背景。

1.3.1 從煤焦油中找尋有用的化學品──近代化學工業的開始

工業革命使得鋼鐵的需求量急劇增加。取得鋼鐵的途徑是用碳作為還原劑，將天然的氧化鐵還原為鐵。木碳曾是主要的碳源，在需求大增的情況下，煤成為了最重要的碳源。要取得用作煉鋼還原劑用的高純度碳，煤必需先經過乾餾過程以除去煤中的雜質，這些雜質即是煤焦油（coal tar），其成分以芳香族（aromatics）的有機化合物為主，包含：

苯（C_6H_6）、甲苯（C_7H_8，）、二甲苯（C_9H_{10}，）、萘（$C_{10}H_8$，

）、酚（C_6H_5OH，）、喹啉（C_9H_7N，）、醌（$C_{14}H_{10}$，

）、菲（$C_{14}H_{10}$，）、咔唑（$C_{12}H_9N$，

）、芴（$C_{13}H_{10}$，）等。

這些都是以前少見或未見的化合物。煤焦油原來最主要的用途是作為鐵軌枕木的防腐。

19 世紀中葉前的化學家的研究工作，大部份是將不同的物質混合在一起，看看能否引起化學反應、反應之後會得到什麼樣的新物質。1856 年，一位 W. H. Perkin 的英國化學學生，即如此這班偶然的合成出了稱之為 Mauve 的染料，是為首次人為的合成出原來完全依賴天然產出的、高經濟價值的化學品。顯示出：

・煤焦油組分的衍生物，是具有巨大經濟利益的。

於是：

・1863 年，德國成立 Hoechst 和 Bayer 兩家化學公司。前者生產染料，後者專攻苯胺系列染料。

- 1865 年，以生產苯胺、蒽系染料的 BASF 公司成立。
- 在 1870 年前後，瑞士的 Ciba 和 Geigy 兩家化學公司成立。這就是近代化學工業的開始。

回顧 19 世紀後半，化學工業的重點是單一化學分子的染料和藥，例如：

- 1863 年，德國化學家 Adolf von Bayer 發現了 barbiturates 酸，是 barbiturates 系列藥物的基礎化合物。Bayer 是 1906 年首位獲得諾貝爾化學獎的柏林大學有機化學教授，Bayer 化學公司的創始人。產學密切聯結是德國的特色之一。
- 1875 年，英國的化學家 Ferdinand Tiemann 合成了香草精（vanillin）。
- 1879 年，美國化學家 Ira Remsen 和 Constanfine Fahlberg 合成出商品名為 Saccharin 的代糖。
- 1901 年，合成的 Indanthrene 藍色染料上市，這是屬於 Vat 染料系列的染料，存在於原生於印度的樹汁中；這一系列染料和棉的結合力極佳，是牛仔褲的主染料。染料、香精、藥和代糖這些產品有下列共同點：
  - 每一種產品均具有獨特的性質，和獨特的功能。
  - 除了藥之外，這些化學品的功能，是增加主產品的價值。例如代糖和香精增加食品的價值，染料增加紡織物的價值。藥品的功能是人體的保健。
- 由於不是主產品，這些化學品的需求量，相對都不大。
- 分子量一般在 500 以下。

這些化學品今日歸類於特用化學品（specialty chemicals）。

1.3.2 模仿和取代天然材料──聚合物

木材、棉、毛、絲和天然橡膠等都是由分子量相對小的分子聯結而成的大分子，分子量在一萬以上，統稱之為聚合物（polymer）。這些天然的聚合物，是人類在生活必需的材料，在本節中，將說明人類模仿和取代天然聚合物的過程。

天然橡膠來自原生於中、南美洲橡膠樹的樹汁，口香糖即是一種原生的天然橡膠。不同品種橡膠樹所產出橡膠的物理特有差異，由於強度低、不能維持一定的形狀、及有黏性等，原生形態的天然橡膠不是有用的材料。天然橡膠成為有用且必需的材料，經過如後的歷程：

- 1839 年，Charles Goodyear 偶然的發現，在橡膠中加入硫再加溫，得到硬度，強度大幅度增加、可以保持一定形狀、不黏且不溶解於溶劑中的材料，此一加硫的過程即是使橡膠交聯成為巨大分子的加硫磺化（vulcanization）過程，使得橡膠具有可用性。
- 1844 年，Charles Goodyear 做成了第一條輪胎。
- 1880 年，John Dunlop 取得了充氣輪胎的專利。
- 在 1900 左右，汽車開始普及，成為「行」的必要工具，橡膠也成為了「行」的必要材料。
- 1914 年第一次世界大戰，汽車和飛機成為了非常重要的戰爭工具；橡膠成為了「戰略物資」，即是少了橡膠，就不能作戰。

　　英國人在 20 世紀初，將馬來西亞發展為最大的天然橡膠生產基地。是以在戰爭的時候，不能自馬來西亞取得橡膠的一方必需要設法解決橡膠來源的問題，即是發展人工合成橡膠。第一次世界大戰，英國控制馬來西亞；二次世界大戰時，日本佔領了馬來西亞；是以德國和美國均先後致力於發展合成橡膠（synthetic rubber），所得到可用於輪胎的合成橡膠是丁苯橡膠（styrene butadiene rubber, SBR），其性質不及天然橡膠。一直要到 1950 年代配位催化劑出現之後，工業界始能聚合出性質和天然橡膠性質比較接近的聚異戊二烯（poly isoprene, IR）和高順聚丁二烯（high cis poly butadiene, high cis PB）。

　　聚合物是由很多小分子經由共價鏈聯結而成的大分子，這個概念是由 Herman Staudinger 在 1920 年左右提出，他得到 1953 年諾貝爾化學獎。採用 Staudinger 的理論而有系統的研究發展新的聚合物產品的是自 1930 年代開始的美國杜邦（Dupont）公司的 Carothers 研究團隊，他們研究的目的是人造纖維和合成橡膠。

　　在棉、麻、毛、絲等天然纖維之中，絲的價格比其他的高了十倍以上。棉原

產於埃及、印度和中國，在 1609 年成功的在北美洲的南部植栽成功，歐和美有了棉的來源；而絲原產於中國，從來就沒有成功的在西方複製過；是以研發出如絲的纖維，是西方長期的追求目標。早期的工作，集中在將相對廉價的纖維（cellulose）改質，例如在 1910 年左右商業化的嫘縈（rayon），及醋酸纖維。

杜邦的研究團隊則集中於將含氮的小分子聯結成聚合物，原因是絲和毛均是動物纖維，以氨基酸為主成份。研究的主要成果是：

- 於 1939 年商業生產的尼龍 6/6（nylon 6/6），是強度很高，光澤極佳的人造纖維，中國大陸稱之為「錦綸」。即是杜邦得到了一種至少在外觀上和絲相近的人造纖維。
- 在 1950 年開始大量生產聚丙烯氰（polyacrylonitrile, PAN；亦稱 acrylic fiber），是手感和羊毛類似的合成纖維。

即是，在所謂的三大人造纖維之中，Crothers 的實驗室佔有了兩種。尼龍是遂步（stepwise）聚合，PAN 是加成（additional）聚合，即是杜邦的研究團隊的研究內容涵蓋了大部份的聚合化學。1933 年，統計學者 Paul Flory 加入了 Carothers 團隊，用統計方法找尋實驗條件與所得到聚合物的分子結構、以及分子結構和聚合物性質之間的關係。他在 1952 年將他的教學講義整理成《Principles of Polymer Chemistry》一書，是為聚合物學門的首部經典。

至二次世界大戰結束時止，為了戰爭、或是利潤，已開始商業生產或即將大量生產的主要聚合物有：

- 合成橡膠類：丁苯橡膠（SBR）、丁氰橡膠（NBR）和氯丁橡膠（Neoprene）。
- 人造纖維類：尼龍、PAN 和聚酯（polyester）。
- 塑膠類：聚氯乙烯（poly vinyl chloride, PVC）、聚苯乙烯（poly styrene, PS）、低密度聚乙烯（Low Density Polyethylene; LDPE）、聚甲基丙烯酸甲酯（PMMA）、Teflon 等。
- 其他，例如酚醛樹酯（phenolic resin）、不飽和聚酯（unsaturated polyester）、尿膠（urea glue，即尿素與甲醛的聚合物）、環氧樹酯（epoxy resin）、矽系聚合物（silicons）、聚碳酸酯（poly carbonate, PC）等。

1950 年代所發展出來的配位催化劑（coordination catalyst，亦稱 Ziegler-Natta 催化劑），具有規範小分子在聚合反應的過程中如何排列的功能，即是可以聚合出具高度規則性的分子鍊，形成具結晶性質的聚合物，大幅度的提高其強度。在前列產品中添加了高密度聚乙烯（high density polyethylene, HDPE）、聚丙烯（poly propylene, PP）、高順聚丁二烯、高順聚異戊二烯、乙丙二元橡膠（EPM 及 EPDM）等。這些佔聚合物總量 95% 的產品，均在 1960 年前問世。

1.3.3　泛用和特用化學藥品──化學品的分類

在 1.3.1 節中提到染料、藥品和香料等歸屬於特用化學品；而在 1.3.2 中所提到的聚合物，是歸屬於泛用化學品（commodity 或 general purpose chemicals）。在本節中將對這兩類化學品的定義和差異，作進一步的說明。

泛用的基本意涵即是可作為不同用途的物質，具多用途功能的產品可以再粗分為兩大類：

- 一類是可作為不同用途的材料，例如在 1.3.2 節中所列出的各種聚合物，合成橡膠可以製成輪胎或是鞋子或是輸送帶，塑膠可以做杯子、瓶子、袋子等等。
- 另一類則是用於不同情況下的助劑，例如酸、鹼或溶劑等。

即是，泛用化學品涵蓋了有多種用途的材料，例如聚合物，和有多用途的助劑例如酸、鹼和溶劑。總共約 200 餘種，但是量大，年用量至少以十萬噸計。總年銷售金額，佔所有化學品市場約 70%。其中聚合物以及和聚合物相關產品的營業額佔 90% 以上。

從組成來說，特用化學品可區分為：

- 精密化學品（fine chemicals），即是單一化學成份的化學品，例如藥品、染料等。
- 配方（formulated）產品，即是產品是由不同化學品調配或混合（compounded）而得，例如油漆、化粧品等。其組份中也含有聚合物。

從市場來說，特用化學品產品的消費者區分為：

- 個人（personal care）用途，例如藥品和個人保健（personal care）用品包括化粧品；個人保健用品歸類為配方產品，而藥品則是精密化學品。
- 作為其他加工過程中的助劑，例如：
  - 增加其產品功能性及價值，例如染料、介面活性劑等。
  - 增加其加工過程的效率，例如催化劑、潤滑、脫模劑等。

特用化學的年銷售額，佔化學品總額約 30%；其中精密化學品佔特用化學品的三分之一，或化學品總額的 10%。二者合計在萬種以上。

從技術的觀點來看：

- 特用化學品的分子結構比較複雜，其研發的重點在於：
  - 瞭解分子結構與性質之間的關係。
  - 有效合成產品的途徑。
- 泛用化學的分子結構相對簡單，研發重點在：
  - 有效率的合成聚合物的原料，即單體（monomer）。
  - 在聚合過程中控制聚合物的鏈結構、和鏈長度。
  - 有效率的合成及聚合過程。
  - 聚合物結構與性質的關係。

日本將下列化學品歸類於特用化學品，依用量排列：

藥品、化粧品、塗料、感光器材、農藥、清潔劑、印刷油墨、界面活性劑、塑膠添加劑、染料、香料、接著劑、肥皂、觸媒劑、特殊高皆子材料、橡膠化學品。

美國的分類，依市場大小次序排列，為：

農藥、油井用化學品、工業塗料、特殊潤滑油、工業用清潔劑、電子工業化學品、特殊高分子材料、塑膠添加劑、接著劑、潤滑油添加劑、診斷用藥品、食品添加劑、觸媒劑、感光器材、水處理用劑、染整助劑、金屬表面處理用劑、化粧品、黴菌消除劑、橡膠化學品、炸藥、特殊界面活性劑、試藥、紙用化學品、塗料添加物、煉油添加物、選礦劑、印刷油墨、翻砂用化學品。

在產業形態上，特用化學品和泛用化學品的差異有：

‧固定資產

泛用化學品的固定資產平均占總投資的50%或以上。特用化學在35%以下。

固定資產指在生產設備和廠房上的投資。

‧生產型態

二者生產型態的比較如下：

	泛用化學品	特用化學品
生產成本占售價的%	60～85%	30～65%
產品類別	少	多
產品種類	少	多
產量	大	小
工廠規模	大	多半為小型
生產程序	連續式	多為批式，極少數及包裝為連續式
生產設備	大型，複雜，高效率生產單一產品	小型，多功能靈活生產多種產品
技術重點	合成及工程設計	合成、配方，檢定，及應用技術
原料來源	多為自給	外購
產銷計畫	中至長期	短期

‧行銷

在行銷方面的差異是：

	泛用化學品	特用化學品
行銷費用占售價的%	3～5%	15～40%
產品的用途	基本原料	多為添加物
市場	大	小
客戶	以少數大客戶為主	數量多
價格		
基礎	成本	適用的程度
市場競爭	強	低至中等
景氣的影響	高	低
接觸對象	採購部門	現場和技術單位
對技術服務的需求	少	高
對行銷人員的要求	個性上能與人融洽相處	瞭解產品，具有技術服務能力
每位行銷人員的年業務量	大	小至中
行銷績效獎金	無至少量	高

由於特用化學品是以功能性為重，故而用戶對品牌（brand）的忠誠度高；泛用化學品價格導向性高，品牌的重要性下降。

不能非常明確界定功能性的產品以化粧品和一部份保健用品為主。生產者經常藉由大量的廣告和代言等活動來吸引使用者、和強化使用者的品牌忠誠度。

特用化學常由於銷售的對象是使用者，故而銷售人員必需具備對產品的性質和使用方法的智識和使用技術，即是專業的能力。同時，直接面對使用者的銷售人員的努力關係到能否成交，是以對銷售人員的獎勵高。

· 管理

由於泛用化學品量大而客戶少，但是市場變化慢，特用化學品量少客戶多，而市場變化快，而且對技術服務的要求多，二者在管理上區別極大：

	泛用化學品	特用化學品
管理重點	生產成本	產品能符合客戶要求
負責人背景	製造或財務	行銷或研究發展
組織	高度制度化	靈活性高，平面型結構
	金字塔型組織	
管理重點	成本控制	瞭解市場需求並能快速配合
	有效管理生產及貯運	人員的配合運用
	資金的運用管理	行銷人員的管理

綜合以上，特用化學品產業與市場間緊密結合的程度，和在操作上的靈活性，遠大於泛用化學品的產業。二者不能在同一套管理制度下共榮。

1.3.4 從煤焦油到石油和天然氣——原料來源的改變

1.3.1 節中說明煤焦油提供了現代化學工業所需要的原料，當化學工業的範圍和規模擴大之後，以煤焦油為主要原料面臨下列問題：

· 由於煤焦油是製造焦碳的副產品，而焦碳的主用途是製鐵。以煤焦油為原料，即使得化學工廠在實質上成為了製鐵工業的附庸；即是，如果沒有製

鐵工業，就沒有煤焦油，就設立不了化工廠；同時化學工廠的規模受到製鐵工廠的規模的限制。

· 煤焦油的成份是芳香族，而不含低分子量的烷，是以當化學工業發展到需要低分子量的烷作為原料時。化工業者必需找尋煤焦油以外的原料來源。

　用煤作為原料的歷史很久，煤中含有的碳氫化物，可用來作為化學工業的原料，對特用化學品來說沒有問題。

　聚合物是由很多個相同的小分子聯結而成的大分子，其原料（單體）必需滿足下列兩項要求：

· 一是具可聯結性，即是：

　· 分子中含有雙鍵，在聚合過程中雙鍵打開聯結，例如乙烯、丙烯、和丁二烯；即是可以進行加成聚合的分子。

　· 甲和乙分子上各含有兩個官能基，甲分子上的官能基和乙分子上的官能基反應，甲、乙分子藉此而聯結成大分子。例如具二個—OH 基的乙二醇和具二個—COOH 基的對苯二甲酸酯化反應、聯結。

· 二是由小分子聯結而得的聚合物要有強度。滿足強度要的主要條件是分子鍊要有規則性，有規則性即可以排列得比較緊密，分子之間的距離比較短，故而分子間作用力比較強，表現為強度較高的聚合物。分子結構簡單的低碳數碳氫化合物相對比較容易滿足此一要求。

　前列第二項要求，基本上將具有一定強度的聚合物的單體的主流限制為分子量低、同分異構物（isomer）少的分子，例如乙烯、丙烯。這些成分、及其原料，均不存在於煤焦油中。

　從原料的來源來看，碳數少的碳氫化合物有下列二優點：

· 在自然界中，碳數愈少的碳氫化合物，其貯量愈多。

· 碳數少，同碳數化合物的種類愈少，要分離出特定化合物的過程愈簡單，費用愈低。

是以低碳數碳氫化合物是較佳的原料。

在自石油和天然氣成為石化原料的主來源之前，由乙醇脫水得乙烯；由電石與水反應得乙炔，再與鹽酸反應即得氯乙烯。找尋煤焦油以外的原料來源的歷史，和聚合物的發展同步。

石油和天然氣的組份都是碳氫化合物，它們也都是燃料（佔總量的94%）。天然氣和石油的區別是：前者的成份是 C_1 至 C_4，後者是 C_5 以上（C_1、C_2 和 C_5 分別代表含 1、2 和 5 個碳的碳氫化合物，餘類推）的碳氫化合物；同時，碳數愈小，貯量愈多。是以石油和天然氣是比煤焦油更好、更方便的原料來源。

在煉油的過程中，流動床催化裂解（fluidized bed catalytic cracking, FCC）是一種將碳數高的碳氫化合物裂解為 C_5 至 C_9 汽油成份的標準操作，其副產品中包含有丙烯和丁烯。1922 年，美國用 FCC 所產出的丙烯商業生產異丙醇，是為以石油為起始原料的化學工業的開始，而自二次世界之後開始逐步取代其它的原料成為聚合物產業的唯一原料來源。在 1970 年，自煤焦油中提取苯、酚、甲苯的工業基本上停產，但是煤焦油仍是分子結構中含一個以上苯環原料的來源。中國鋼鐵的產量約占世界總量的一半，煤焦油的量很大，仍是芳香族原料的重要來源。

自石油和天然氣到聚合物的過程包含下列項目：
- 自石油或天然氣中，分離出所需要的組份。
- 自含芳香族的組份中分離出苯、甲苯和二甲苯（benzene, toluene 及 xylene，合稱 BTX）。
- 將烷（一般為 C_5 至 C_9）裂解為乙烯、丙烯和丁二烯（ethylene, propylene 及 butadiene，前二者為烯氫（olefin），後者為雙烯 diene）。
- 將乙烯合成為可形成聚合物的乙烯基（vingl）化合物，例如氯乙烯和苯乙烯。

  丙烯合成為可形成聚合物的丙烯基（acrylic）化合物，例如丙烯氰（acrylonitrile, AN）、和丙烯酸及醛（acrylic acid 及 ester）等。

  這些是加成聚合的單體（原料）。
- 將 BTX 製成含二個官能基的化合物，例如己二酸（adipic acid）、己二胺

（hexanediamine）、苯二甲酸（phenylenediacid）等。

將乙烯及丙烯製成含二個官能基的化合物，例如乙二醇（ethylene glycol, EG）和丙二醇（propylene glycol, PG）。以上是遂步聚合的單體。

· 將一種或一種以上乙烯、乙烯基單體、丙烯、丙烯基單體、和丁二烯，經由加成聚合過程，得到由一種單體所組成的均聚合物（homopolymer），及由一種以上單體所組成的共聚合物（copolymer）。

將具有可相互反應的官能基的單體，經由遂步聚合，得到聚合物品。

本書將依次分別說明：

· 石油和天然氣的來源。

· 前列六項過程。以及

· 聚合物的市場。

1.3.5 總結——二次世界大戰終結時的化學工業

綜合 1.3.1 至 1.3.4 節的內容，在 1945 年二次世界大戰終止時：

· 特用化學品工業已有八十餘年的歷史，主要的生產者集中在德國和瑞士及英國，其次是美國，也是化學工業的主幹。

· 聚合物產業正處於蓄勢待發的階段，即是已有具市場競爭力的產品出現，同時也找到了以石油和天然氣作為原料的途徑。

由於聚合物是多用途的材料，聚合物工業的規模和產量均遠大於特用化學品工業。除了德國在二次世界大戰中將煤氫化為汽油、煉油廠及尿素工廠之外，二次世界大戰之前，單一化工工廠單一產品的年產量，均在 1,000 噸之內；而自 1950 年代開始，生產聚合物的石油化工廠，其年產量均以萬噸為基本單位。即是，以生產聚合物為目標的石化工業的發展，將大規模的提高化學工業的規模、產值和影響力。

在諸多已發展（developed）的強國之中，美國本土是唯一未經直接戰火洗禮的國家。即是美國的化學工業是二戰之後唯一完整無損的，最具有快速擴充發展的能力的集團，其他的因素有：

- 美國具有技術能力，包含為了戰爭需要而不計成本發展出來的技術。
- 聚合物的量大，以使用連續式（contineous process）出生方式來生產較為經濟。由於美國是煉油大國，在連續生產的經驗和技術最多，最具有發展大規模以連續過程生產石化產品的基礎。

在二戰之後，石油化工是由美領頭發展出來的。

1.4 石油化學工業的興起和發展

工業是極為重要的經濟活動，要說明石油化學工業的興起及擴充，就必需要瞭解經濟活動的變遷，是以這一節從說明人類近百年來的經濟活動開始。

廣被世人所稱頌的歐洲人海外探險活動，在經濟活動的實質意義上是開啟了歐洲人向非白種人地區大規模掠奪資源和殖民活動的開始。美國在 19 世紀初、日本在 19 世紀末亦分別加入了歐洲向海外殖民和掠奪的行列。

是以在 20 世紀中葉二次世界大戰前後，歐洲和美國掌有全世界絕對的經濟活動主導權。少數對多數的掠奪終不能持久，在二次世界大戰之後，歐美以外的地區走向獨立自主。如果用能源的使用量來代表經濟活動的程度，圖 1-1 是 1960 年至 2010 年世界各地區能源耗用的變化。亞太地區包括：台灣、中國、日本、南韓、印度及東南亞。

參照圖 1-1：

- 在 1970 年之前，美國和歐洲能源耗用的成長率，高於其他地區；蘇聯和亞太地，維持穩定的成長。
- 1970 年至 1980 年，由於 1973 年的第一次石油危機，歐、美能耗用的增加率開始下降。

  蘇聯及亞太地區持續成長。
- 歐洲在 1980 年之後，對能源的需求基本持平。美國則恢復成長。
- 1990 至 2000 年，蘇聯由於政治體制的變化，能源用量下降。亞太地區的成長率開始超過美國。

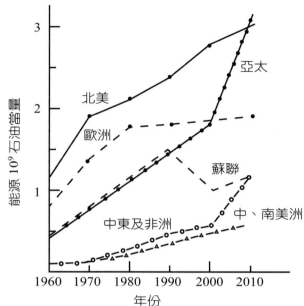

圖 1-1　1960 至 2010 年能源用量。

資料來源：美國能源部。

$$*平均年增率（以 10 年為單位）＝\frac{期末－期初}{期初}\times\frac{1}{10}\times\%$$

・在 2000 年之後，亞太地區能源的需求量大幅度增加，中東和非洲亦如此。

即是：美國和歐洲在 1970 年之前，主宰世界經濟；亞太地區穩步上升，在 2000 年之後，亞太地區的經濟力量開始超歐趕美。

表 1-1 說明能源使用比率的變化。

從表 1-1 中，可以清楚的看出：

・在 1970 年之前，美國和歐洲佔用全世界三分之二的能源，亞太地區佔用能源的比例，也在 1970 年之後開始上升。即是在 1970 年之前，北美和西歐基本上掌控了全世界的經濟主導權。要在 1970 年之後，其他地才開始有真正的成長。

・在 2010 年，美國和歐洲能源耗用的比例，和蘇聯以外地區的比例，大致相當。美國和歐洲的人口，約佔世界總人口的十分之一弱。即是歐美以 1/10

表 1-1　能源使用比率的變化，%

	1960	1970	1980	1990	2000	2010
北美	39.4	37.1	31.3	27.4	30	28.1
歐洲	26.2	27.6	25.9	22.2	20.2	17.2
小計	65.6	64.7	57.2	49.6	50.2	45.3
蘇聯	17.4	14.7	17.0	17.4	10.9	10.1
亞太	13.1	14.7	17.7	22.2	26.8	28.2
中東、非洲	3.3	3.0	4.4	6.0	6.6	10.6
中、南美洲	3.3	2.9	3.7	4.8	5.5	5.3
小計	19.7	20.6	25.8	32.0	38.9	44.1

　　弱的人口，用掉了 45%的能源；全世界其它 90%的人口，分到 55%的能源。

- 在亞太等地區快速發的背景下，至 2010 年止，美國和歐洲的人均能源用量，或是經濟力量，比世界其他地區仍高出約 10 倍。由於能源的供應有其極限，世界上其他地區，必需向歐美爭回其應得的能源。而歐美為了保護其既有的權勢和生活水準，必然會利用其所有現有的優勢來保護其利益。是以亞太區和歐美在能源，或經濟利益上的競爭是艱苦的。

　　在前述背景下，本節依次說明石油化學工業在二次世界大戰後的不同發展階段：

- 高成長和高利潤──1970 年前的石化工業。
- 第一次石油危機──原料重要性的突顯。
- 遍地開花了。
- 第二次石油危機和石化工業的大不景氣──1979 至 1988 年
- 1988 至 2000 年。亞太地區石化工業的快速擴充──市場因素
- 原料掛帥──中東石化工業在 2000 年後的飛躍發展。
- 石化和化學工業的現況和展望。

1.4.1 高成長和高利潤——1970 年前的石化工業

1930 年開始的世界性不景氣,至二次大戰前仍未復蘇,再加上戰爭的破壞,在二戰結束的時候,也是大重建時代的開始,各種物資均供不應求。除了在 1.3.2 節中所提到的聚合物之外。由 Ziegler 和 Natta 在 1950 年初期所發現的、可以使單體在聚合時規則排列的配位催化劑(coordination catalyst)系統,促使石化工業大幅度的擴充了範疇,是石化工業發展歷史上重要的里程碑。基於此一催化系統所發展出來的聚合物有聚乙烯 PE、聚丙烯 PP、高順聚丁二烯等。

在時間的次序上,日本和德國都是二戰的戰敗國,所有的工業均在戰後全面解散,要在 1952 年之後才能重新設立。但是 1948 年美國即展開了復興歐洲的馬歇爾計劃,是以德國在 1950 年代初即能開始建設石化工業,比日本早 5 年左右。

在這一段努力建設的過程中,石化工業成長的速率,比國家生產成長率(grand national productivity, GNP)高出三至五倍。同時,是高利潤的工業,例如:

- 在 1965 年之前,石油的價格為每桶(barrel, bbl, ＝42US gallon, ≒160 公升)2 至 2.5 美元,乙烯的價格為 US\$0.14〜0.18/kg,PE 的價格為 US\$1.0〜1.2/kg。

  即是以重量計,乙烯的價格約為石油的 400 倍(假設石油的比重＝0.82)。

  PE 的價格是乙烯的 7 倍以上。

  在 2012 年,乙烯的價格是石油 $2\frac{1}{2}$ 至 $3\frac{1}{2}$ 倍,

  PE 的價格為乙烯的 1.3 至 1.8 倍。

- 在 1960 年代,尼龍 6 絲的價格是單體的 5 倍。

  相對於 2012 的 1.2 至 1.5 倍。

除了利潤優厚,石化產品的量大、品種少,無論在生產、倉儲、或銷售的管理上,都比傳統化學品簡單,是相對錢多而事少的產業,成為了企業的最愛。在

1960 年前後，環保意識興起，傳統化學產品，例如染料的生產工廠都面臨到要大幅度投入資金重新整理的要求，德國做了；而美國的化學公司例如杜邦選擇放棄染料生產。時至今日，美國沒有生產染料的大廠。

至 1980 年，美國、歐洲（德、英、義、法）和日本依次是石化大國，也是出口大國。

台灣和中國大陸，在 1950 年至 1970 年之間的簡要重要發展如下：

- 台灣
  - 1950 年代初期，在南港投資以煤為原料的氮肥工廠，為不成功的計劃。
  - 1958 年台塑（FPC）的 PVC 工廠開始生產，日產 5 噸。
  - 1960 年代初，以苗栗出礦坑產出的天然氣為基礎，在頭份設立裂解工廠，年產乙烯 60,000 噸。以及下游的 LDPE 和氯乙烯工廠。另在苗栗設立年產十八萬噸的尿素廠。是為台灣石化產業的開始。
  - 一批日產三至五噸的尼龍和聚酯纖維的聚合工廠開始在 1960 年代中期後興起。

總的來說，和其他發展中國家相比較，台灣的石化工業起步早，比南韓早了十年。

- 中國大陸
  - 1950 年代，在蘇聯援助的 156 計劃中，在蘭州設立第一座煉油廠。
  - 1960 年在大慶找到了石油，至 1990 年代中期，中國大陸的自產石油是自足的。
  - 1960 年代中期，向德國購入設計產能為每年 80,000 噸的砂子爐生產乙烯技術及設備、效率不佳。

1.4.2 第一次石油危機──原料重要性的突顯

本節將次討論：

・第一次石油危機的意義。

・節能和分散能源。

・化學工業的再檢討。

・石油化工的首要是原料。

1.4.2.1 第一次石油危機的意義

1973 年，石油的價格由每桶 2 美元在短期內上升到 11 美元，是為第一次能源危機。它對全世界的經濟和化學工業，具有大而持久的影響。

能源是生活的必需品。自廿世紀開始，石油是已開發（developed）國家例如歐、美各國，以及開發中（developing）國家，最重要的能源；同時石油漲價，另一重要的燃料，煤，亦必然漲價。即是石油漲價，增加了社會對能源的支出，必然的會壓縮其他的支出，造成購買力普遍下降，影響到整體經濟發展。

對生產能源的國家來說，其出售石油的收入在半年內增加了五倍多。產油小國如汶萊，大國如沙烏地阿拉伯，他們的大學生不用交學雜費，外領高於台灣最低薪資的生活津貼。

由於油價上漲；

・開採成本比較高的油田。例如：深井、外海油田等變得具有開採價值。美國開始開發在阿拉斯加（Alaska）的油田。

・尋找非傳統油源。例如美國開始大規模研究開發油頁岩（shale）。

・開發二次及三次採油，即是在用傳統方法已吸不到油的油井，注入水蒸氣、二氧化碳等來增加和延展出油。

在這方面的努力，增加了石油的來源和量。

第一次石油危機所釋放出最重要的信息是：石油供應的量和價格，不再是美、英等國所能全盤控制的。

至第一次石油危機時止，在美、英的精必安排之下，每桶2美元左右的油價，已維持了五十年。第一次石油危機顯示出原有的安排，即是以美、英政府為支柱、由七大石油公司（seven sisters）出面，和中東產油國之間的利益分配，全面破解。意味著石油不再是穩定、廉價的能源。

在 2010 年所看到的美國和中東諸國之間的關係，是近卅年來建立起來的安排。產油國一定要賣油，其他的國家必需買油，二者必有平衡點。買方的代表人仍是美國，代表的仍是美國的利益。這種情況，在 2010 年之後由於美國開發了頁岩氣（shale gas）減少了對進口能源的依賴程度，以及在國際上的影響力開始減弱，可能開始改變。

1.4.2.2　節能和分散能源

在第一次能源危機之後，石油將在多少年內用完的預言，首度得到普遍性的重視。在第二章中將說明對石油貯量的預測，不確定性很多，沒有人能真的、神準的預測。但是，石油一定會用完，是不移的事實。於是，節能和分散能的來源就成了當急之務。

節能的內涵可以分為兩個面向：

- 第一個面向是使用能源的人，要減少能源的使用量，例如隨手關燈、少開電燈和冷氣等等，基本上是和使用者的生活態度有相關。生活檢樸、不浪費的人，例如市井小民，就是已在實行節能的人；生活高調的人的態度，才是要修正的對象。
- 第二個面向是必需要使用能源的生產和生活設備，要能更有效率的使用能源。由於能源的價格上揚，加大了投資於節能設備的誘因。

以汽車為例，美國政府分期設定了省油的標準，於是較小、較輕的車體、高效率的引擎等紛紛問世。2010 年汽車平均油耗，比 1970 年低了一倍以上。

要分散能源，核能在第一次石油危機之後，正式，而且非常快速的發展。歐洲、日本和韓國，在 15 年內，核能發電即佔有總發電量的三分之一以上；法國更超過了 70%。

從圖 1-1 可以看出，由於只能在北海採到只能滿足約 10%的石油需求，歐洲必需仰賴自中東和北非進口的石油，他們在節能上用力最深，在 1980 年之後總量增加得非常有限。美國則不然，對能源的需求一直在成長。

一個區別是：歐洲人口的總數增加有限；而美國的少數民族出生率高，人口在 1990 年至 2010 年間由二億增加到三億，人口增加，需要的能源就會增加，如果人口總數沒有下降，而總能源的需求長期持下降，以目前的科技水準來判斷，所代表的是生產和生活水準的下降。

歐、美在節能上的區別，同時反映在二者對限制二氧化碳，排放的態度上。1998 年的京都協定，要求已發展國家將二氧化碳的排放量，固定在比 1990 年少 5%至 8%的水準。歐洲同意，因為所需要做到的，是用二氧化碳排放量相對少的甲烷（天然氣）取代油和煤，而天然氣已可用管道由蘇聯取得。美國拒絕簽訂，因為能源需求一直在成長。

1.4.2.3 化學工業的再檢討

在第一次石油危機前後，化學公司的世界排名產生了大的變化，即是歐洲化學公司，例如 BASF、Hoechst、Bayer 和 ICI 的排名超過了美國公司例如 Dow，UCC，杜邦等。德國的化學公司，自 1952 年開始重建，迄時僅廿年，是以美國展開了對化學工業的檢討。比較這些公司的運作情況，可以發現下列兩個主要的區別：

1. 在歐洲公司營運範圍中，傳統的特用化學品（即是原以煤化學為主的產品，例如染料和醫藥等）所占的比例高於以石化產品為主的美國公司。這是由於歐洲的化學公司是以煤化學工業起家，將這些傳統的工業視為祖產，即

使在嚴苛的環保要求之下，仍儘可能的配合環保要求改進。

2. 歐洲公司外銷的比例大於美國公司。這是由於歐洲自 17 世紀開始即以取得原料和市場為主要目的的殖民政策，即是歐洲具有向外拓充以取得商業利益的傳統；而在第二次世界大戰之前，美國基本上是以自足為主的產業體系，只是在二戰之後才成為了世界性的角色。

即是面對新興市場，歐洲公司在心態和經營策略上均遠優於美國公司。

在 1.3.3 節中對石油化工（泛用化學品）和特用化學品之間的差異的排比，即是此一檢討過程所得到的結論。

是以在一次石油危機之後，美國的化學公司在發展策略上作了一些調整。明顯的結果是放棄以石化為唯一的重點，而走向多角化或轉型。轉型得最激底的是原在美國化學公司中排名在第五附近的 Monsanto 公司，全力轉化為生物技術公司，在 2000 左右已是全世界最大的基因改良種子供應公司。

1.4.2.4　石油化工的首要是原料

1.4.1 節中說明在高速成長期的石油化工產業，是高利潤的產業，當石油的價格和來源均不穩定的記號出現之後，下列兩點變得非常重要：

- 第一點是來源的穩定性非常重要。比較美國、歐洲和日本三個石化強權，日本完全不生產石油或天然氣，歐洲石油和天然氣的自足率約為 10%，美國石油的自足率經常是在 50%以上，是以美國發展石化工業的條件優於歐洲和日本。
- 石化工業最重要的原料是乙烯，乙烯是將碳氫化合物經由熱裂解（thermal cracking，亦稱蒸氣，steam，裂解）得到的，所使用的碳氫化合物來源有二：
  - 一是從天然氣中分離出來的 C_2、C_3 和 C_4（含兩個、三個和四個碳的碳氫化合物，餘類推）。
  - 另一是自石油中分離出來的以 C_5 至 C_9 為主的輕油（naphtha）。在第三

章中將說明，生產乙烯的經濟效益，C_2 至 C_4 高於 C_5 至 C_9。即是生產天然氣的地區，用自天然氣中分離出來的 C_2～C_4 為原料來生產乙烯，有成本上的優勢。是以自產天然氣的美國在石化產業上比歐洲和日本有優勢。

在 1980 年之前，美國、歐洲和日本都是石化產品出口的要角。在 1980 年之後，日本和歐洲逐漸退出競爭劇烈的亞洲市場。

同時出產天然氣的加拿大在 1975 年左右開始投資石化工廠。當時尚未生產天然氣的沙烏地阿拉伯，也利用採油時得到的伴生氣（associate gas），在 1980 年開始創設石化工廠。

1.4.3 遍地開花了

世界經濟發展的過程，在二次世界大戰之後依次是美、歐、日本，和從 1970 年代開始，由台、韓、港、星亞洲四小龍所帶動的東亞地區（參看圖 1-1）；這一個地區在 1970 年代以遍地開花的情式，建立石化工業。再細分一下，其發展的動機有下列三種。

- 第一種是產油國家如馬來西亞和印尼，在油價大漲之後，突然之間變得很有錢，有進一步投資的實力。同時，該時只有「先進」國家如歐、美、日本才有石化工業，建立石化工業意味著是走向「先進」。
- 亞洲四小龍是時是以出口導向的加工型企業為主，對原材料的需求很大，發展石化工業是「進口取代」。以台灣為例，自 1974 年開始相續完成了乙烯產能均為 235,000MAT（噸／年）的第二和第三輕油裂解工廠。
- 中國是時是受到美國禁運等封鎖手段下貧窮不堪、企圖心又強的大國，1972 年尼克森訪問北京，在聯中抗蘇的思維下，中、美之間打開了一點點門。在 1970 年代，中國大陸的石化工業的發展如下：
  - 1971 年向美國購 13 個年產合成氨 300,000MTA，尿素 480,000MTA 的尿素廠，這批工廠在 1977 至 1980 年間開始生產

- 同時購入 300,000MTA 輕油裂解及下游工廠，在 1978 年開始生產，即是燕山石化廠。
- 日本在 1972 年，協助中國在上海金山設立 110,000MTA 的乙烯和以人纖為主的石化廠，在 1978 年開始生產。

  法國在 1973 年，協助中國在遼陽設立 110,000MTA 乙烯及以人纖為主的石化廠，在 1980 年開工。
- 1978 至 1979 年，中國分別購入：
  - 4 個 300,000MTA 乙烯及下游工廠，分別設立於：大慶、齊魯、楊子（南京）和上海。這些工廠在 1985 年至 1990 年間完成。
  - 550,000MTA 的聚酯工廠，廠址在江蘇的儀征。

中國大陸購買石化技術的對象，依項目的數量的金額來排序，是美國、日本和歐洲。在 1960 年前後，日本石化工業的技術完全購自美國，在 1970 年末期，已有能力輸出技術。

1.4.4　第二次石油危機和石化工業的大不景氣——1970 至 1990 年

1979 年，中東等石油輸出經濟體組織（oil producing economic commite, OPEC）試圖將石油的價格提高到每桶 30 美元，是為第二次石油危機，但是沒有成功。原因是通貨澎漲率高、利率高、經濟普遍不景氣，對石油的需求量下降，買方無法接受高油價。

與此同時發生的，是由於供過於求的因素，中東以伴生氣為主原料的 4,000,000MTA 乙烯及下游產品在 1984 年進入市場。歐美的石化產業首次面臨不景氣，普遍的關閉舊有的老廠、小廠，而幾乎所有的新建工作完全停止。

台灣的石化業者，在這一段時間中做了兩件不尋常的事：
- 原來是中型規模石化廠經營者的趙氏家族，出脫台灣的企業，以極低的價格，在美國德州購入石化產業，逐步發展為擁有兩佰萬以上乙烯年產量的 Westlake 企業。是要在景氣低點投入的範例。
- 台塑集團（Formosa Plastic Corp, FPC）在 1980 年代末期，在美國德州投資

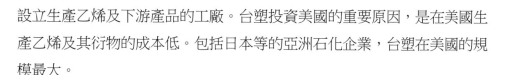

設立生產乙烯及下游產品的工廠。台塑投資美國的重要原因，是在美國生產乙烯及其衍物的成本低。包括日本等的亞洲石化企業，台塑在美國的規模最大。

此外，台灣在 1984 年完成年產乙烯 385,000 噸的第四輕油裂解工廠。在此一歐美石化業不景氣時期中，台灣的石化工業是在快步擴充的。

中國大陸在這一段時間中，是在消化 1978 年購入的石化工廠。

1.4.5 1988 年 2000 年，亞太地區石化工業的快速擴充——市場因素

石化產業經過 1980 年代的緊縮之後，在 1988 年來到了供需趨近平恒，價格開始上升。日本對此持保留的態度，除了舊廠更新之外，沒有擴大生產的能量，美國和歐洲則平穩的小幅度增加生產能量。然而在東亞地區是完全不同的景象。

中國大陸在 1978 年開始改革開放，在 1985 左右初見成效，到了 1980 年代末期，「世界工廠」開始成形，對於各種原物料的需求急速增加，在中國週近的台灣和韓國，為了追逐此一市場而大幅度的擴大石化產業。

- 1966 年底韓洋化學開始生產聚氯乙烯，是韓國第一座石油化學工廠，比台塑的 PVC 生產晚 10 年；1972 年底，大韓石油完成第一座乙烯工廠，比台灣的一輕晚 5 年。自此至 1986 年，其乙烯的年產量為 60 萬噸。1988 年，韓國大舉拓充其石化工業，乙烯產量在 1993 年即達到 350 萬噸，2000 年為 550 萬噸，是時為亞洲僅次於日本的第二大石化生產國。佔全世界總產量的 7%，在 12 年內擴充了約 10 倍。在 2005 年左右再擴充到年產 850 萬噸，超過日本。

- 台灣在此一期間中：
  - 在 1989 年至 1993 年四年中，將聚酯纖維的生產能量由 900,000MTA 擴充至 4,400,000MTA；在 4 年中擴充了近五倍。是時聚酯的總產能相當世界的 25%。
  - 完成乙烯產能為 450,000MTA 的第五輕油裂解工廠。台塑在麥寮興建初

期產能為 900,000MTA 乙烯及下游工廠。在 2000 年乙烯產能增加到 2,000,000MTA。乙烯的產能，由 1988 年的九十萬噸，增加到 2000 年的 3,200,000MTA，增幅為 350%。

- 奇美實業成為了全世界最大的ABS（丙稀氰── 丁二烯──苯乙烯共聚合物，主要用於家電產品）生產者，產能佔全世界總產能的 25%。
- 中國陸續在茂名完成了 350,000MTA 乙烯及下游工廠，及盤錦、烏魯木齊、廣州、撫順和天津完成一批 110,000 至 140,000MTA 的乙烯和下游產品的工廠。乙烯產能增加了一倍半。

相較於歐、美地區，東亞地區的台灣、中國大陸和南韓，由於中國的高速發展，石油化工產業在飛快的成長，是市場導向成長的範例。

1.4.6 原料掛帥──中東石油化工工業在 2000 年後的飛躍成長

1998 年，聯合國在日本京都招開有關環境保護和氣候變遷的會議上，決議已開發國家，例如北美、西歐和日本等國，要在 2008 年之前，將該國二氧化碳的總排放量，降低到比該國 1990 年總排放量更低的量。發展中國家二氧化碳排放量的控管在 2008 年以後再討論。在佔世界排放量 52%的國家簽字同意後生效。是為京都協定。

西歐和日本簽字同意履行京都協定的。

是時（1998 年），美國二氧化碳的排放量佔世界總量的40%。用美國會自行控管的理由，拒絕簽字。澳洲拒絕簽字。加拿大在簽字同意後，在 2012 年退出。

2005 年，蘇聯簽字同意，達到了該協議生效的標準，京都協定正式生效。

西歐諸國和日本能承諾降低二氧化碳排放量的原因有二：

- 參看圖 1-1，西歐能源使用量的增加率低；日本的經濟基本上自 1990 年代開始，即成長停滯，對能源的需求增長率低。
- 中東儲有大量尚未開採的天然氣資源，用天然氣來取代煤和油作為燃料，即可大幅度的降低二氧化碳排放。

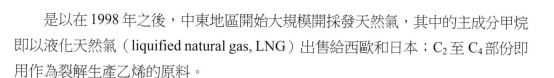

是以在 1998 年之後，中東地區開始大規模開採發天然氣，其中的主成分甲烷即以液化天然氣（liquified natural gas, LNG）出售給西歐和日本；C_2 至 C_4 部份即用作為裂解生產乙烯的原料。

配合 LNG 產量的增加，自 2004 年至 2012 年間，其乙烯產能增加了兩千餘萬噸，相當於全世界總產能的 20%。

中東以天然氣為原料大規模投入乙烯及其下游產品生產所產生的影響，將在第三章中詳加說明。所造成的後果是：

- 減低了其他地區，尤其是不生產天然氣或石油的地區，進一步擴充石化工業的可能。
- 降低了乙烯的價格，使以輕油為原料的乙烯生產者的獲利下降。

1.4.7 石化和化學工業的現況和展望

本節將依次討論，石化工業的現況、化學工業的現況、以及未來的展望。

1.4.7.1 石油化學工業的現況

圖 1-2 是 1995 年至 2010 年不同地乙烯產量的變化。

表 1-2 是同期各地區乙烯產量的年平均成長率、及佔世界產量比例的變化。其他新興國家包含中南美的墨西哥、巴西等，以及在亞洲的印度、新加坡、印尼、馬來西亞、泰國等。

圖 1-2 和表 1-2 所顯示出來的是各地區產量的變化

- 北美、西歐和日本三個已開發地區，乙烯總佔有率從 1995 年的 71.3% 下降到 2010 年的 48.9%。
  其中日本基本上是無成長，西歐是微成長，美國在 2000 年之後微成長。
- 中國持續保持高成長。其週邊的台灣和韓國，在 2005 年以前是高成長。
- 波斯灣六國（伊朗、伊拉克、沙烏地阿拉伯、阿拉伯聯合大公國、卡達和柯維特）是石化產業成長最快的地區，其總產能將超過 30,000,000MTA，達到和美國相當的水準。產品必需外銷。
- 其他新興國家的石化產業在 2000 年後快速成長，產品以內銷為主。

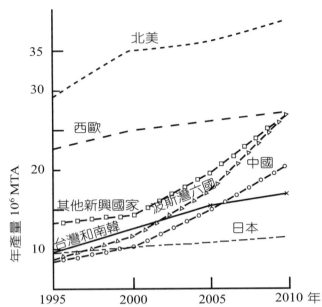

總量： 69,200,000MTA　84,000,000MTA　104,000,000MTA　131,000,000MTA

⧗ 圖 1-2　1995 至 2010 年各地區乙烯產量的變化。

資料來源：以 CE&N 為主

⧗ 表 1-2　不同地區使用乙烯的情況，%

	1995		2000		2005		2010	
	年成長率*	佔有率	年成長率*	佔有率	年成長率*	佔有率	年成長率*	佔有率
北美	—	35.4	3.8	29.2	1.2	29.5	1.3	25.3
西歐	—	25.6	1.9	22.3	1.6	20.1	0.9	16
日本	—	10.3	1.4	9	0	7.8	0	7.6
台、韓	—	6.6	11.7	8.7	7.7	9.6	2.8	8.6
中國	—	5	6.8	5.6	18.3	8.6	14.7	11.6
波斯灣六國	—	5.5	16.8	8.3	14.3	11.5	13.8	16
其他新興國	—	11.6	2.5	10.3	11.1	13.4	10	16
全世界	—	100	4.3	100	4.9	100	5.1	100

*年成長率 $= \left(\dfrac{\text{期末} - \text{期初}}{\text{期初}} \right) \times \dfrac{1}{5} \times \%$。

資料來源：C&EN

在地區產能分佈的資料中，並沒有顯示出美國化工業者在石油化工上的實力。美國的化學公司掌握有全世界 55%左右的乙烯產能（美國境內及境外）；Dow 公司乙烯的產能即超過 13,000,000MTA，相當於台灣和南韓的總和；毫無疑問的，美國是超級石化強國。

1.4.7.2 化學工業現況

在 2005 年之前，C&EN（Chemical and Engineering News）每年依照上市公司的年度財報，排列出世界前五十大化學公司。表 1-3 和表 1-4 分別是簡化的 1999 年和 2003 年世界五十大化學公司的排名，本節將藉由討論和比較表 1-3 和 1-4 的內容，來說明化學工業的現況。

表 1-3　1999 年世界 50 大化學公司

排名 1999	化學品	
	1999 營業額 億美元	佔總營業額 比例，%
1　BASF (Germany)	312.5	90.1
2　DuPont (U.S.)	276.8	93.1
3　Bayer (Germany)	201.9	69.4
4　Dow Chemical (U.S.)	186.0	98.3
5　ExxonMobil (U.S.)	137.7	7.4
6　ICI (U.K.)	136.7	100.0
7　Shell (U.K./Nethrtlands)	128.8	8.6
8　Akzo Nobel (Netherlands)	123.2	80.1
9　Degussa-Huls (Germany)	100.8	76.7
10　BP Amoco (U.K.)	93.9	9.3
11　Total (France)	93.4	22.2
12　Elf Aquitaine (France)	92.7	24.5
13　Sumitomo Chemical (Japan)	81.3	97.5
14　Huntsman Corp (U.S.)	80.0	100.0
15　Mitsui Chemicals (Japan)	77.6	100.0

表 1-3　1999 年世界 50 大化學公司（續）

排名 1999	化學品	
	1999 營業額 億美元	佔總營業額 比例，%
16　Henkel (Germany)	73.2	60.5
17　Aventis (France)	70.9	32.5
18　General Electic (U.S.)	69.4	6.2
19　Solvay (Belgium)	67.9	85.6
20　Dainippon Ink & Chemicals (Japan)	66.9	81.2
21　Air Liquide (France)	66.1	95.0
22　DSM (Netherlands)	66.0	98.0
23　Mitsubishi Chemical (Japan)	64.7	44.2
24　Clariant (Switzerland)	61.6	100.0
25　Toray Industried (Japan)	61.3	70.5
26　Ciba Specialty Chemicals (Switzerland)	59.7	100.0
27　Rhodia (France)	58.8	100.0
28　Union Carbide (U.S.)	58.7	100.0
29　PPG Industries (U.S.)	55.0	70.9
30　Equistar (U.S.)	54.3	100.0
31　Rohm and Haas (U.S.)	53.3	100.0
32　SABIC (Saudi Arabia)	53.3	100.0
33　Monsanto (U.S.)	51.0	55.8
34　BOC (U.K.)	49.4	92.3
35　Norsk Hydro (Norway)	47.2	36.0
36　Novartis (Switzerland)	46.9	21.7
37　Reliance Industried (India)	46.5	100.0
38　Air Products (U.S.)	46.5	92.7
39　Praxair (U.S.)	46.3	100.0
40　Celanese (Germany)	46.0	100.0
41　Eastman Chemical (U.S.)	45.9	100.0
42　Asahi Chemical (Japan)	45.5	43.4
43　ENI (Italy)	43.6	13.1
44　Borealis (Denmark)	43.3	100.0
45　Honeywell/AlliedSignal (U.S.)	40.0	16.9

⧗ 表 1-3　1999 年世界 50 大化學公司（續）

排名 1999		化學品	
		1999 營業額 億美元	佔總營業額 比例，%
46	Roche (Switzerland)	38.5	21.3
47	Formosa Plastics (Taiwan)	37.2	65.7
48	Lyondell (U.S.)	36.9	100.0
49	SKW (Germany)	36.0	100.0
50	Chevron (U.S.)	35.4	10.0

⧗ 表 1-4　2003 年世界 50 大化學公司

排名 2003	公司名稱	2003 化學品營業額 （億美元）	占總額 （％）
1	Dow Chemical (U.S.)	326.3	100.0
2	BASF (Germany)	307.7	81.5
3	DuPont (U.S.)	302.5	99.9
4	Bayer (Germany)	215.7	66.7
5	Total (France)	202	17.1
6	ExxonMobil (U.S.)	201.9	8.5
7	BP (U.K.)	160.8	6.8
8	RoyalDutch/Shell (U.K./Netherlands)	151.9	7.5
9	Mitsubishi Chemical (Japan)	132.2	79.6
10	Degussa (Germany)	129.3	100.0
11	Akzo Nobel (Netherlands)	107.5	72.8
12	SABIC (Saudi Arabia)	103.1	82.7
13	China Petroleum & Chemical (China)	97.4	18.2
14	ICI (U.K.)	95.6	100.0
15	Mitsui Chemicals (Japan)	93.4	100.0
16	Formosa Plastics Group (Taiwan)	85	52.7
17	Dainippon lnk & Chemicals (Japan)	84.1	100.0
18	General Electric (U.S.)	83.7	6.2
19	Air Liquide (France)	83.6	88.0

※ 表 1-4　2003 年世界 50 大化學公司（續）

排名 2003	公司名稱	2003 化學品營業額（億美元）	占總額（%）
20	Sumitomo Chemical (Japan)	80.4	80.5
21	Toray Industries (Japan)	73.9	78.8
22	Shin-Etsu (Japan)	71.0	98.9
23	Chevron Phillips (U.S.)	70.2	100.0
24	Huntsman Corp. (U.S.)	69.9	100.0
25	DSM (Netherlands)	68.5	100.0
26	PPG Industries (U.S.)	66.1	75.4
27	Equistar Chemicals (U.S.)	65.5	100.0
28	Reliance Industries (India)	65.4	58.6
29	Clariant (Switzerland)	63.3	100.0
30	Rhodia (France)	61.7	100.0
31	Air Products (U.S.)	60.3	95.7
32	BOC (U.K.)	60.1	85.1
33	Sasol (South Africa)	58.5	68.4
34	Eastman Chemical (U.S.)	58.0	100.0
35	Rohm and Haas (U.S.)	56.2	87.5
36	Asahi Kasei (Japan)	56.2	52.0
37	Praxair (USA)	56.1	100.0
38	Syngenta (Switzerland)	55.1	83.7
39	Solvay Belgium (Belgium)	54.8	64.1
40	Norsk Hydro (Norway)	53.9	22.2
41	ENI (Italy)	50.8	8.7
42	Ineos Group (U.K.)	50.0	100.0
43	Ciba Specialty (Switzerland)	49.4	100.0
44	Celanese (Germany)	46.1	100.0
45	LG Chem (South Korea)	43.8	73.2
46	Teijin (Japan)	42.9	56.9
47	Borealis (Denmark)	41.6	100.0
48	Nova Chemical (Canada)	39.5	100.0
49	Lyondell Chemical (U.S.)	38.0	100.0
50	Hitachi Chemical (Japan)	37.8	84.2

以表 1-3 和 1-4 為依據,分析全球化學工業現況和趨勢如後。

將前五十大公司依國籍,及各國公司營業額佔總額的百分比,排列如表 1-5。按,前五十大公司的營業額,約佔化學品市場總額的 80～85%。表 1-5 顯示,就化學公司而言:

- 歐洲明顯比美國發達。即是:
  - 美國在石油化工上領先。
  - 從傳統特用化學品起源的歐洲,其總體化學工業,優於美國。
- 日本整體化學工業的表現,優於其石油化工表現,且具世界性的影響力。
- 其他新興國家的化學工業,以中國和印度為代表,除了石油化工發展迅速之外,整體化學工業仍距歐、美、日本甚遠。

⧖ 表 1-5 五十大化學公司的地域分佈

	1999		2003	
	家數	營業額所佔%	家數	營業額所佔%
北美	16	32	13	30.8
西歐				
德國	6	19	4	15.8
英國	2	3.6	3	4.8
瑞士	4	5.2	3	3.8
其他	13	26.2	11	20.2
歐洲小計	25	54	21	44.6
日本	6	10	9	14.2
其他				
台灣	1	0.9	1	1.9
中國	0	0	1	2.2
南韓	0	0	1	0.9
印度	1	1.2	1	1.4
中東	1	1.3	1	2.3
其他小計	3	3.4	5	8.7

- 瑞士和日本均沒有自然資源，人口為日本的二十分之一（600 萬人，佔總人口的千分之八），而其化學工業為日本的 1/3 至 1/2。
- 在 1999 至 2003 年間，化學工業的年平均成長率為 2.8%。

在 2000 年前後，為了加強營運管理，化學工業經歷了一波合併活動；例如 Exxon 和 Mobil，Phillips 和 Cheron，Degussa 和 Huls，BP 和 Amoco 等。顯示石油化學工業競爭的激化。

1.4.7.3　展望

討論化學工業的未來發展，可以從兩個不同的觀點開始
- 第一種觀點是單純的從構成產業的三個基本要素，即原料、技術和市場出發，比較各地區的發展條件。
- 第二種觀點，則是從國家長期總體經濟發展的立場來討論。

從 1.3.3 節對石油化工（泛用化學品）和特用化學所作的排比來看，原料對石油化工非常重要，對特用化學品相對影響小，特用化學品工業的重點是技術和對市場瞭解的程度。本節將從前列的兩個觀點開始，兼顧石油化工和特用化學品之間的差異，分別討論如後。最後則是討論和取得技術相關的問題，以及發展產業的社會因素。

不同地區的原料、技術和市場的概略條件是：
- 從原料的觀點來看，天然氣的產地最有利於發展石油化工，石油的產地次之。（參看第二章）。
  - 北美地區（美國和加拿大）生產大量的天然氣和石油。美國頁岩氣（shale gas）的開發會使得美國的石化工業進一步擴大。
  - 中南美地區的墨西哥、委內瑞拉生產石油。巴西在外海發現大量的油氣。

- 西歐地區是石油和天然氣的進口區,自產有限。頁岩氣的前景不明。
- 澳洲外海發現有油、氣。
- 蘇聯是單一最大的石油和天然氣出口國。
- 波斯灣週六國和非洲,是最主要的石油出口地區。中東在 2000 之後是最大的天然氣出口地區。
- 亞洲整體為石油及天然氣進口地區,其中台灣、南韓、新加坡和日本,對進口的依賴程度為 100%。印尼和馬來西亞及緬甸出口天然氣。而中國頁岩氣的貯量估計佔全世界 20%,高於美國的 12%,如預測成真則在成功開採之後,其石化產業將有巨大的變化。
- 技術中的:
  - 石油化工的基本技術由美國主控,西歐和日本具有技術。
  - 特用化學品的技術,依次由西歐、日本和美國擁有。
- 市場:市場的規規和下列三個因素相關:
  - 第一是人口,
  - 其次是消費的能力。
  - 第三是可能的消費量。

　　用日本作為最高的消費量的範例,日本不是以石化產品出口為重的國家,一億二千萬人口、年產乙烯 750 萬噸左右,每人年乙烯耗量為 62.5kg／人一年,以此作為已發展國家合理的年消費量,或是發展中國家可能達到的消費量,可以得到下列結論:

- 歐美已開發國家的乙烯產量均超過此一標準。
- 新興國家,例如中國、或金磚四國等,均遠低於此一標準。

　　以中國為例,在 2012 年其乙烯總產量約為 16,000,000MTA,相當於 12.3kg／人一年,相當於日本的五分之一。是以新興,即是在努力發展經濟的國家,是市場之所在。

- 處於新興國家周邊的國家,例如台灣、南韓和新加坡,其乙烯產能均大幅度的超過自用量。

・中東則是在原料的絕對優勢下，急速以出口為目標，設立石化工業。中東石化產業對台灣、南韓、新加坡、日本等完全依賴進口原料的石化產業，以致於原料能部份自足的中國，造成大的影響。

從全球石化產業發展的過程中，可以看出：

・在發展的初期是技術掛帥，擁有技術的，或是能取得技術的，都能快速發展，獲利亦佳。

・當原料的重要性出現之後石化產業即不再是高獲利產業，要依賴進口原料的西歐和日本，即停止或減低石化產業的成長。

・由於石化產品是關係到民生的重要原材料，不能過度的完全仰賴進口，故而崛起中的國家例如中國，即使在無利可圖的情況，仍要作為民生必需品工業來持續發展。

同時，也引發了下列兩個問題：

・第一個問題是技術的重要性，和如何取得技術。

・第二個問題是發展產業所需要的社會環境或是條件。

分別討論如後。

首先要討論的是技術的重要性。

・對石化產業來說，當原料的重要性開始突顯之後，石油化工產業開始普遍化，石油化工業的利潤下降。即是當技術擴散，或是使用技術的集團變多，利用此一技術所能獲得的利潤即下降。

・對特用化學品來說，在第二次世界大戰之後，歐洲和日本的化工廠全毀於戰爭，德國和日本更是處於美國的軍管之下，但是美國的化工業並未能在傳統的化學產業上長期獨佔，德國和日本的化學工業很快的在 1952 年之後復興壯大。即是掌握有特用化學品技術的德國和日本，即使歷經戰爭，亦未被科學實力強大的美國所取代。

是以能掌握技術，即是獲利的保證，產業即具有生命。

技術既然如此重要，為什麼有人會出售技術？

- 第一類是，當市場太大，共同性又高，即有人會針對此一市場發展技術作為商品出售。例如UOP（Universal Oil Products）公司，即專攻和煉油相關的技術出售。麻省理工學院（MIT）的教授曾組織 SDI（Scientific Design Incorp.）出售石化技術。UOP 和 SDI 均不從事生產。碳氫化合物熱裂解為烯氫的技術，基本上是掌握在 Lummus、Kellogg、Foster Wheeler 及 Stone and Webster 等工程設計公司的手中。

- 第二種情況是技術不具獨佔性，甲公司不賣，乙公司和丙公司也可能會賣，於是甲公司是不賣白不賣。

是以市場大的，不是少數廠家能獨佔的技術，就成了可出售的商品。

從取得技術的條件，可以很清楚的看到技術獨佔性的強度。

- 比較容易取得的技術可以用一次性買斷的方式（lump sum）取得。

- 獨佔性比較高一點的技術，可能會要求：

  - 抽頭式（ruming rolyity）的方式出售，即是依照出售的量或價抽取一定比例的報酬。

  - 或是將技術作為資本，佔有新設工廠總投資的一定比例，依照此一比例抽取技術使用費用。但不是直接介入公司的經營管理。

- 獨佔性再高的技術，其持有者基本上是在一定的代價下，讓購買者分享一點投資的利潤。即是除了將技術作為投資之外，尚要掌握或參與經營管理。

從石化工業在不同地區發展的過程來看，除了原料、技術和市場要素之外，發展產業需要有一定的社會環境，即是社會能穩定的、有規律的運作。以亞洲為例，近年來能維持國力長期成長的國家如新加坡、南韓和中國，皆是以國家的發展為重，能統合人民、齊心努力的國家。散慢、盲目以向西方模仿為榮的國家，英語能力再好，沒有混出什麼名堂。

　　具有原料和市場優勢的地區，今後會是石油化學工業成長的重點。在已發展國家中，美國是惟一具有繼續擴大石化產業規模的國家；由於對蘇聯瞭解得非常有限，不能預測他要走的路。

　　要真正的深入化學工業，發展中國家必需長期、有耐心的深耕基礎技術。

Chapter 2

石化工業的原料
——燃料及其他
原料來源

　　石油化學工業和其他的化學工業相同，是以碳氫化合物為主的工業，所用到的原料是以貯藏於自然界的碳氫化合物為主。這些化合物的主要用途是燃料（fuel），用作工業原料的約佔總量的6%。

　　本章在導論中說明將石化原料分類的原則，不同類原料量的轉換，再依次說明不同類原料的化學組成和貯、產量分佈：

- 石油——液態原料，
- 天然氣——氣態原料，
- 煤——固態原料。

最後討論可再生原料和總體分析。

2.1　導論

　　參閱1.2節，在近代化學工業興起之前，製造肥皂是重要的化工產業。肥皂的原料是得自動、植物的油酯（酯酚酸，fatly acid），歸屬於可再生（regeneralbe）原料。鯨魚在今日數量減少，而且是要被保護的動物，但是植物油仍是重要的原料，將在2.5節中討論。本節討論不能再生的石油和天然氣。

2.1.1　碳氫化合物的來源

　　近代化學工業的原料主要來自由碳氫化合物所組成的石油和天然氣，以及自煤中乾餾而得的煤焦油，其他已知含有碳氫化合物的物質有油砂（tar sand）、油頁岩（shale），以及頁岩中的氣體和海洋中的甲烷水合物。從貯存的環境來作區分，有下列兩類。

- 第一類是貯存於密閉的空間中，例如現在的油田和氣田。可以用抽取的方式，取得碳氫化合物含量極高的抽取物，例如石油和天然氣，其成份包含自甲烷至瀝青的氣、液態產品，這仍是今日（2013年）碳氫化合物的主要來源。

- 第二類是貯存在非密閉空間的煤、油砂、油頁岩和頁岩氣（shale gas）和瀝青。其共同特性是含碳氫化合的比例比較低，一般不能用傳統的採油、氣方式來取得碳氫化合物，其中的頁岩氣在廿一世紀初開始大量開採。

從所得產品的形態來分類，可以分為：

- 在常溫為液態的石油，包含 C_5（沸點為 30°至 40℃）及以碳數更高的碳氫化合物。
- 在常溫為氣態的天然氣，其成份為 C_1 至 C_4（沸點在 10℃以下）。

煤除了可以乾餾出煤焦油之外，以煤為原料生產碳氫化合物的製程，日益重要。是以在本章中討論碳氫化合物的來源時，依照石油、天然氣和煤三部份來討論。

在沒有進入實質討論之前，需要說明兩個問題，第一個問題是現有的貯量有多少；第二個問題是石油和天然氣的量如何轉換。

2.1.2 *預測的意義*

1973 年第一次石油危機發生之後，一般的預測是石油在五十年內會用完，至今已過去了 40 年（2013），相同的「五十年內會用完」的字句仍然在用。那麼預測是如何做出來的？他的意義又在那裡？

地層形成的歷史，和地層的結構，是目前科技可以相對精確瞭解到的資料。從這些資料中，可以推估地層中是否儲有碳氫化合物可能；但是真正有沒有、有多少這兩個問題，要實地打井探勘之後才能得到答案。例如可以從地層形成的歷史去判斷是否有古動、植物的沉積，從地層結構中去找出是否存在密閉的空間。當二者的答案均為是的時候，即可判斷地層中有貯存碳氫化合物的可能；然後一定要打幾口探勘井，才能知道地層中含有的是油？氣？二氧化碳？還是水。已證實（proven）貯量，即是已打過探勘井、根據探勘井產出的資料，估算而得的數字，是相當可靠的資料。

釣魚台海域貯有豐富的石油，是猜的。即使即刻動手探勘，最快也要在五年之後才知道有沒有、有多少，完全不能列入預測。

除了已證實貯量之外，尚有兩種和貯量相關的用詞。

- 一是貯量，是指礦區所含有總碳氫化合物。
- 另一是可回收（recoveable）量，是指用現在的科技所能採收到的量。可回收量一般均低於貯量。

貯量會經常變動的原因有：

- 如果石油的價格上昇，開採費用比較高，例如位於深海中的油田、氣田即開始具有經濟價值，探勘活動會增加，所得到的貯量就會增加。
- 現有資料的來源多半是美國，是以美國熟悉的地方，資料就多一點，相對的其他地區的資料就會相對的簡略。以煤的貯量為例，在 1985 年之前，美國一般性的資料中認為中國煤的貯量不多；而中國的資料則顯示中國的煤有 7,000 億噸，佔世界總量的 70%。顯然二者均偏了。
- 隨著某一物質重要性的增加，對其貯存量的查勘工作加強，所得到的貯量會有大幅度的不同。例如在油砂可被開採之前，一般認為加拿大和委內瑞拉的貯量分別佔世界總貯量的 60% 和 40%；在開發成功之後，委內瑞拉的油砂貯量即大幅度的上修。

是以，油和氣的貯量，都不是絕對值，是用作為時參考用的。

2.1.3 石油和天然氣量的轉換

90% 以上的油和氣均用作燃料；其價格的基礎是熱值，而油和氣的組成分子差很大，體積和比重亦差很多，是以要先討論量的轉換。

石油的量一班是用體積表示，例如桶、立方米、（千升 kilo litre, KL），也有用重量表示，例如中國即用公噸來表示石油的用量。

天然氣的產量一班用體積來表示，例如立方英呎（ft^3）和立方米（M^3）；售價則用熱值（heating value）來標價。例如每 1,000,000BTU 賣多少錢（US$/MMbtu）。

相同體積中所含有液態和氣態物質在質（重）量上差異極大；即使同為氣態，由於分子量的差異，質量和熱值的差異亦大，例如甲烷、乙烷和丙烷每 M^3

的熱值分別為：9,700，15,900 和 20,300 大卡，故而體積不能單獨用作為比較的基礎。

用重量作為比較熱值的基礎，差異仍存在，但是比用體積為基礎的小。

碳氫化合物單位重量的熱值，和化合物分子中〔氫原子數／碳原子數〕的比值相關：

	甲烷	丙烷	戊烷	苯
〔氫／碳〕原子比	4	3	2.4	1
燃燒熱，kcal/gr	12.26	11.96	11.64	10.03

即是，分子中氫原子的比例愈低，熱值愈低。將不同產地所生產的石油，用實驗方式測取熱值，其平均值為：

$$石油的平均熱值 = 10,700kcal/kg \pm 2\%$$

碳氫化合物的比重，和分子量成正比。即是分子量愈大，比重愈大。石油的比重，在行業中用 API（America Petroleum Institute）來表示。

$$API = \frac{141.5}{比重} - 131.5$$

石油的等級，用 API 來表示，API 值愈高，石油中低分子量的組份愈多。即是汽、煤、柴油的含量愈多，經濟價值愈高。

	API	比重
輕（light）石油	40	0.825
中（medium）石油	35	0.8498(0.85)
重（heavy）石油	30	0.876(0.875)
瀝青	10	1

在市場上交易的石油，以中級石油居多數。以中級石油為基礎：即比重為 0.85，熱值為 10,700kcal/kg。天然氣以甲烷為準，1,000ft³ 甲烷的熱值約為 1,000,000BTU（MMBTU）。

物理量的轉換如下：

體積：1bbl＝42US gal＝158.76 公升

　　　1M³＝6.299(6.3)bbl＝30.71ft³

　　　1MT 中級石油相當於 7.4bbl

熱量：1kcal＝3.965Btu＝4.184J

用中級石油和甲烷為基礎，用熱值來比較：

　　　1mmBTU＝23.55kg 石油

　　　1m³ 天然氣（甲烷）＝2.87kg 石油

　　　1MT 石油＝348.4m³ 天然氣

　　　　　　　＝10,700ft³ 天然氣

2.2　石油

石油是指自地下所開採出來的液態、含 5 個碳以上的碳氫化合物。它是目前用途最廣泛的基本能源和化學原料來源。

2.2.1　石油的成分

石油的元素分析（elemental analysis）成分範圍如下：

元素	含量
碳	83.0～87.0%
氫	10.0～14.0%
氮	0.1～2.0%
氧	0.05～1.5%
硫	0.05～6.0%

石油的化學組成包括有：

- 烷（alkane 或 paraffin）：包括直鏈的正烷（n paraffin）和支鏈的（iso 或 branch），以及分子量高的蠟（wax）。
- 芳香族（aromatic）如烷基苯（alkyl benzene）和 bi、tri 及 tetra nuclar 的芳香族等，以及分子量大的瀝青（asphalt）和大分子量的瀝青。
- 環烷（cyclo paraffin 或 naphthene 或 cyclo alkanes）如 alkyl cyclopentanes、alkyl cyclohexanes 和 bicycloparaffin。

按石油為一混合物，其詳細成分是依照各產地不同而異。除了前列的碳氫化合物之外，石油中含有硫和氮的化合物；以及釩、鎳、鈷、銅等金屬。

2.2.2 石油的分類

在產業界，石油的分類方式一般有兩種：

一是依照其成分，即是如果石油中含的烷類比較多，即稱為 paraffanic，含芳香族比較多的稱之為 aromatic，環烷類比較多即稱之為 naphthenic 等。由於石油為一大混合物，不可能只含有某一類的碳氫化合物，表 2-1 是不同類石油餾分的比較。

依照由表 2-1 的化學組成來界定石油，僅可得知石油的概略組成。由於在煉油（refining）過程中，除了重組（reforming）操作之外，沒有將烷類變成蠟或是直鏈烷變成苯環之類的操作。故而石油中所含有機化合物的種類，基本上決定了產品的成分範圍。例如從石蠟基的原油中得不到太多量的瀝青，從芳香基的原油中拿不到潤滑油的烷系基礎油（base oil）等。故而這種分類方法有它一定的意義。

⌛ 表 2-1　不同類石油的餾分組成（wt%）

分類 ＼ 組成	烷 paraffin	環烷 naphthenic	芳香族 aromatic	蠟 wax	瀝青 asphalf
石蠟（paraffanic）	46～61	22～32	12～25	1～10	微量
石蠟－環烷（paraffanic-naphthenic）	42～45	38～39	16～20	1～6	～6
環烷（naphthenic）	15～26	61～76	8～13	—	～6
芳香族（aromatic）	0～8	57～58	20～25	—	～20
石蠟－環烷－芳香（paraffinic-aromatic-naphthenic）	27～35	36～47	26～33	～1	～20

另一種分類的方法則是依石油的比重而區分為「輕」（light），「中」（medium）或是「重」（heavy）的石油。在石油行業中，比重是用 API 來表示。

比重輕的原油，一般含有較多的低分子量汽油等成分（汽油的比重在 0.75 左右），同時含硫量少污染少，而且黏度低容易流動運輸。即是比重低（API 高）代表商業價值高而品質好的石油。一般石油的 API 在 40（比重＝0.825）或更高的石油是輕石油（light crude），API 在 35（比重＝0.85）左右的石油稱之為中級石油（medium crude），而 API 在 30（比重＝0.876）或以下的稱之為重石油（heavy crude）。

含硫量高的石油稱之為「酸」（sour），含硫量少的則稱之為「甜」（sweet）石油。

2.2.3　石油的貯量和產能分佈

傳統上，石油和天然氣均是貯存於密閉中的碳氫化合物，如圖 2-1 所示。

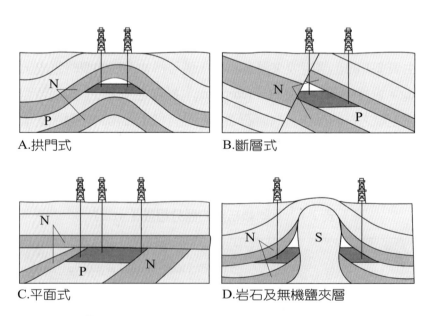

A.拱門式　　　　　　　　　　B.斷層式

C.平面式　　　　　　　　　　D.岩石及無機鹽夾層

⏳ 圖 2-1　傳統油、氣田地質結構示意圖。

O：油；G：氣；P：多孔岩層；N：硬質岩層；S：無機鹽。

· 必需先找到合乎要求的地層結構。再找有沒有油或氣。

· 多孔岩石中含有的碳氫化物比例高。

· 能開採出來的是流體的油及氣，流動困難的，即是分子量高的碳氫化合物
  是採不出來的。可用的增產方法包含注入蒸氣和二氧化碳，煉油廠能處理
  的石油的比重的上限是 API 25（比重為 0.92）。

這是目前（2013 年）油和氣的主要來源，表 2-2 所列的石油和表 2-10 中所列
的天然氣貯量均是這一類的。

油砂（tar sand, oil sand, bituminous sand）是存在於非密閉的地層。含有碳氫
化合物的砂粒中。由於是非密閉空間。分子量低的碳氫化合物已揮發，留存下來
的是分子量高、瀝青狀的碳氫化合物。要利用這些高分子量的碳氫化合物，必需
要克服兩個技術上的問題：

· 第一個技術上的問題是如何將碳氫化合物自砂上分離，而且不能對環境造
  成太大的影響。

· 從油砂取得的碳氫化合物分子量很大，在加拿大取得的其 API 小於 10（比
  重大於 1），委內瑞拉的略高於 10。現在的煉油廠均無法處理如此重的石
  油。是以在分離出碳氫化合物之後，必需先裂解為分子量較小，可以流動
  輸送、和可以在為煉油廠中處理的油。

非常明顯的，要解決前列二問題，

· 開採的費用會提高。

· 開採的過程中，必須需要投入比傳統採油更多的能源。相對應的，排放更
  多的二氧化碳。

同時，由於可以處理低 API（高比重）的碳氫化合物，使得原本認為無開發
價值的、僅含重石油的，油田和瀝青湖（在委內瑞拉）變成為有開發價值的油源，
因而使得石油的貯大幅度的增加，委內瑞拉和加拿大一躍而成為貯油大國。修正
後的石油貯量如表 2-3。

已知油砂礦中所含有的油，約相當於已知石油貯量的 50～60%。其中加拿大

佔 55%，委內瑞拉 35～40%（不含重石油，即瀝青），其餘的在蘇聯和 Kazakhstan 等。

在 2013 年，加拿大是唯一自油砂採油的國家，產量為 2,000,000bbld（桶／日），約相當於全世界總產量的 2%強，預計可能會達到 5,000,000bbld。由於 CO_2 排放量高，加拿大在 2011 年 12 月宣佈退出控管 CO_2 排放量的京都協定。

開發油砂的影響，對經常性石油的供應小，而資源配置的影響大。將在表 2-2 後討論。

2004年底，不計入油砂，各地區石油的貯、產量和供需情況如表 2-2，至 2013 年，基本情況相同，預在未來二十年內，中東、非洲和蘇聯仍是主要的石油輸出地區：

⏳ 表 2-2　石油的貯、產量及分佈（不含油砂）

日產量（mmbbld）		供需情況 輸出（＋），輸入（－）	以目前的產量，預估其貯 量可開採的時間（年）
OPEC			
中東			
Saudi Arabia	13	＋	77
Iran	6	＋	78
United Arab Emirates	$3\frac{1}{2}$	＋	115
Kuwait	3	＋	110
Iraq	3	＋	160
Quter	1	＋	55
中東小計	$29\frac{1}{2}$	＋25	
非洲			
Nigeria	$3\frac{1}{2}$	＋	32
Algeria	$2\frac{1}{2}$	＋	20
Libya	2	＋	70
非洲小計	8	＋4～5	
其他			
Venezuela（南美）	3	＋	
Indonesia（亞洲）	2	＋	

⏳ 表 2-2　石油的貯、產量及分佈（不含油砂）（續）

日產量（mmbbld）	供需情況 輸出（+），輸入（−）	以目前的產量，預估其貯量可開採的時間（年）
其他小計	5	$+2\sim2\frac{1}{2}$	
OPEC 總計	42.5	$+31\sim32\frac{1}{2}$	
其他國家			
北、中、南美			
USA	8	−	15
Mexico	5	+	12
Canada	3	+	15
Brazil	2	0	12
北、中、南美總計	18	$-10\sim-12$	
歐洲			
Russia	13	+	22
Norway	4	+	10
Kazakhstan	$1\frac{1}{5}$	+	25
歐洲總計	$18\frac{1}{5}$	$-8\sim-10$	
亞洲			
中國	3	−	20
Malaysia	1	+	15
亞洲總計	4	$-12\sim-15$	
其他國家總計	$41\frac{2}{5}$	$-30\sim-35$	
全世界總計	84.2	大致平衡	

補充說明如下：

- 小的產油國例如汶萊等，和預期可能的產油國例如澳洲和越南等國未列在內。

- 除了 OPEC 諸國之外，其他的亞、美、歐洲均為石油進口區。是以 OPEC 可以決定石油的供需平衡，或是價格。

- OPEC 國家的總貯油量占世界已知總貯量的 72%，其中波斯灣沿岸的沙烏地阿拉伯、伊朗、伊拉克、科威特和阿拉伯聯合大公國（合稱波斯灣六國），共占世界已知總貯量的 62%；而沙烏地阿拉伯獨占世界已知總貯量的 22～25%。

- 參看表 2-2 的第三欄，用目前的開採量來估算，OPEC 國家的已知貯量大部分可以維持 75 年或更久，而 OPEC 以外的國家均為 20 年左右或更短。是以 OPEC 國家對石油供應和價格的影響，是與時俱增。

表 2-2 中最重要的信息是：
- 所有已發展、和快速發展地區，均要仰賴進口石油。
- 美國約自墨西哥、加拿大、委內瑞拉、和中東進口約 60% 所需要的石油。在 2010 年之後，由於頁岩氣的開發，進口比例開始減少。
- 歐洲所需石油，90% 以上自中東、非洲和蘇聯進口。
- 日本、台灣和南韓 100% 仰賴石油進口，中國為 60%（2012 年）。
- 亞洲地區對進口石油的依賴度最高，即是石油供應和價格上的變動，對亞洲發展中國家的影響大。

表 2-3 是 2012 年，根據不同的資料來源，已證實石油貯量包含油砂、瀝青等 API 低的原油。

表 2-3　2012 年世界已證實石油（包含油砂、瀝青等）貯量

地區	貯油量，10^9 桶	佔總量的 %
北美洲		
Canada	75.20	11.03
USA	19.12	1.20
北美小計	194.32	12.03
中、南美洲		
Venezuela	290.10	18.27
Brazil	12.86	0.80
Mexico	10.42	0.65
Ecuador	6.54	0.41
中南美小計	319.92	20.13
歐洲		
Norway	6.90	0.40
England	3.00	0.19

⧗ 表 2-3　2012 年世界已證實石油（包含油砂、瀝青等）貯量（續）

地區	貯油量，10^9 桶	佔總量的%
Denmark	1.16	0.07
歐洲小計	11.06	0.66
蘇聯及週邊國家		
Russia	88.20	5.55
Kazakhstan	30.00	1.89
Azerbajan	7.00	0.04
蘇聯等小計	125.20	7.48
亞洲		
China	14.80	0.93
India	5.68	0.36
Indonesia	3.99	0.25
Malaysia	2.90	0.18
Brunei	1.10	0.07
Vietnam	0.60	0.04
亞洲小計	29.07	1.83
波斯灣六國		
Saudi Arabia	269.80	16.70
Iran	150.60	9.48
Irag	143.50	
Kuwait	104.00	9.04
UAE	97.80	6.16
Qatar	25.40	1.60
波斯灣小計	791.10	42.98
非洲		
Libya	47.00	2.96
Nigeria	37.20	2.34
Algeria	12.20	0.77
Angola	9.50	0.60
Egypt	4.40	0.28
Gabon	3.70	0.23
Congo	1.60	0.10
Chad	1.50	0.10
非洲小計	117.10	7.38

比較表 2-2 和表 2-3，可以發現，由於發展出可以自油砂中抽取碳氫化合物的技術，使得含量少，碳氫化合物分子量大的油礦，成為了可回收的油礦。因而使得石油的貯量增加，在這個過程中：

- 擁有貧石油礦源的國家。例如加拿大、委內瑞拉和蘇聯等地，石油的資源大幅度提高。
- 北美和中南美的石油資源大幅度增加，完全可以自足。
- 歐洲和亞洲仍必需仰賴進口。

至 2013 年止，公開的開採油砂的技術資料極為有限，所知道的有：

- 二噸的油砂，可產出一桶石油，即是從油砂可抽出的碳氫化合物，為油砂重量的 7%左右。
- 每桶石油約需要 5 桶的水。

非常清楚的，開發油砂需要大資本，同時對環境的影響相當的大。目前（2013 年）對開採成本的估算，落在每桶 28 至 40 美元，高於中東石油的開採成本。

2.2.4　石油的煉製

在 19 世紀末 20 世紀初，當汽車尚未普及之前，燈用的煤油（kerosene）是最主要的石油煉製品。但是在汽車普及之後，汽油（gasoline）則是煉油產品中價格最高，用量最多的產品。故而煉油廠的主要目標，是生產最大量的汽油和提高汽油的品價；準此，其主要操作可分為下列三類：

1. 石油的分餾（topping），是將開採所得的石油用分餾的方法，依照各組分蒸汽壓（vapor pressure）的不同，將石油中各組分分開。其中又分為常壓（atmospheric）及減壓（vacuum）蒸餾二種。

2. 由於中級石油中汽油組分的平均含量在 20～25%，而汽油的需求量占石油產量的 46%左右，故而有必要將分餾後分子量高的部分裂解（cracking）為分子量低（碳數為 5～9）的汽油。這一類的操作（operation）有流動床

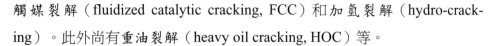

觸媒裂解（fluidized catalytic cracking, FCC）和加氫裂解（hydro-crack-ing）。此外尚有重油裂解（heavy oil cracking, HOC）等。

3. 汽油品質的主要指標是辛烷值（octane number）。目前的要求是 88～95。由分餾所得到汽油的辛烷值在 60～70 之間；由裂解所得到汽油的辛烷值約為 65～80，均低於需要。故而煉油廠中為了改進汽油的品質，有增進辛烷值的相關操作。主要的是重組（reforming），即是增加油料中所含有芳香族（BTX）的量。另一操作是 MTBE 的製造和烷基化（alkylation）。

4. 其他的配合操作如脫硫（desulfurization）等。

石油化工的原料，來自前列三項操作。現分述如後。

2.2.4.1　石油的分餾

石油的分餾，通常是在蒸餾塔（distillation towel，或稱之為 topping unit）內進行。可分為常壓及減壓兩類。

石油在經過脫鹽（de-salt）和脫水之後，在加熱爐內加熱到 400℃ 左右，再進入到分餾塔，如圖 2-2 所示。

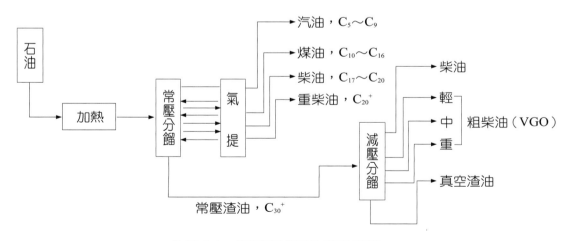

☒ 圖 2-2　常壓及減壓分餾示意圖

　　在分餾塔中輕的（分子量小的）成分向上走，重的向下移（分子量較大或是碳數較高的）。所要取得的產品則在塔側抽取（side draw）稱之為側流（side stream）。通常在抽離之後會用蒸汽再氣提一次，以除去產品中揮發性高的成分。所得到的是汽油、煤油、柴油（diesel）和渣油（residue）。

　　煤油和噴射機用油（Jet fuel）為相同類產品。作為石化原料的石腦油（naphtha，或稱之為輕油）與汽、煤、柴油基本相同。渣油可用作燃料油（fuel oil）或作為真空（減壓）分餾的進料。

　　減壓分餾所得到的產品，以粗柴油（vacuum gas oil, VGO）為主，或可得到少量的柴油。減壓蒸餾的示意圖如圖 2-2。

　　VGO 是觸媒裂煉的進料。或是在脫蠟（de-wax）後作為潤滑油（lubrication oil）的基礎油，這是蠟和基礎油的來源。在一定的意義上，減壓蒸餾可看成是將常壓分餾所得的渣油加以淨化以便再加工的一種操作，多一道操作，成本即會上昇，但是渣油中的雜質不利於裂解操作，而必需要除去；同時，業者不斷的設法在 VGO 中加多渣油的比例，以降低成本。減壓蒸餾塔底的真空渣油（vacuum reside）可以作為燃料油和瀝青、焦碳，或是作為 visbreaking 的進料，得到燃料油。

　　由分餾所得到各油品的沸點和碳原子數範圍如表 2-4。

⧗ 表 2-4　石油產品的沸點和碳原子數範圍

油品	沸點範圍（℃）	碳原子數	理想成分
汽油，Gasoline	50～180	$C_5～C_{11}$	芳香族，異構烷
輕石腦油，Light Naphtha	50～150	$C_5～C_9$	
航空煤油，Jet Fuel	60～280	$C_5～C_{16}$	環烷，異構烷
	150～280	$C_8～C_{16}$	
煤油，Kerosene	200～300	$C_{10}～C_{16}$	烷，環烷
柴油，Diesel	200～350	$C_{11}～C_{20}$	
重石腦油，Heavy Naphtha	150～210	$C_{16}～C_{26}$	
輕粗柴油，Light Gas Oil	300～420	$C_{15}～C_{25}$	

分餾是將石油中所含有的成分依沸點或蒸氣壓（vapor pressure）的不同，而分離成不同的油品，在分離的過程中不涉及化學變化，故而：

- 油品的化學組成，依油源不同而異，並沒有固定或特定的成分。
- 表 2-4 中所列的沸點範圍極寬，在實際操作中要就石油的品質，和對成品的要求來決定操作和品質的標準。
- 煉油廠的規模是用常壓分餾的煉量來界定。即是：如果常壓分餾的煉量是每天 100,000 bbl 石油，此一煉油廠即叫做 100,000 bbld（bb1/day）的煉油廠。由於石油的品質差異極大；好的輕石油，只要常壓分餾就可以得到 40%以上的汽油餾分。中國大陸上自產的重石油在常壓分餾時可能只能得 10%的汽油餾分；要增加汽油的收率就必須加設減壓分餾、FCC 等操作單位。石油中含硫量的多少，直接影響到煉油廠中脫硫裝置的大小。即是煉油廠的**生產能量**（name plate capacity）完全不代表工廠的投資額設備的複雜程度。即是一定要先界定石油的品質，才能設計煉油廠的內涵。

如前所述，油品沒有固定的成分，其合用的程度另有規範。例如汽油的**辛烷值**（octune number）即是汽油好壞的主要標準。提煉出來的產品如不合規格，則加入其他的油料調配。

按辛烷值是以**異辛烷**（2.2.4 trimethyl pentane isooctane）的辛烷值為 100，**正庚烷**（heptane）的辛烷值為 0，在一定規格的引擎上作震爆（knocking）比較，即是辛烷值為 80 的標準試樣是由 80%的異辛烷加 20%的正庚烷所組成，某一汽油的震爆情況如與此一標準試樣相同，其辛烷值即是 80。由於試驗的條件不同，一般有 **RON**（research octane number）和 **MON**（motor octane number）二種。歐美一般市售汽油的辛烷值是 (RON+MON)/2。RON 通常高於 MON。表 2-5 是若干碳氫化合物的辛烷值。表中可以看出環鏈的辛烷值大於直鏈，有支鏈的大於直鏈，但是與含碳數沒有必然的關聯。

同時辛烷值**不是相加**（additional）性的。即是辛烷值各為 60 及 100 的油料，各取一半所得到油料的辛烷值並一定是 80。由分餾所得到的**直餾汽油**（straight run gasoline）的辛烷值一般在 60 和 70 之間。需要用由重組反應所得到的**重組汽油**（reformate）來滲配以增其辛烷值。此外 MTBE（methyl tetra-butyl ether）是有效的辛烷值增進劑（octane number improver）。傳統所用的四乙基鉛（tetra ethyl lead）則因為環保的因素而消失。

表 2-5　汽油沸點範圍內碳氫化合物的沸點及辛烷值

化合物	沸點（℃）	RON	MON
n-Pentane	36	61.7	61.9
2-Methylbutane	28	92.3	90.3
2.2-Dimethylbutane	50	91.8	93.4
2.3-Dimethylbutane	58	103.5	94.3
n-Hexane	68	24.8	26.0
2-Methylpentane	63	73.4	73.5
3-Methylpentane	60	74.5	74.3
n-Heptane	98	0.0	0.0
2-Methylhexane	90	42.4	46.4
n-Octane	126	−19.0*	−15.0*
2.24-Trimethyl pentane (isooctane)	100	100.0	100.0
Benzene	80	—	114.8
Toluene	111	120.1	103.5
Ethylbenxene	137	107.4	97.9
Isopropylbenzene	152	—	—
o-Xylene	145	120.2*	103.0*
m-Xylene	140	145.0	124.0*
p-Xyelene	138	146.0*	127.0*

*當以 20%的量滲入到辛烷值為 60 的標準油料中時，所相當的辛烷值。

2.2.4.2　觸媒裂煉，FCC

裂煉即是將大的分子打成分子量較小的分子。在煉油廠中裂煉的主要目的是生產較多的汽油，如流動床觸媒裂煉（fluidized catalytic cracking, FCC），和加氫裂煉（hydro-cracking）。亦有將渣油（residue）裂煉為黏度較小的產品以作為燃料油，例如 Vis-Breaking。FCC 是每一煉油廠均必備的操作。

觸媒裂煉的流程圖如圖 2-3。進料（feedstock）在加熱後與蒸汽及觸媒劑共同進入流動床反應器中（反應器亦稱之為提升管，raiser），在反應器的頂部為一旋風分離器（cyclone），將固態的催化劑和氣態的裂煉產物分開。

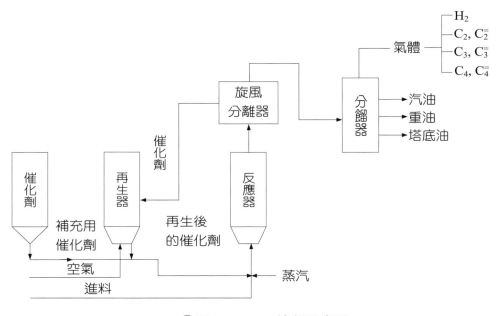

圖 2-3　FCC 流程示意圖

裂煉後的產物進入分餾（fractionator）裝置依分子量的大小分為氣體、汽油等成分；觸媒劑則進入到再生器（regenerator）中加熱除去觸媒劑上的殘碳（carbon deposit）以後，再加上補充用（make up）的觸媒劑進入反應器。FCC 的進料，是以 VGO 為主，近年來，由於要提高汽油的產量以及提高渣油的利用價值，在進料中加入一部分渣油。

觸媒劑在早期是天然黏土（clay），後來演進為人工合成的 Silica-Alumina，而目前則以人工合成沸石（zeolite）為主。其演變過程是由天然產品，而進化到能控制化學成分的 Silica-Alumina，而沸石的成分與結晶結構可以控制得更好。

當碳氫化合物裂解至極限，即生成氫與碳。所生成的碳都集存在催化劑表面上而減少催化劑的表面積，因而減低其活性。再生器的功能即是燒去催化劑表面

上集存的殘碳而恢復催化劑的活性。此外，催化劑一般是製成小硬粒，在反應器中由於和反應器壁和相互間的碰擊，部分催化劑會被打散成粉狀而和產品一起流失到分餾部分；故而催化劑需要不斷的補充。表 2-6 是 FCC 進出料成份改變的一例。

從表 2-6 中可以看出：

1. 有 82% 的進料起反應（轉化率，conversion），反應後的汽油收率（yield）是 62.5%。收率和轉化率是判斷裂解催化劑好壞的基本指標。

2. 進料中的含硫量是 0.1%，汽油中的含硫接近於零，但粗柴油中的含硫量是 0.25%，塔底油的含硫量是 0.8%。即是在裂解的過程中，雜質（硫和其他重金屬如鎳、釩等）均向比重大的油品集中。

3. 所得到汽油的辛烷值，比自同一石油中所得到的直餾汽油高。同時同一汽油的 RON 比 MON 高。

4. 除了汽油之外，共有占進料體積 36.5% 的氣體生成，其中的 90% 是 C_3 和 C_4。這些氣體可以再氫化為飽和的碳氫化合物作為家庭燃料用的 **LPG**（liquefied petroleum gas）之外，丁烯和丙烯也是化學工業和煉油廠中烷基化和 MTBE 所需要的原料。

⧗ 表 2-6　FCC 進出料之一例

進料		
	比重（API）	0.898(26)
	含硫（wt%）	0.1
	含碳（wt%）	2.2
	沸點範圍（ASTM，℃）	
	50%	445
	70%	518
轉化率	Conversion, vol% of feed	82
產品		
	汽油餾分（vol%）	62.5
	氣體，包含	36.5
	C_1 和 C_2	3.1
	其中乙烯 $C_2^=$	0.8

⧗ 表 2-6　FCC 進出料之一例（續）

C$_3$	13.0
其中丙烯 C$_3^=$	8.7
C$_4$	20.4
其中丁烯 C$_4^=$	10.4
異／正丁烷比	3.3
粗柴油，light gas oil	13.8
塔底油，decanted oil	2.0
殘碳（wt%）	6.8
產品性質	
汽油	
RON	84
MON	78
含硫量（wt%）	──
粗柴油	
比重（API）	0.953(17)
含硫量（wt%）	0.25
塔底油	
比重（API）	1(10)
含硫量（wt%）	0.8

2.2.4.3　增加辛烷值的操作─重組

　　直餾汽油的辛烷值一般在 60～70 之間，低於目前市售汽油所需要的 88～95，引擎的壓縮比愈高，效率愈好，對燃料辛烷值的要求愈高。故而一定要滲配辛烷值高的油料，或其它能提高辛烷值的添加物，來提高辛烷值，而煉油廠內多半會有生產重組汽油（reformate）的重組（platformer）裝置及 MTBE（methyl tertiary butyl ether）裝置。

　　重組是以 C$_5$～C$_9$ 的輕油（Naphtha），亦即汽油餾分為進料，在 Pt/Rh 催化劑上進行重組反應。所謂的重組反應至少包括了下列四種主要反應，以及極多的其他反應。

　　1.環己烷或芳香族之脫氫作用，例如：

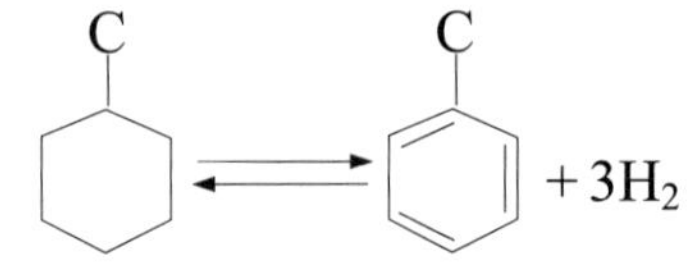

RON=75　　　RON=120

2. 烷基環化戊烷（Alkylcyclopentanes）變成環己烷之異構作用，例如：

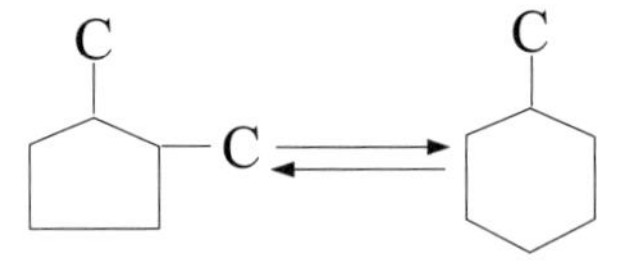

RON=81　　　　RON=75

在反應過程中，戊烷亦發生開環反應，己烷會脫氫而形成苯環。

3. 直鏈烷烴之異構（isomerization）化，例如：

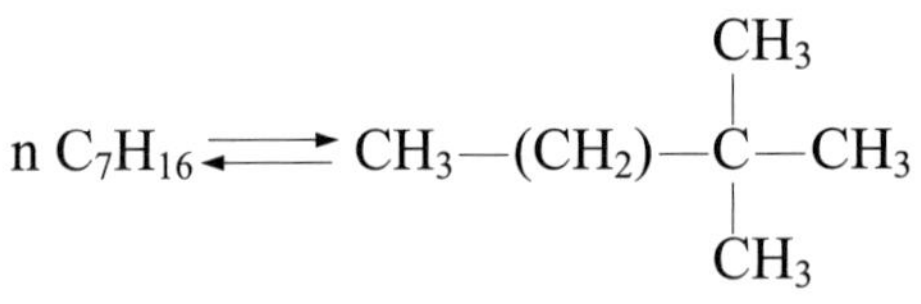

RON=0　　　　　　　RON=92

4. 烷烴的脫氫環化，例如：

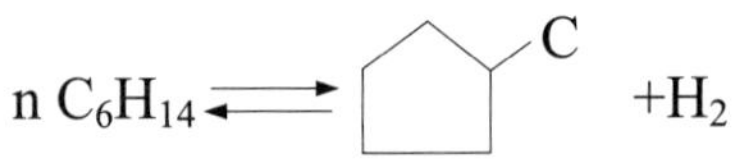

RON=25　　　RON=89

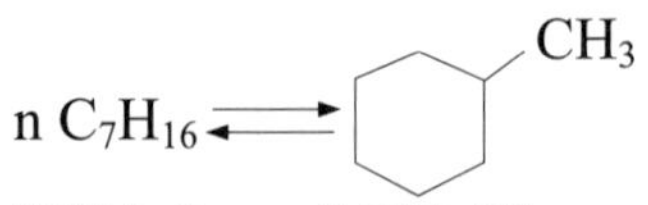

RON=0　　　RON=78

前列四種主要反應的相對的比例約為：

$$1：2：3：4＝100：14：14：6$$

即是，環烷脫氫是最主要的反應。

進料在進行重組反應之前，必須先脫去硫和砷。同時重組原料的優劣，是以油料中所含有芳香族的潛量來判定。例如：

$$BTX 的潛含量 = C_6 環烷 \, mole\% \times 78/84 + C_7 環烷 \, mole\% \times 92/98$$
$$+ C_8 環烷 \, mole\% \times 106/112$$

式中 78/84、92/98 和 106/112 是環烷和相對芳香族的分子量比。另一種表示方式，是用環烷含量（N，%）和芳香族含量（A，如上式）來表示，即是用（N+2A）代表重組油的品質。

表 2-7 是重組反應進料和成品的一個例子。從表 2-7 可以看出：
1. 芳香族的含量從 8.0% 增加到 66.1%。
2. 環烷脫氫變成芳香族，其含量由 23.4% 減少到 1.7%。
3. 直煉烷烴（Paraffin）由 68.6% 減少到 32%。
4. 芳香族中 C_6（苯）的含量少，C_8（二甲苯和乙基苯）的含量多。
5. 有大量的氫生成，這是煉油廠中氫氣的主要來源。

⧗ 表 2-7　重組反應的進料和成品

進料	
沸點範圍（℃）	82～155
成分（LV%）	
Paraffin	68.6
Naphthenes	23.4
Aromatics	8.0
硫，PPM	1.0
氮，PPM	0.5
產品	
氫，ft^3/bbl 進料	1,500

❖ 表 2-7　重組反應的進料和成品（續）

$C_1 \sim C_3$，ft^3/bbl 進料	240
重組汽油（LV%）	79
成分（LV%）	
Paraffin	32
Naphthenes	1.7
Aromatics	66.1
內含	
C_6	1.9
C_7	15.7
C_8	28.3
C_9	19.0
C_{10}	1.2
RON	98

LV%：液態體積百分比（Liquid Volume%）

2.2.5　煉油與化學工業

在把煉油廠的主要操作作一概略性的敘述之後，現在再把各類不同操作和化學工業間的關聯綜合如下：

1. 煉油廠的主要目的，是把天然產生的碳氫化合物（石油）依其沸點（或蒸氣壓）加以分類（分餾），和再加工（裂解、重組等）。由於這是碳氫化合物的最主要來源，故而化學工業中所用到的碳氫化合物原料，多來自於此。

2. 用作生產烯氫原料的輕油來自常壓分餾，基本上是和汽、煤、柴油相同的餾分。輕油也是製造烯氫和 BTX 的進料。

3. 在催化裂解（FCC）時，約有 1/3 弱的進料轉變成氣體，其中包含有大量的飽和和不飽和的 C_3 和 C_4，可以用作化工原料。基本上煉油廠中所有的裂解操作均有氣態的副產品，但是以 FCC 所產生氣體的量最大。

4. 重組操作是以輕油為進料，產生 BTX 的操作，是 BTX 的主要來源之一。

同時亦產生大量的氫氣，是氫氣的主要來源。同時重組操作要求進料中不得含硫。故而作為原料用的輕油要先加氫脫硫，所得到硫是工業用硫的主要來源。

2.3 天然氣

2.3.1 天然氣的成分

天然氣含有的主要碳氫化合物成分依次為甲烷、乙烷、丙烷、丁烷及少量的戊烷和含碳量更高的碳氫化合物（pentanes & heavies），其中甲烷平均占 80% 以上，其他的碳氫化合物的含量和分子量成反比。碳氫化合物以外的成分有二氧化碳（carbon dioxide）、硫化氫（hydrogen sulfide）和氮。有的天然氣中含有少量的氦（helium），是氦氣的唯一來源。

2.3.2 天然氣的來源和分類

傳統天然氣是貯藏在地下的低分子量碳氫化合物，依照來源的不同，天然氣有來自只儲存有氣體的氣田（gas field），也有伴隨著石油而從油田（oil field）中所得到的，稱之為伴生氣（associated gas），而自氣田中所得到的天然氣亦稱之為 non-associated gas。天然氣中多少會含有碳五（戊烷）和以上的成分。這些分子量較高的碳氫化合物在開採時會凝結成液體，稱之為凝結油（natural gas liquid, NGL）；每一千立方英尺天然氣中所含的 NGL 如在 0.3 加侖以下，稱之為乾氣（dry gas），如含量在 0.3 加侖以上則稱之為濕氣（wet gas）。伴生氣都是濕氣，而從氣田中所得到的則以乾氣占多數。此外，天然氣中含有較多的硫氫和二氧化碳則稱之為酸性天然氣（sour natural gas）。

在 2010 年代的末期，美國開發出自頁岩（shale）礦中開採碳中所含有低分子量碳氫化合物的方法，所採得的是頁岩氣（shale gas）。頁岩氣的成功開發，對天然氣的供應，和整體能源的供應，都有非常大的影響。一則是現在（2013年）是在開發的初期，情況並不完全理解，二則對頁岩的分佈有盲點，目前僅能

作有限度的評估，並沒有將其可能貯量包涵在預估資料中，而只會分別的作有限度的討論。

2.3.3 天然氣的組成和性質

天然氣的組成由於產地的不同，變化甚大，表 2-8 所列為天然氣組分的參考資料。

從表中可以看出：伴生氣中所含約二氧化碳和硫化氫比較少，C_2 以上碳氫化合物的比例高。天然氣中所含各有機化合物的重要物理性質如表 2-9。

⧗ 表 2-8　天然氣的組成（VOL%）

成分	天然氣	伴生氣
甲烷	70～95	50～86
乙烷	0.8～6	8～20
丙烷	0.2～2.2	2～11.5
丁烷	0～1	1～4.5
戊烷苯	0～0.7	0.3～2.1
硫化氫	0～15	0～2.8
二氧化碳	0～10	0～9.5
氮	0～26	0～0.05
氫	0～1.8	─
氦	微量	─

⧗ 表 2-9　天然氣中主要成分的物理性質

成分	化學式	比重	沸點（℃）	熱值		臨界性質	
				BTU/ft³	(kcal/M³)	溫度（℃）	壓力（ATM）
甲烷	CH_4	0.554*	−161.5	1,100	(9,700)	−82.3	46.5
乙烷	C_2H_6	1.049*	−88.6	1,800	(15,900)	32.3	48.3
丙烷	C_3H_8	1.562*	−42.1	2,300	(20,300)	96.8	42.1
異丁烷	C_4H_{10}	0.557	−11.1	2,940	(26,000)	13.5	36.5
丁烷	C_4H_{10}	0.579	−0.5	2,940	(26,000)	152.3	37.0
戊烷	C_5H_{12}	0.62	27.9	2,940	(26,000)	187.8	32.9

*以空氣的比重為 1。

天然氣主要用做燃料，故而熱值代表經濟價值。臨界溫度和壓力代表液化的難易程度，或是相對的輸送成本。

2.3.4 傳統天然氣

傳統天然氣是儲存在密閉空間中（圖 2-1）的低分子量碳氫化合物，其儲量分佈如表 2-10。

⧗ 表 2-10　傳統天然氣儲量分佈

地區	儲量，$10^9 \, m^3$	佔總儲量的%
蘇聯及臨近地區		
Russia	44,650	25.4
Kazakhstan	2,832	
Turkmenistan	2,830	
Uzbekistan	1,841	5.39
Ukraine	1,104	
Azerbarian	849	
小計	54,106	30.79
波斯灣六國		
Iran	26,850	15.3
Qatar	25,630	14.6
Saudi Arabia	7,164	
UAE	6,071	
Iraq	3,170	10.26
Kuwait	1,586	
小計	70,471	40.16
北美		
USA	5,977	4.3
Canade	1,648	
小計	7,625	4.3

表 2-10　傳統天然氣儲量分佈（續）

地區	儲量，$10^9\,m^3$	佔總儲量的%
非洲		
Nigerna	5,210	
Algeria	4,502	7.3
Egypt	1,656	
Libya	1,419	
小計	12,787	7.3
歐洲		
Norway	2,241	2.1
Netherland	1,416	
小計	3,657	2.1
亞洲		
Indonesia	2,659	
Malaysia	2,350	4.76
China	2,265	
India	1,075	
小計	8,349	4.76
中、南美		
Venezuela	4,708	2.68
小計	4,708	2.68

上列貯量佔總貯量的 92.1%。

資料來源：美國政府所發佈的對不同國家的國情報告。

　　表 2-10 顯示出，天然氣主要是貯存於蘇聯、波斯灣週六國及非洲。參閱表 1-2、2-3 及表 2-10，以 2010 年為基準：

- 北美地區使用 25.3%的能源，擁有 12%的油貯量（加上中南美則合計為 32.16%），和 4.3%（加中南美 6.98%）的天然氣貯量。如果沒有頁岩氣，北美在總體上依賴進口能源。

- 歐洲使用掉 16%的能源，其石油及天然氣的貯量分別為 0.66%及 2.1%。必

需長期仰賴蘇聯、中東和非州的石油及天然氣。

- 中、台、韓、日共用掉 27.8%的能源，只持有 1.87%油源，和 4.76%的氣源。石油和天然氣對進口的依賴程序更高於歐洲。而且中國正處於中、初期發展階段，其能源用量，和歐、美、日不同，必然會要增加。

- 天然氣的總貯量，約相當於 3.7×10^{12} 桶石油，依熱量計比石油約多 2.3 倍。

2.3.5 頁岩氣

傳統的天然氣，是來自貯存於密閉空間的多孔砂石（圖 2-1），而頁岩氣則是貯存於頁岩中的低分子量碳氫化合物，略如圖 2-4 所示。

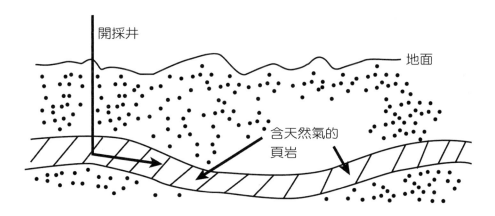

⧗ 圖 2-4 頁岩氣的貯存和生產示意圖

天然氣之能貯存在頁岩（shale）中，是因為頁岩的透氣性低，開採的時候，必需要能使頁岩產生大量的裂縫，以便天然氣集中。是以開採頁岩氣必需要具備有下列技術：

- 測定地表層下的地質結構。這是很多國家都具備的。

- 水平鑽井（horizontail drilling），即是鑽井的方向和地面平行。目前僅美國掌握此一技術。

- 在礦層中碎裂頁岩石，目前成功使用的是水力碎裂（hydraulic fractcering），亦是美國獨家掌握的技術。

‧精確控制鑽井方向和碎裂的範圍，美國最有經驗。

即是，美國掌握有開採頁岩氣所有關鍵技術。

天然氣存在於頁岩中是一個早已熟知的事，一直到 1998 年，前列技術達到了可商業生產的水準。在 2001 年其產量佔美國天然氣的 1%，至 2010 年達到 20%，預計在 2035 年將達到 45%。

預估美國頁岩氣的貯量約為 $70,000 \times 10^9 \, m^3$，足夠供美國 100 年以上的需要。即是，參看表 2-9，將頁岩氣計算在內，美國的天然氣貯量相當於波斯灣六國的總和，在 100 年內，無需仰賴進口。

根據已知的地質資料，頁岩氣的可能貯存區包含歐洲及中國。如果這些預測為真，依照目前的使用量，天然氣足夠人類使用 250 年。而歐洲和中國對中東和蘇聯能源的依賴程度將大幅度的減少。

2009 年美國的 Obama 總統宣佈可協助中國發展頁岩氣，shell 公司投入 10 億美元在中國的四川、貴州、湖北一帶開發頁岩氣，預估涪陵地區在 2014 年可生產 6 億立方米天然氣。中國的頁岩層比美國深，地質結構比較複雜，是以開採的成本比美國高。同時，中國的水資源不足，是開發頁岩氣的大障礙。同時中國在加拿大和美國收購中、小型的油、氣開發公司，企圖取得開採頁岩氣和油砂（高比重石油）的技術。依據美國的推估，中國頁岩氣的儲量，比美國多 1.6 倍。

和傳統天然氣比較：

‧頁岩氣的開採成本比較高。

‧在開採過程中要用到大量的水，這些帶有化學品的水，約一半能回收，其餘的殘留在地下，其對環境的影響目前未能全盤暸解。

‧在開採過程中逸出甲烷等有機化合物的量比較高，甲烷是比 CO_2 強二十多倍的溫室氣體。

即使有前列環保上的顧慮，美國沒有改變其開發頁岩氣的方向，其他各國，包含中國在內，都會全力試圖開發。

2.3.6 天然氣的淨化、分離和與石化產業之間的關係

開採出來的天然氣，其淨化和分離過程略如圖 2-5。

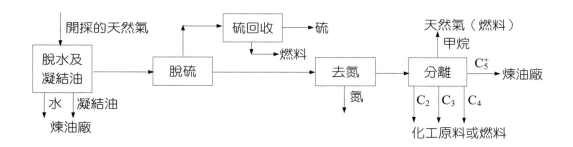

⧖ 圖 2-5　天然氣的淨化分離

甲烷的主要用途是用作燃料，佔甲烷產量的 99% 以上。乙烷、丙烷和丁烷，參看第三章，是熱裂解生產乙烯的主要原料。天然氣中含有 C_2 以上成份比例依產地不同，差異性很大。乾（dry）氣中含量極少，濕（wet）氣中含量比較多、伴生氣中更多。

除非有管路連結，天然氣必需要先液化。然後用高壓、低溫的船運送，然後貯存於高壓、低溫的貯槽中。是以：

- 有沒有管路和產區聯結的地區，例如日本和台灣，在加上運費之後，天然氣的成本很高。
- 從經濟的觀點，在產地，或與產地有管路連結的地區，利用天然氣（甲、乙、丙、丁烷）為原料生產化學品的成本最低。將在第三章中說明乙、丙、丁烷生產乙烯在成本上的優勢，第 2.4.2 節中說明以甲烷為原料生產化學品。

2.4 煤

使用煤的歷史，幾乎和人類的歷史相同，在 19 世紀中葉之前，煤也是唯一的、草木之外的燃料。和石油及天然氣相比較。

- 石油和天然氣均為流體，在運輸和貯存上，比固態的煤容易處理；同時至少看起來要乾淨很多。
- 近代發展出來的運輸工具，例如：汽車、飛機和輪船，均以石油產品為燃料。
- 在燃料的過程中，所釋放出來的、有高環境影響的氣體，例如：二氧化硫等的量比較高。煤是開採出來之後即使用的，沒有經過除去所含雜質的處理。石油則必先在煉油廠中煉製，除去雜質。如果集中使用，例如煤發電廠，則可以集中處理排放物中所含的污染物，小量使用，例作為如家庭用的燃料，污染性排放物不能控制，對環境的影響極大。

由於煤的污染性高，他的價格，以熱值為基礎，約為石油和天然氣的 20～25%。依照人民的經濟能力，人類所使用的燃料區分為：

- 經濟能力最差的用草、木、牛糞等，這是資源最不足的群體。
- 經濟能力夠維持基本生活需要的地區，直接使煤的比例高。
- 足衣足食的地區，使用石油和天然氣的比例高，煤則用於發電。美國的人均煤用量超過每人每年二噸，其 90%的火力發電用煤。
- 日本是在火力發電中使用天然氣比例最高的國家，是富有的國家。

本節先說明煤貯量分佈，再說明煤的氣化（gasficution）和液化（liquorification），即是將煤由固態轉為流體，和化學品的途徑。

2.4.1 煤的貯量分佈

表 2-11 是不同地區煤貯量所佔總量的比例。由於不同資料間的差異性大，而且對美國不熟悉地區普遍低估，僅用比例來作粗略的比較。

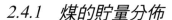 表 2-11　不同地區煤貯量的比較

地區	煤貯量所佔%
北美，USA & Canada	18
蘇聯及臨近地區，Russia Ukraine Kazakhstan Serbia Uzbekistan	25
歐洲，Germany England Poland Bosinia, Bulgaria Hungary	15
澳洲 Austrulia	7
中國	20
印度，India	5
南非 South Aferica	3
其它地區，Indonesia Mongelia Vietman, Iran korea	7

以熱值作基礎，煤的貯量比石油及天然氣高五倍以上；用目前的用量來推估，可供二百五十年以上的需求。

表 2-11 顯示出，歐洲、美國、蘇聯、中國和印度均貯有相當多煤的地區；而富貯油、氣的中東則沒有煤。而蘇聯是唯一擁有大量油、氣和煤的國家。

大的煤礦集中在北緯 30°以北。例外的包含有：南非、澳洲、印尼和越南。

2.4.2 煤的氧化和液化

自 19 世紀中開始，將煤轉變為流態燃料的努力持續不斷。所謂的水煤氣（water gas）即是在 1000℃左右的高溫和 20 至 40 大氣壓下，將煤及氧和水反應所得到的一氧化碳和氫氣的混合物，即是煤的氣化（gasification）：

$$2C + O_2 \longrightarrow 2CO$$

$$C + H_2O \longrightarrow CO + H_2$$

水煤氣曾是歐洲都會區最主要的家用燃料，由於一氧化碳劇毒（奪取血液中的氧），在天然氣普及之後，被天然氣取代。但是一氧化碳和氫都是化學工業的原料，故而此一製程仍保留下來。

　　所有含碳的物質，在有水及氧的存在下，均可裂解為一氧化碳和氫，以甲烷為例

$$CH_4 + \frac{1}{2}O_2 \longrightarrow CO + 2H_2$$
$$CH_4 + H_2O \longrightarrow CO + 3H_2$$

　　製造氨所需要的氫均以前列反應為來源。一氧化碳和氫的混合氣體，今日稱之為合成氣（synthetic gas）。以甲烷為原料時，得到氫的比例最高，是最好的原料。

　　Fisher-Tropsch 製程是在高溫、高壓及有催化劑的存在下，直接將媒和氫合成為汽油類的液態燃料。此一製程在第二次世界大戰中提供約一半德國所需要的汽油。

　　在戰後，此一製程在南非持續使用並發展，表 1-4 中排名 33 的 Sasol 公司專精於煤液化和煤利用。

　　一氧化碳與氫可在催化劑的存在下合成為甲醇：

$$CO + 2H_2 \longrightarrow CH_3OH$$

氫和一氧化碳均來自合成氣。工業上有三個製程：

製程	催化劑	溫度（℃）	壓力（Atm）
ICC	Cu, Zn, Al 氧化	250	100
BASF, NISSUI	Cu, Zn, Cy 和 Cu, Zn, Al 的氧化物	250	150～250
BASF	ZnO-Cr$_2$O$_3$ Zn：Cr＝70：30	350	350

目前以使用 ICI 法的工廠較多。

1980 年代，Mobil 公司發展出自甲醇合成汽油的 MTG（methanol to gasoline）製程，製程的核心是代號為 ZSM5 的 Y 型沸石（zeolite）催化劑：

$$2CH_3OH \xrightarrow{ZSM5} H_3COCH_3 + H_2O$$

$$H_3COCH_3 \xrightarrow{ZSM5} 2(-CH_2-) + H_2O$$

$$-CH_2 \longrightarrow 烷及芳香族$$

Mobil（現已與 Exxon 合併為 Exxon Mobil，但習慣被稱為 Exxon，即是 Mobil 這個名稱基本上在消失中）在 1980 年代中期和 1990 年代初期，自甲烷開始分別在紐西蘭和英國設立 1,000 及 3,000bbld 的 MTG 實驗工廠，所得到產品成份如下：

    C$_1$ 及 C$_2$　1.5～2.5%

    C$_3$ 及 C$_4$　8.5～10.5%

    C$_5$ 以上　76～89%（汽油組分）

    其中烷　35～51%

    芳香族　27～34%

操作條件為：

    溫度　300～420℃

    壓力　270～2,200kpa

    甲烷轉化率　＞99%

即是，在技術上，MTG 是可行的。

　　自含碳的物質產生氫及一氧化碳，由氫及一氧化碳合成甲醇，再自甲醇合成出烷及芳香族，是由碳到碳氫化合物的途徑。此一途徑，除了可以開擴煤的用途之外，其潛在的功能是可以將碳水（carbonhydrate）化合物轉換為碳氫化合物，是可再生的碳氫化合物來源。

- ‧植物自空氣中取得碳，形成碳水化合物。
- ‧植物經乾餾，得到碳。
- ‧碳經前列過程成為碳氫化合物。
- ‧碳氫化合物是化學工業的主要原料。

自 2000 年代開始，Sasol 和中國大陸開始大規模的發展以煤為原料的 MTG 工廠。按，甲烷是高純度的化學品，而煤中含有很多雜質，是以在用煤為原料時，純化過程複雜，且不確定性高。中國是以西北和新疆地區的煤為原料，在寧夏的銀川地區，投入大量資金，工業化自煤生產烯氫的產業，引起其他各國石化產業的高度注意。

　　煤焦油中所含有的芳香族，是特用化學品原料的主要來源之一，但是煤焦油的量，受制於鋼鐵工業，故而此一原料來源是依附於鋼鐵工業的。而煤的氣化和液化，是可以大量作為碳氫化合物的來源的。

2.5　可再生原料

　　天然的礦物，其貯量為定值，必然會有用完的時候，動、植物則生生不息，可以永續存在。可再生原料，即是指從動、植物取得的原料，而以植物最為主要。以植物為主要的原因是動物是以植物為食物，故而繁殖動物的成本，遠高於植物；而且就單位土地上所能繁殖的數量來看，植物亦遠高於動物。可再生原料，是專指植物。本節將從兩個不同的方向，來討論可再生原料。

2.5.1 來自植物的原料

第一章說明在近代化學工業興起之前，大部分的染料、藥物等均來自植物，即是可再生的。化學工業是以仿造天然產物開始，然後將這些可再生的有用物質，相對大量的生產普及，使得更多的人可以有能力利用這些物質。是以化學工業基本上是自補充天然可再生物質的不足開始，進而發展出更多的產品。

特用化學品產業，仍依賴植物取得材料，例如：自紫杉取得紫杉醇、自銀杏取得利於血液流通的成份，自嬰粟取得鴉片等等，其原因是：

- 這種材料對某一領域的研究人員來說，是一種新的材料，例如紫杉醇必需從天然的植物取得。
- 人工目前無法合成。
- 人工可以合成，但是其成本高於取自植物，例如鴉片。

在用量大的化學品中：

- 天然橡膠的年產量約相當於合成橡膠，最主要的原因是合成橡膠的性質沒有天然橡膠好，用於高速和高負載及醫用橡膠必然要用天然橡膠。天然纖維的性質，不能完全再顯在人造纖維上，且棉的價格一般低於人造纖維，是以天然纖維的重要不會減少。
- 棕櫚油（palm oil）和椰子油（cocanut oil），是 10 至 22 個碳酯酚酸的來源，是肥皂等介面活性劑最主要的原料來源。原因是天然的比合成的便宜。

天然橡膠、棉和棕櫚油等的年產量均以百萬噸計，是用量很大的原料。但是和以億噸為單位的燃料相比較，相差了約兩個數級；即是可再生化學原料，和可再生燃料，因為需求量上的差異，不能混在一起討論。

2.5.2 擴大可再生原料的來源

化學工業的原料自始即來自燃料，是以本節自討論可再生燃料開始。

目前（2013 年）可再生燃料的重點是：

‧澱粉或糖發酵為酒精，取代汽油。

‧植物油酯化後，取代柴油。

這兩種做法中，以酒精為主要，是以種植的玉米、甘蔗為原料。

在廿世紀，人口的總數增加了約7倍，單位土地面積上的產出，由於肥料（合成氨在 1912 年工業化）和生物科技，增加了十倍。即是糧食增產的速率高於人口成長的速率；但是由於生活水準的提高，食物中動物的比例提高，而動物是以植物為食物，動物性食物增加，加大了植物性食物的需求量，食物分配的不均勻度提高，目前約有十億人的糧食供應不足。

在 2010 年，小麥、稻米和馬鈴薯三種主要食品的產量合計為十五億噸，加上玉米、高粱等雜糧共約二十二億噸。同年，汽油的用量約為二十五億噸。

即是，即使糧食可以全部以一對一的比例轉換為酒精，仍不足作為汽油來燒。何況以重量為基礎，由玉米轉換為酒精的收率低於百分之卅，且酒精的熱值低於汽油。

但是如果用作為化工原料，例如酒精脫水即得乙烯，目前世界乙烯的年產量為每年一億二千萬噸，需要約兩億噸酒精，或六億噸玉米，即總糧食產量的 1/4；可行性就高很多。

全世界的可耕地，目前每年能生產約二十二億噸糧食。要解決燃料的問題，必需要從下列二途徑來解決問題。

‧第一個途徑是要能有效的利用結晶型的碳水化合物，即是能有效的、低污染的利用天然纖維。和非結晶的澱粉和糖不同，沒有微生物能將纖維轉變為酒精，如果能利用纖維，即可大幅度的提高原料來源。

‧第二是在海洋中種植、擴大種植的面積。

找尋可再生燃料和原料的來源，是任重而道遠的事。

2.6 總體分析

表 2-12 是將不同地區人口所佔比例，和表 2-2 貯石量所佔比例、表 2-10 天然氣（不含頁岩氣）貯量所佔比，和 2-11 煤貯量所佔比例，統合在一起。

⧗ 表 2-12　2010 年人口及燃料貯量分佈

地區	人口*		燃料貯量所佔比例，%*		
	數量，億	所佔比例，%	天然氣**	石油	煤
蘇聯及臨近國	2.5	3.6	30.79	7.48	25
北美	3.1	4.4	4.3	12.03	18
中南美	4.6	6.6	2.68	20.13	─
歐洲	5.0	7.1	2.1	0.66	15
中東	2.0	2.8	40.16	42.98	─
非洲	9.8	14.0	7.3	7.38	3
印度	11.5	16.4	<1	0.36	5
中國	13.3	19.0	<1	0.93	20
其它地區	20.7	26.1	12	8.35	14

*世界總人口數為 70 億。
**不包含頁岩氣。

從石油和天然氣貯量的分佈來看，上天特別照顧蘇聯和中東；而對中國、印度和其他亞洲地區吝於施捨。而中國、印度、非洲、中南美洲及其他地區是最大的新興市場。

擁有最多資源的蘇聯和中東，在化學工業上所具有的位置不高。

- 對中東來說，他沒有技術基礎，同時尚不能掌握國際貿易的網絡。
- 蘇聯的科學能力很強，但是商業生產技術不足，同時長期存在於封閉系統之中。

但是假以時日，其影響將與日俱增。

　　中國和印度都有資源不足的問題需要克服，所面對的競爭對手是主控世界超過二百年的歐洲和美國。頁岩氣的開發可能會帶來新的機會。即是中國和印度如果均擁有大量的頁岩資源，則對其發展化學工業的助益極大。

　　美國是已擁有資源和技術、而且正在積極開發頁岩氣的國家，他的化學工業的競爭能力會進一步的強化，對中、南美市場的掌握也會強化。

　　近代的化學工業發源於歐洲，美國再加以發揚光大，其基礎是技術。其後，日本是唯一在技術上站有一席之地的國家。蘇聯和中國，在軍事和太空技術上取得相當大的成就；但是在生產技術上是仍不能完全獨立的。

　　在和商業生產相關的技術上能超英趕美的唯一成功例子是日本，是其他國能仿效的惟一實例。

Chapter 3

烯氫、雙烯和芳香族的來源

石油化學工業的主要基本原料包含

‧自天然氣中分離出來的甲烷。

‧乙烯和丙烯兩種烯氫。

‧以丁二烯為主要的雙烯。

‧苯、甲苯和二甲苯三種芳香族。

本章即是要說明這些烯氫、雙烯和芳香族是如何取得的。

在說明的過程中，必然的要涉及到不同的化學製程（chemical process）；是以本章是自討論化學製程開始。

3.1　化學製程通論

化學製程是以化學反應為核心的製程。最理想的化學製程是只需化學反應的製程，即是：

$$原料 \rightarrow 化學反應 \rightarrow 產品$$

只需要化學反應的製程，是最簡單、合理、經濟的製程。在實務上的情況是：

$$原料 \rightarrow 化學反應 \rightarrow 產品 + 副產品 + 未反應的原料。$$

即是在化學反應之後，必不可少的要將產品自未反應的原料和副產品中分離（seperate）或純化（purification）的分離操作。即是化學製程包含了：

‧化學反應，和

‧分離操作

兩項，分別討論如後，作為理解後續章節中說明製程的基礎。

3.1.1　化學反應

設計化學反應的目標有兩個，依次為：

- 提高原料轉化為產品的選擇性（selectivity），或是產品的收率（yield）。其基本原因是要能有效的利用原料和減少副產品的生成。按，副產品的價值一般均低於產品。如果主、副產品的價值易位，則製程的目的和名稱亦均易位。減少副產品，是減少原料的浪費。連帶的，消除或減少副產品的生成，相對應的會消除或減少相關聯的分離操作。
- 在不影響選擇性（收率）的條件下，增加轉化率（conversion），即是增加在反應過程中原料發生化學變化的比例。增加轉化率的效果是減少整體化學反應所需要的時間，和減少在反應後需要分離和再循環未反應原料的量。後者減輕了分離操作的量。

如果能將選擇性或收率提高到 100%，則在反應後即不需要分離副產品的操作；轉化率提高到 100%，則在反應之後不需要分離未反應原料的操作。二者都能做到，即完全不需要分離操作。

為了提高收率，具體的做法有：
- 找尋高選擇性的催化劑（catalyst），加快產品的生成，相對應的壓抑副產品的生成。這是最有效的改進化學反應的方法。
- 調整反應條件為有利於產品的生成但是不利於副產品的生成。即是以反應速率式（rate equation）為基礎來決定反應條件。例如：
  - 如果生成產品的活化能低於生成副產品生成的活化能，低溫有利於產品生成，不利於副產品生成。
  - 如果生成產品的反應級數（order of reaction）高於生成副產品的反應級數，則高反應物濃度有利於產品生成，不利於副產品生成。

提高轉化率，基本上是以化學平衡（chemical equibrium）的條件為基礎，調整反應的條件來增加轉化率，例如：
- 在反應過程中，抽出生成物，維持或加大反應物濃度與平衡濃度之間的差距，使反應持續進行。
- 在放熱（exothermic）反應的過程中用冷卻系統除去熱量降溫，在吸熱（en-

dothermic）反應的過程中加熱，以維持高轉化率。
- 如果在反應過程中摩爾數增加，即降低反應的壓力，或加入不參與反應的隋性（insert）物質，以降低反應物的濃度，來增加轉化率。如果反應過程中摩爾數減少，則加大反應壓力，增加反應物的濃度，來提高轉化率。

如前述，如果選擇性和轉化率都達到 100%，即不需要後續的分離操作。即是，選擇性和轉化率的提高，可以直接減輕分離操作的負擔。

但是提高選擇性和轉化率所用的方法，有時會增加分離操作的複雜性。例如：
- 前段中提到的加入隋性物質來減低反應物的濃度，所加入的隋性物質在反應之後，必需分離出來。在工業上，儘量使用氮和水蒸氣等易於分離且價格低的物質。
- 為提高選擇性而加入的催化劑，在反應後要分出來。異相（heterogeneous）催化劑容易分離，同相（homogeneous）分離的困難度高。
- 為了增進反應的效率，而將固相反應物溶解在溶劑中；或是為了增加反應物的濃度，而將氣相反應物溶解在溶劑中。在反應之後，溶劑一定要再分離出來。

3.1.2 分離操作

化學反應決定了在製程中需要分些什麼，以及需要分離處理量的多少。在決定化學反應步驟之後，分離操作要考慮的是：
- 如何分才能達到要求，即是產品合乎規格，再循環的物流合乎製程要求。
- 其次是，在能有效分離的前提下，決定哪一種分離過程的費用最低。

不同的物質，必然具有不同的性質。分離操作的基礎即是根據性質的不同，來分離出不同的物質，性質上的差異愈大，愈容易分開。討論如下：
- 異相分離，即是要分離的對象，是處於不同的相（phase），例如：氣相和液相，固相和液相以及固相和氣相；一般可以用機械（mechenical）方式，

例如過濾，離心方式來達到分離的目的。是相對簡便的分離過程。

同時由於異相分離的簡便性，有很多分離過程是將原為均相的被分離物，人為的使其形成異相，然後分離，例如：

- 改變溶液中溶質的濃度，和溶液的溫度，使得溶質形成結晶；即是將原為液相的被分離物，轉變成為液相和固相，然後再用離心、或過濾的方式來分開。

- 分餾操作是加熱使原為液相的被分離物產生氣相而形成液、氣二相，或是降溫使原為氣相的被分離物產生液相而形成氣、液二相；逐步將蒸氣壓不同的物質分開。

- 均相分離，所用到的性質有：
  - 比重。
  - 分子的大小和形狀。
  - 分子之間的作用力，表現為蒸氣壓和與其他物質之間的相容性（溶解度、吸附等）。
  - 分子的電子分佈，表現為極性。
  - 化學活性。

在下列情況，分離操作的困難度增加：

- 被分離物中含有太多種類的不同物質。

- 被分離物中不同物質的某項常用來作為分離基礎的性質，差異性太小，必需要用到另一項差異性大的性質，而利用該差異性大的性質來分離的複雜性高。

在工業上，要特別注意下列分離要求：

- 同分異構物（isomers）的分離。

- 分離碳數相同的組分。

3.2 碳氫化合物的熱裂解——烯氫和雙烯的主要來源

今日工業上烯氫（$C_2^=$ 和 $C_3^=$）及雙烯（$C_4^{==}$）的主要來源，是碳氫化合物的熱

裂解（thermal cracking，或 pyrolysis）。在本節中將依次討論：

- 裂解化學。
- 裂解過程。
- 原料與產品分佈。
- 原料與乙烯成本。

3.2.1 裂解化學

將飽和的碳氫化合物，轉換成為不飽和的 C_2, C_3 和 C_4，其間最少涉及了：

- 將碳鏈（─C─C─）切斷。
- 脫氫。

兩個反應。二者均為吸熱反應，即是昇溫有利於反應。

C─H 間的鍵能高於 C─C 之間的鍵能，是以斷鏈的反應速率高於脫氫的反應速率。依照自由基反應機理（free-radica mechanism），乙烷熱裂解（最簡單的裂解）的簡化反應過程如後：「*」號代表自由基。

反應開始（initiation），乙烷斷鏈形成自由基。

$$C_2H_6 \longrightarrow CH_3^* + CH_3^* \tag{1}$$

反應延續（propagation）：乙烯的生成為(3)。

$$CH_3^* + C_2H_6 \longrightarrow CH_4 + C_2H_5^* \tag{2}$$

$$C_2H_5^* \longrightarrow C_2H_4 + H^* \tag{3}$$

$$H^* + C_2H_6 \longrightarrow H_2 + C_2H_5^* \tag{4}$$

反應終止（termination），自由基相互反應，形成較穩定的化合物。

$$H^* + H^* \longrightarrow H_2 \tag{5}$$

$$CH_3^* + H^* \longrightarrow CH_4 \tag{6}$$

$$H^* + C_2H_5^* \longrightarrow C_2H_6 \tag{7}$$

$$C_2H_5^* + CH_3^* \longrightarrow C_3H_8 \tag{8}$$

$$C_2H_5^* + C_2H_5^* \longrightarrow C_4H_{10} \tag{9}$$

從前列反應，可以得出下列和反應條件相關的結論：

- 反應(1)和(3)，在反應後之摩爾數比反應前多；對這一類的反應，減低反應壓力（即減少反應物的分壓、或減少反應物的濃度），有利於反應的進行。

反應(5)至(9)，在反應後的摩爾（分子）數少於反應前的分子數。高壓有利於這類反應的進行。

是以降低壓力有利於乙烯生成，不利於氫和烷（(5)至(9)）的生成。是以，在反應時，恆加入不參與反應的水蒸氣以降低反應物的濃度（分壓）。

- 反應(5)至(9)是放熱反應，在相對低溫時速率較快。而斷鏈和脫氫是吸熱反應，高溫有利反應。是以在反應的過程中，提高溫度有利於乙烯生成，不利於氫和烷的生成。

- 氫和烷是二次反應的產物，是以如果縮短反應時間，可減少氫和烷的生成。

3.2.2 裂解過程

在本節中將裂解工廠中的操作區分為：

- 裂解（化學反應），和
- 分離操作

兩部份來討論。

從 3.2.1 節中，可以知道有利於乙烯生成的裂解條件是：

- 加入水蒸氣以稀釋碳氫化合物（反應物）的濃度。
- 反應過程中提昇溫度。
- 縮短反應的時間。

在實際操作上，反應後的物流必需急速降溫，以避免反應持續進行。其過程略如：

碳氫化合物＋水蒸氣→預熱至 600℃→進入反應爐管↓

分離操作←降溫至 200℃←降溫至 320～400℃←昇溫至 780℃至 860℃←

說明如下：

水蒸氣加入的量，隨碳氫化合物分子量的增加而增加，參考值為：

碳氫化合物	水蒸氣加入量，wt/wt
乙烷	0.25～0.35
丙烷	0.30～0.40
輕油（$C_5 \sim C_9$）	0.40～0.50

在爐管（反應器）中的溫度，藉由爐的設計，由 600℃上昇至 820～880℃。爐管的長度約為 40 公尺，直徑為 5 公分。

在爐管中停留的時間（反應時間）少於 0.4 秒，一般在 0.35 秒以下。

反應後冷卻至 320～400℃的時間少於 0.1 秒，在熱交換器中完成，以回收熱能。

注入冷油，將溫度自 320～400℃降至 200℃，送入分離系統。

分離過程略如：

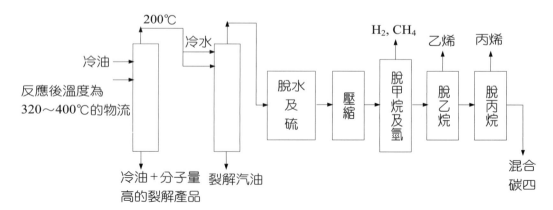

當原料為低分子量的碳氫化合物，例如自天然氣中取得的乙烷、丙烷或丁烷時，裂解的副產品中不含有分子量較大的裂解汽油（pyrolysis gasoline）和燃料油。

乙烷和乙烯，以及丙烷和丙烯的沸點很接近。前者分餾塔的板類為 120，回流比（reflux ration）為 4；後者的板數高至 150，回流比更高至 20。

3.2.3 原料及產品分佈

本節說明和裂解原料相關的兩個問題：

- 第一個問題是那些碳氫化合物可裂解。
- 第二個問題是作為原料的碳氫化合物的分子量不同時，裂解所得的產品分佈（products distribution）的差異。

分別討論如後。

從分子結構上來看

- 苯環的結構比烷和環烷穩定。在裂解的過程中，苯環上的烷基會裂解，而苯環不會。是以裂解原料中所含有的芳香族，無助於乙烯的生成，在裂解後集中在裂解汽油和燃料油中。
- 支鏈的烷，在裂解後趨向於生成丙烯。

是以從生產乙烯的觀點來看，熱裂解的最佳原料是直鏈的烷，支鏈烷次之，環烷再次之，而芳香族是無效的原料。

生產乙烯的原料輕油（$C_5 \sim C_9$ 的碳氫化合物，naphtha）的組分，和生產 BTX 的原料輕油的組分，是完全不同的。

任何碳氫化合物均可經由熱裂解而得到烯氫。在烯氫中，乙烯是需求量最大高的產品。一般均用乙烯的產量來標定蒸氣裂解工廠的生產能力。在實際操作上，蒸氣裂解所用的進料從乙烷到 VGO 都有。表 3-1 是在用不同進料時，所得到的不同產品分佈。

表 3-1　不同原料經過熱裂解後的產品重量分佈

產　品	原　料				
	乙烷	丙烷	丁烷	輕油	VGO
生產 100 份乙烯所需要的進料	125	180	250	280	380
乙烯	100	100	100	100	100
丙烯	3	40	55	60	55
丁二烯	1	6	9	15	17
其他 C_4	2	3	17	18	18
$C_5^=$	—	—	1	3	8
裂解汽油					
C_5-C_{11}	3	17	27	37	75
塔底油	—	2	4	12	50
氫及甲烷	17	10	50	45	50
乙烯收率	80	55	42	36	26
（乙烯＋丙烯＋丁二烯）收率	82.4	81.1	65.6	62.5	45.3

從表 3-1 中可以看出：

・原料的分子量愈高，所得到乙烯以外產品的種類、和數量愈多。

・原料的分子量愈小，乙烯的收率愈高。乙烯、丙烯和丁二烯的總量亦愈高。

當進料不變時，蒸氣裂解操作的主要變數是裂解溫度和接觸時間，溫度的升高或時間的加長，均加深了裂解苛度（cracking servity）亦稱為裂解深度。裂解苛度與產品分佈的關係如圖 3-1 及 3-2，即是可用改變操作條件來在某一範圍內改變產品分佈。

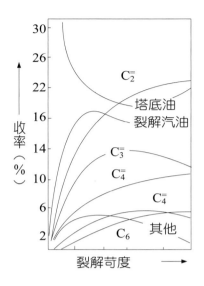

図 3-1 裂解苛度與產品收率
（進料：輕油）

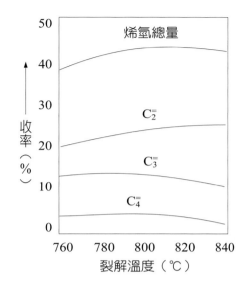

図 3-2 裂解溫度與烯氫收率
（進料：heavy naphtha）

3.2.4 原料與乙烯成本

生產成本和下列兩個因素相關：

• 生產設備所需要投資金額的多少。

• 原料成本。

分別討論如後。

參看表 3-1：

1. 所得到產品的種類愈多，分離和純化所需要的設備也多。

2. 當乙烯的產量相同時，所需要的進料多，即是生產設備需要處理更多的物料，或是設備要更大。

前述兩個因素表示：當乙烯的產量相同時，進料的分子量愈高，則所需要的裂解工廠愈大而且較複雜；或是所需要的投資愈高。以一個年產量為 500,000 噸的乙烯工廠為例，以乙烷為進料的工廠投資約相當於以 VGO 為原料工廠的一半。

同時，比較小的工廠，其操作和維護費用，低於比較大的工廠。結論是分子量低的原料，生產設備的投資、維護和操作費用比較低。是以乙烷是最佳的原料。

原料費用可以從兩個角度來討論：

- 生產乙烯的原料是碳氫化合物，這些碳氫化合物的主要用途都是燃料，其價格的基礎都是熱值（heating value，即是燃燒熱）。表 3-2 是用乙烷和輕油作為生產乙烯的原料時，每生產 1 公斤乙烯所需要的熱當量。

⧗ 表 3-2　用不同原料生產 1kg 乙烯的原料熱當量

	乙烷	輕油
熱值，kcal/kg	12,260	11,000
每 kg 原料產出乙烯的量，kg	0.8	0.35
生產 1kg 乙烯原料的熱當量，kcal	15,325	31,429
生產 1kg 的（乙烯＋丙烯＋丁二烯）原料的熱當量，kcal	14,879	17,600

即是，生產 1kg 的乙烯，所需原料的熱當量，輕油比乙烷高出一倍。乙烷遠優於分子量比較高的輕油。將丙烯和丁二烯計算在內，所需輕油的熱當量仍高出乙烷 15%。

- 另一個角度是自井中開採出來之後的純化費用。乙烷是以壓縮方式自天然氣中分離出來的；而輕油是將石油經分餾所得到的。自石油中提取輕油的費用，高於自天然氣中分離出乙烷的費用。

從上面的討論中所得到的結論是：以自天然氣中分離出來的乙、丙、丁烷作為生產乙烯的原料，和自石油中分離出的輕油等相比較，具有絕對的成本優勢。

但是參看表 3-1，從產品分佈來看：以天然氣為原料生產乙烯的工廠，$C_3^=$ 和 $C_4^{==}$ 兩項副產品的量少，不足以滿足市場需要。作為總結：

- 以自天然氣中分離出來的碳氫化合物作為生產乙烯的原料：
  - 其乙烯成本低。
  - 但是丙烯和丁二烯的量不足。丙烯一般可自煉油廠中補充；而丁二烯必需由輕油裂解工廠來補充或是採用丁烯脫氫取得。
- 以自石油中分餾所得的輕油等作為生產乙烯的原料：

· 乙烯成本比較高。

· 可以，也必需，藉由提高丙烯和丁二烯的價格來增加其競爭力。

3.3 其他的烯氫來源

在 1950 年以前，石油化學工業剛在起步階段，乙烯的主要來源是乙醇脫水；同時很多和C_2有關的化學品，是以由電石和水反應所得到的乙炔為主原料。今天的石化工業，基本上是在 1960 年之後定型的。

碳氫化合物的蒸氣或熱裂解，是目前唯一的乙烯和丁二烯來源。丙烯在蒸氣裂解之外，另一來源是 FCC。在煉油工業發達的美國和 FCC 在煉油廠中所占比例大的中國大陸，這是丙烯和C_4的主要來源之一。

除了熱裂解之外，在理論上**烷類脫氫**（de-hydrogenation）應是可行的。而在實務上，碳原子數愈少，脫氫愈困難。真正在工業上曾成功操作的是C_4的脫氫，在 1975 年以前，丁烯脫氫為丁二烯曾是美國丁二烯的主要來源，後來因為成本高於由熱裂解所得到丁二烯而停止。2005 年之後，以輕油為原料的裂解工廠，由於乙烯價格受到以天然氣為原料裂解工廠的強力競爭，而全力拉高丁二烯的價格，使得丁烯脫氫為丁二烯的製程再次受到重視。丙烷脫氫為丙烯的工業生產製程的可靠性不夠，尚未能推廣。而乙烷脫氫距離實驗性的工業生產更遠。

熱裂解工廠所需要的最少投資目前在 10 億美元以上，而脫氫工廠的投資約為此的 1/10 弱。脫氫技術可以降低跨入石化工業的門檻。另外，在中國大陸上有一種叫做 DCC（Deep Catalytic Cracking）的技術。其重點在：改變 FCC 的催化劑，並加深其裂解苛度，使 FCC 副產品中 C_3 提高到進料的 25% 左右，而丙烯的量相對提高到為進料的 12～15%。這一種技術，可以使煉油廠具備有開發以丙烷為原料的石化產品的能力。

MTO（methanol to oletin）製程是以甲醇為原料，以 ZSM5 型催化劑，反應

後得到烯氫。甲醇則來自以煤或碳氫化合物所產生的合成氣（CO 及 H₂）。是以產煤而石油不足的國家，例如中國，即在寧夏省的銀川地區，大力投入煤氧化、生產甲醇再轉化為烯氫的工廠，其成效可改變石油化工的內涵。

3.4　C₄的分餾和丁二烯

碳四的成分中含有：丁烷、異丁烷、1－丁烯（butene 1）、異丁烯（isobutylene）、順 2-丁烯、反 2-丁烯、1, 2-丁二烯和 1, 3-丁二烯等。其中異丁烯，是 MTBE 的原料，也是丁基橡膠（butyl rubber）的單體，是目前 C₄中需求量最大的。丁二烯是合成橡膠工業最主要的原料。此外 butene 1 是生產高密度聚乙烯時用作調節密度或韌性的第二單體，亦是線型低密度聚乙烯的第二單體，需求量增加的很快。碳四各組分在沸點上的差異性小，不能單純的分餾方式分離，以下將分別說明如何自混合C₄中分離出：異丁烯、丁二烯和 1-丁烯。由於不同碳四的需求量不同，本節將在最後說明碳四間的相互轉換。

3.4.1　異丁烯的分離

異丁烯和甲醇反應得 MTBE，這個反應的選擇性很高，即是基本上甲醇只和異丁烯反應，其他的C₄，除了丁二烯會在過程中發生聚合反應之外，沒有變化。故而如果用含丁二烯量極少的碳四，例如自FCC所得到的，直接和甲醇作用，一方面生產 MTBE，同時也除去了混合碳四中的異丁烯。由於 MTBE 的需求量很大，生產裝置中也可以含有正丁烯異構化為異丁烯的單元，如下圖，圖中的混合碳四來自 FCC，或是輕油裂解脫去丁二烯後的混合碳四。

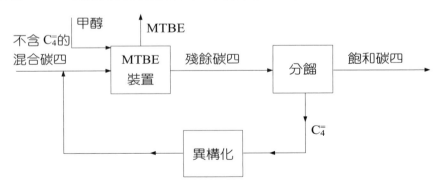

MTBE的製程是可逆的,即是可以由MTBE分解而得到高純度的異丁烯,這是目前工業上生產異丁烯的主要途徑之一,是利用化學活性的差異來分離的。

另一種直接從混合碳四(不含丁二烯)中抽取異丁烯的方法,是利用硫酸僅和異丁烯反應而生成叔丁醇(secondary butanol),而不和正丁烯作用的選擇性來自混合碳四中分離出異丁烯;然後叔丁醇再脫水而得到異丁烯。不同的製程的硫酸濃度從45～65%不等。由硫酸抽取異丁烯的製程並不比由MTBE分解簡單,再加上硫酸的腐蝕性和污染等問題,目前用此法設立新廠的極少。

美國認為MTBE目前有環保上的問題,其可能的取代品是用乙醇取代甲醇,但是對異丁烯的需求沒有大的影響。

3.4.2　丁二烯的分離

在混合碳四中加入高分子量(高沸點)的極性溶劑,由於烷、烯、二烯的極性不同,和極性溶劑分子間的作用力亦不同,使得溶劑中丁烷、丁烯和丁二烯的蒸氣壓(或揮發度)不同,極性最低的丁烷的蒸氣壓>丁烯>丁二烯(極性最高),故而將溶有混合碳四的溶劑分餾,即可將丁二烯自丁烷和丁烯中分出。這種分離方法叫做萃取蒸餾(extractive distillation),丁二烯是用這種方法取得的,其簡化的流程示意圖如下:

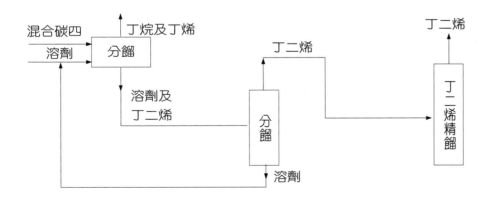

即是整個 $C_4^{=}$ 提取，是由萃取蒸餾和丁二烯精餾兩部分構成。選擇溶劑的指標是：

1.對丁二烯、丁烯和丁烷的選擇性高。

2.溶劑氣化熱的高低，氣化熱低的在分餾時所需要的熱能比較少。

3.黏度低的溶劑，在分餾時所需要的板數比較少。

4.對 C_4 溶解度大的溶劑，在製程中的循環量少。

5.沒有腐蝕性，對人體無害。

目前用於丁二烯萃取的溶劑有：糠醛（furfural）、乙腈、**DMF**（dimethyl formamide）、n-methyl pyrro-l-idone 及 dimethyl acetamide 等。

3.4.3　1-丁烯

1-丁烯（butene 1）的主要工業用途是用作聚乙烯聚合時改質。將不含異丁烯和丁二烯的 C_4 精餾即可得到聚合級的 1-丁烯。各種不同製程的區別，在於如何減少 C_4 中異丁烯和丁二烯的量。

3.4.4　碳四間的轉換

目前工業上 C_4 的來源有二：一是 FCC，另一是輕油裂解。二者所含不同 C_4 組分大致的比例如表 3-3：

表 3-3　FCC 及輕油裂解的 C_4 組成

產品	FCC	加氫裂解	輕油裂解
總 C_4，占進料的 wt% 其中	9	5～11	10～11
丁烷，占總 C_4 的 wt%	50	100	約 10
i/n	3～4	－	約 0.1～0.2
丁烯，占總 C_4 的 wt%	50	－	40～50
$i/(nC_4^= + iC_4^=)$	1/2	－	約 2
丁二烯，占總 C_4 的 wt%	－	－	40～50

是以碳四來源的組分大致固定,而市場的需求各有不同。一般可以採取異構化、脫氫、氫化等方式來調應。例如將丁烷異構化為異丁烷,再脫氫為異丁烯。

3.4.5 丁烯脫氫──丁二烯的另一來源

如 3.2.1 節所述,碳氫化合物受熱時,由於C-C鍵的鍵能低於C-H鍵的鍵能。是以碳氫化合物的脫氫反應必需要在有降低脫氫活化能功能的催化劑的情況下進行。丁烯脫氫為丁二烯的反應即是如此。一般在反應時會加入氧,氧和脫下來的氫形成水,使得原為吸熱的反應轉為放熱;同時反應時加入水蒸氣以降低反應物的分壓(反應後分子數增加);並用流動床等方式,降低在反應器中的停留(反應)時間。

此一製程,美國曾在 1975 年之前使用。中國在 1995 年之前大量使用。當以天然氣為原料的裂解工廠比例增加,整體丁二烯的相對產量會下降,丁烯脫氫為丁二烯製程會變得重要,自 2010 年開始,中國重新開始設立丁烯脫氫生產丁二烯的工廠。

3.5 芳香族的生產

芳香族的傳統來源,是自煤乾餾所得到的煤焦油中抽取而得到的。在 1970 年以後,絕大數的BTX是以石油為最基本的原料。煉油廠所生產的重組汽油和輕油裂解的副產品,裂解汽油中,均含 40～60%的BTX。本節中將先敘述如何將重組和裂解汽油中的 BTX 分離出來,再說明苯、甲苯和對二甲苯的純化。

3.5.1 BTX 的抽取和分離

若干溶劑對不同類碳氫化合物的溶解度不同,例如:

芳香族 > 烯氫 > 環烷 > 烷族

利用這些溶劑將重組和裂解汽油中的BTX分離出來的程序叫做溶劑萃取（solvent extraction），示意圖如下：

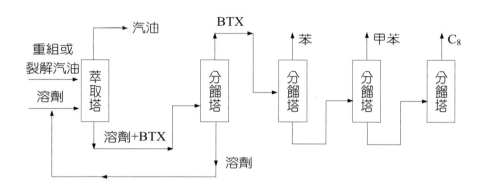

用於 BTX 萃取的主要溶劑有：

製程	溶劑		
	種類	沸點（℃）	分子式
Sulfolene	環丁碸	287	$H_2C — CH_2$ $H_2C — CH_2$ S O O
Udex	醇醚類	230～290	例如： $CH_2OCH_2H_4OH$ $CH_2OC_2H_4OH$
Arosolran	n-甲基比略烷酮	206	$H_2C — CH_2$ H_2C CO N CH_3

可以看出，萃取用溶劑的沸點均比 BTX 高出 60℃ 以上，這是便利於用分餾將溶劑和 BTX 分離。BTX 的萃取效率，均大於 98%。

表 3-4 是 BTX 的沸點和熔點：

⧗ **表 3-4　C_8 的沸點及熔點**

	沸點（℃）	熔點（℃）
苯	80.1	5.5
甲苯	110.6	−95
C_8		
乙苯	136.2	−95
對二甲苯	138.4	13.2
間二甲苯	139.1	−47.4
鄰二甲苯	144.4	−25.17

由表 3-4 可以看出，C_6、C_7 和 C_8 沸點差距大，可以用分餾來分離。工業上即是將 BTX 用分餾方法分出苯、甲苯以及 C_8。

3.5.2　C_8 的分離

C_8 包含四種同分異構物，其沸點相差不大（表 3-4），用分餾的方法來分離和純化非常困難。同時在 C_8 中以對二甲苯的需求量最大，是以從 C_8 中抽取最多的 P-Xylene 是石化工業中重要的製程。傳統的分離方法，是利用各同分異構物熔點的區別甚大，而在 −40～−70℃ 之間用降溫、結晶、離心分離、再結晶等程序來得到高純度的對二甲苯。用這種方式可以回收 C_8 中 60% 的對二甲苯。

新的製程，是用具有選擇性的吸附劑例如*沸石*（zeolite）來分離。是目前已普遍工業化的吸附分離製程，對二甲苯的回收率高於 90%，同時在整個製程中，沒有用到*潛熱*（latent heat），例如固化、熔化的地方，故而能耗也低。這類製程已商業化的有 UOP 公司的 Parex 法和日本東麗公司的 Aromax 法。冷凍結晶和吸附法分離 P-Xylene 的比較如表 3-5：

表 3-5　二甲苯分離方法的比較

	冷凍結晶法	吸附分離法
原理	利用同分異構物冰點的差距，在 $-70°C$ 時將對二甲苯析出，再結晶 2～3 次以提高產品純度	利用吸附劑對三種同分異構物吸附能力的強弱，將 P-Xylene 吸附、解吸附和蒸餾，而得到產品
操作狀況	固、液相相混合	液相
操作溫度（℃）	0～−70	小於 200
操作壓力（kg/cm）	0.5 以下	0～1.5
單程（對二甲苯）收率（%）	～60	大於 90
P-Xylene 純度（%）	大於 99.0	大於 99.5
投資	較大	較少

3.5.3　BTX 間的轉換和 C_8 的異構化

在 C_6 到 C_8 的化合物中，C_6 的苯和 C_8 中的對二甲苯是需求量最大的，而甲苯的需求量是最少的。是以有下列將甲苯轉換為苯和二甲苯的製程：

甲苯的加氫脫烷基化（toluene hydrodealkylation）：

$$C_6H_5(CH_3) + H_2 \rightleftharpoons C_6H_6 + CH_4$$
$$\quad\quad 甲苯 \quad\quad\quad\quad\quad 苯$$

甲苯的歧化（toluene disproportionation）：

$$2C_6H_5(CH_3) \xrightarrow{AlCl_3, HCl} C_6H_6 + C_6H_4(CH_3)_2$$
$$\quad\quad\quad\quad\quad\quad\quad\quad 苯 \quad 混合二甲苯$$

和

$$2C_6H_5(CH_3)_2 \xrightarrow{ZSM5} C_6H_6 + (CH_3)\,C_6H_4(CH_3)$$
$$\quad\quad\quad\quad\quad\quad\quad\quad\quad\quad\quad 對二甲苯$$

由於對二甲苯的需求量大，相對的苯在汽油中的含量受到環保要求的限制，故而有過剩的現象；用 ZSM5 催化劑使甲苯轉換為對二甲苯的製程目前最受注意。

此外，由於 C_8 中對二甲苯的用量較多，故而在工業上有將鄰和間位二甲苯**異構化**（isomerization）為對二甲苯的必要。如前述，苯在目前由於能摻入到汽油中的量受到限制而供應不成問題，純甲苯的需求量不多，故而專業生產芳香族的工廠在實質上是以生產二甲苯為主，其組成生產單位如下圖：

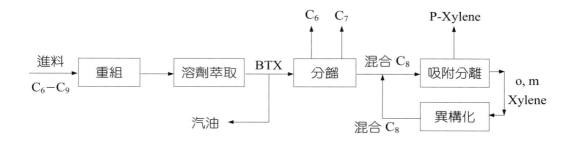

3.6 石油化工的現況及前景

在這一節中，將依地區陳述石油化工的現況，以及討論其未來發展的前景。

在討論各地區發展的前景時，集中於討論不同地區原料的供應條件，以及市場的未來性。原因如下：

- 如本章所敘，石油和天然氣的貯存地區，並不是均勻分佈的，例如亞洲地區即是貯量極度不足的地區；而天然氣是生產乙烯的最佳原料。是以在全球化的趨式中，亞洲石化工業發展的前景，和能否找到天然氣的來源，或是開發出新的生產乙烯製程，有極大的關聯。
- 不同地區石油產品的市場，和該地區的經濟發展、或是人民的消費能力相關。

例如最常通用估計石化產品需求的方式之一，是從**生產總值**（GDP）的變化來估算。將 1974～1992 年間全世界石化原料的需求量和**生度總值**作圖，可以用回歸法得到下列估算公式：

乙烯的需求量（百萬噸/年）＝3.99×GDP（萬億 1990 年美元）－26.9

丙烯的需求量（百萬噸/年）＝2.12×GDP（萬億 1990 年美元）－15.0

用上列兩估算式作基礎，可以得到表 3-6：

表 3-6　世界烯氫需求量（百萬噸/年），（　）內為所占%

地區	乙烯			丙烯		
	1990	1998	2010	1990	1998	2010
北美	19(32)	23(26)	30(26)	10(32)	13(30)	17(26.6)
西歐	15(25)	19(24)	25(21)	9(28)	12(27.6)	17(26.6)
日本	6(10)	7(9)	9(8)	3(9)	3.5(8)	5(7.8)
亞洲（日本之外）	5(9)	12(15)	22(79)	7(22)	9(20.6)	15(23.4)
其他	14(24)	23(26)	30(26)	3(9)	6(13.8)	10(15.6)
總計	59	78	116	32	43.5	64

　　表 3-6 所得到的結果，除了未估計及中國經濟的高速成長之外，與各地區實際的需求情況相當接近。即是在預估不同地區石化產業未來的發展時，要考慮到該地區未來的經濟發展。

- 石化產品的消費量，不可能沒有上限。日本是一個已發展國家，其石化產業基本上是進出口平衡的，即是不是以出口為導向的產業。其乙烯年產量在 7,500,000MTA 附近，除以一億兩仟萬人口，得人均乙烯耗用量為 62.5KG／人一年。在後續的討論中，將以此一數字作為判定某一地區石化產業是否為出口導向的基準。
- 在 2013 年，全世界乙烯的總產能約為一億三千萬噸，人口約 70 億。人均乙烯產能為 18.6kg／人一年。此一數字將用作石化產業供應現況的基礎。

　　以下，將依次討論：北美、中南美（拉丁美洲）、歐洲、中東、非洲、蘇聯、東南亞、印度、中國和台灣、韓國和日本。

3.6.1 北美洲

北美洲包含美國及加拿大二國，均為已發展國家。其人口及石化產業（2013年）如下：

	美國	加拿大
人口，百萬	310	24
乙烯產能，MTA	31	4.5
人均乙烯產能，kg ／人一年	100	187.5
天然氣佔乙烯原料的%	70	>190

從人均乙烯產能來看，美國和加拿大的石化工業均是出口導向。其利基是以天然氣為乙烯原料。美國石化產品的出口市場，目前是以中南美洲為主，日後將繼續如此。加拿大的石化產品中包含有高比例的乙烯衍生物，例如乙二醇、苯乙烯等，是以全世界為出口對象。

這兩個國家石化工業未來的發展，和是否能有更多的、在地的天然氣來源，密不可分。是以美國頁岩氣的開發，有助於美國石化產業的擴充。

3.6.2 中南美洲

中南美洲的人口共約 5 億人（2012 年），而且增加的速率高。其石化產業的規模，以乙烯產量計，依次為：

巴西，Brayil　　　　3,000,000MTA

阿根廷，Argentina　　2,000,000MTA

墨西哥，Mexico　　　1,500,000MTA

委內瑞拉，Venezuela　 500,000MTA

共計：7,000,000MTA

人均乙烯產能為 14kg ／人一年，明顯低於世界平均值。從原料的來源來看，

委內瑞拉和墨西哥均大量輸出石油；而巴西在 2000 年代初在外海發現了大量的油、氣；這三個國家均有大規模發展石化產業的可能。

傳統上，中、南美洲是美國的「後院」，是美國產品獨佔的市場。在短期內，這種情況不會大幅度的改變。即是，中、南美向美國提供原料（石油、糖等），而美國向中、南美輸出工業產品，是標準的經濟殖民模式。

3.6.3　歐洲

歐盟 27 國共有約 5 億的人口，共 25,000,000MTA 乙烯產能。乙烯的人均產能為 50kg ／人一年，低於日本的數字。

歐洲的乙烯，90%是以輕油為原料，面對中東大量以天然氣為原料的產能，其競爭力不足。歐洲增加乙烯產能的可能性不大，會自中東進口以補其不足。

3.6.4　中東

中東以波斯灣週六國為主要，共有人口約二億，擁有約一半的天然氣貯量。在 1998 年京都協定，要求減少CO_2排放之後，開始大量開發天然氣。並利用乙、丙、丁烷作為生產乙烯的原料，將乙烯產能從 5,000,000MTA 增加到 30,000,000MTA 以上。多年以來，世界乙烯產能增加的速率，維持在年增率 3.5% 左右，中東乙烯產能的增加，實質上滿足了 2018 年之前全世界乙烯的需求。中東是否會無限制的繼續擴充？

中東石化產業的持續擴充，和對中東天然氣的需求呈正向關連。是以在此有必要對天然氣作為燃料的優劣，作討論。

燃料的用途，依用量包含下列三個部份：

・家庭用燃料。

・運輸用，即車、船用燃料。和

・發電用燃料。

天然氣的主要優點，是它是最環保的燃料，具體表現在：

- CO_2 的排放量相對少，特別是甲烷（液化天然氣，LNG，liquified natural gas），是氫氣以外，可燃燒物質中 CO_2 排放量最低的。
- 是不含硫、氮等雜質的乾淨燃料。

天然氣的缺點是，在沒有管路相聯結的地區、天然氣要先液化之後才能貯、運，費用高。

即是，天然氣是一種既乾淨且環保但是相對貴的燃料。台灣桶裝瓦斯（LPG, liquified petroleum gas，即 C_3 和 C_4）和管路瓦斯（LNG）的價格，以熱值計，和汽油的售價相當，由於汽油中含有超過 20% 的稅金，故而 LPG 和 LNG 的價格高於汽油。如果和煤，最便宜的燃料，相比較，在自產不足、及無管路與天然氣相通的地區，例如：台灣、中國、日本、韓國等地，天然氣的價格為煤的 8 至 10 倍。

開採出來的石油和煤中都含有大量的雜質。但是石油是先經過煉製之後才使用。而煤則沒有先經過分離出雜質的處理，必需在燃燒後再除去有害物質。由於處理污染物的設備需要專業性，這便使得煤僅能用於使用量大的場所，例如發電廠；如果用於家庭、車、船，煤的污染大。

為改善生活環境，改用天然氣為燃料，依經濟能力，其優先次序是：

- 家庭用燃料，台灣、香港、新加坡、日本和韓國均達到此一階段。中國大陸沿海及部份內陸城市亦達到此階段。
- 發電，由於成本高，在前列各地區中，只有台灣和日本有部份電廠是用天然氣發電，香港、新加坡和韓國都沒有。高電價造成：
  - 民生用電費用增加。
  - 增加工業生產的成本，增加物價，並降低出口競爭力。

是以中東天然氣的市場，視亞洲國家經濟發展的情況來決定。首先是中國是否有能力大量進口天然氣取代家庭用煤。更進一步，如果要大規模採用天然氣來發電，則該地區的產業必需具備有極高的競爭力，來吸收高電價。

3.6.5　非洲

非洲共有約 10 億人口，而且增長率極高；同時擁有約佔 5～8%的油、氣貯量。在可見的未來，非洲將持續維持經濟上的被殖民狀態。

3.6.6　蘇聯

蘇聯（Russia）是單一最大的石油及天然氣生產國，共約一億三千萬人口，但是其石化工業不具影響力，基本上是仰賴自歐洲進口石化產品。

從原料供應、技術能力和經濟實力來看，蘇聯極可能成為重要的石化產品供應區。

3.6.7　東南亞

此一地區共有約八億人口，地區中的印尼、馬來西亞和汶萊較大規模生產石油和天然氣，緬甸有氣田，泰國生產油和氣、越南在南海開發油和氣田。總的來說，在這個區域中，自產了部份油和氣，並不是資源最貧乏的地區。

2013 年石化產業的規模包含：新加坡：2,000,000MTA 乙烯，馬來西亞、印尼和泰國分別為 1,500,000，1,000,000 和 3,000,000MTA，共約 7,500,000MTA。人均乙烯年供應量不到 10kg ／人一年，是石化產品的進口地區。

3.6.8　印度

2013 年印度有 12 億人口，共有約 5,000,000MTA 的乙烯產能，基本上需要進口石化產品。在資源上，自產的油、氣遠不足供應需要，煤的貯量較多，基本條件和中國近似。

印度經歷英國約百年的殖民統治，在二次世界大戰中沒有受到破壞，是亞洲最多元的社會之一，更是亞洲首先施行民主制度的國家，國民的英語能力強，而經濟能力不足，各種條件和中國形成強烈的對照。

3.6.9　中國

中國共有約 13 億人口，在 1970 年代開始發展石油化工，在 1990 年代開始初具規模。在 2010 年，其乙烯總產能為 15,000,000MTA 左右。預估在 2018 年左右可以擴充到 25,000,000MTA，人均乙烯用量接近世界平均值，仍會是全世界最大的石化產品進口國。

初期的石化產業基地有：大慶、吉林、遼陽、燕山、齊魯、上海、南京和茂名、惠州。近來擴充到福建、武漢、烏魯木齊等地。

中國的石化產業基本上是以輕油為原料，而石油有一半是進口，石化產業在國際上的競爭力不強。是以中國在試圖發展以煤為基礎的石化產業，即是 MTO 技術：

$$煤 + 水蒸氣 \longrightarrow CO\ 及\ H_2,$$
$$CO + 2H_2 \longrightarrow CH_3OH$$
$$CH_3OH \xrightarrow{ZSM5} 烯氫$$

在另一方面，中國可能有相當大頁岩氣貯量，如果預測為真，則頁岩氣的開發一方面可以減少對進口石油的依賴，改善民生燃料的供應；同時也可以提供石化產業原料，提高其競爭力。

3.6.10　台灣

台灣共有：

　　　中油：1,000,000MTA

　　　台塑（FPC）：3,000,000MTA

　　　　共：4,000,000MTA 乙烯

按台塑六輕的總產值，約佔台灣總 GDP 的 12%，整體石化產業產值佔總體 GDP 20%。基本上，台灣石化產業以提供海外台商所需要的原、材料為主要。隨著台

商擴充的速度減緩，石化產品的市場將轉移到東南亞。

3.6.11　韓國

韓國的石化產業在前廿年中的發展方向和台灣相同，那是以中國為市場，而擴充的速度更快。其基本條件亦和台灣相同，即是依賴進口石油和以輕油為乙烯的原料，面對中東以天然氣為原料的烯氫產品。其競爭力是不足的。

並不預期韓國的石化產業會繼續大規模擴充。

3.6.12　日本

日本在 2000 年左右，即停止擴充其國內石化產業的擴充，轉向在海外發展。例如在泰國大規模的參與投資。泰國宗教色彩不重，一般認為在東南亞地區中對外資比較友善的國家。

3.6.13　總結

從原料的角度來看，下列地區依次有大規模擴充石化產業的可能：蘇聯、美國、中東。

從市場的角度來看，東南亞和中國對石化產品的需求，增加得最快。如能在原料來源上有所突破，將是石化產發展最快的地區。

Chapter 4

烯氫的衍生物

將烷裂解所得到的 C_2，有 C_2 和 $C_2^=$ 兩種，C_3 也是只有 C_3 和 $C_3^=$ 兩種；而 C_4 有 8 種以上。即是，在將存在於自然界的烷，轉化為化工原料的烯氫（Olefins）的過程中，分離出乙烯（$C_2^=$）和丙烯（$C_3^=$）是相對最簡單的，或是成本最低的。是以 $C_2^=$ 和 $C_3^=$ 是最便宜的烯氫，他們的衍生物具有成本上的優勢。這是乙烯和丙烯是最重要化工原料的原因。

石油化學工業的產品，90% 以上是聚合物（Polymers），本章的內容依下列次序安排：

- 簡要說明聚合物相關的名詞，以及聚合物強度與分子鏈結構的關係。
- 乙烯和丙烯的聚合物。
- 依照化學反應的形態，分別說明乙烯和丙烯的重要衍生物。這些衍生物絕大多數是用作為聚合物的原料，單體。
- 由於對聚合反應的要求，不同於對一班化學反應的要求，在此對聚合反應作概略的討論。

4.1 聚合物概論

聚合物的原料稱之為單體（monomer），單體經由聚合反應（polymerization）後形成聚合物的結構單元（structure unit，亦稱為重複單元，repeating unit），並在反應的同時，結構單元聯結成為聚合物。

4.1.1 單體

單體一般區分為兩大類：

一類是分子上含有一或二個雙鍵的化合物。含有一個雙鍵的烯氫（olefin），例如乙烯和丙烯；以及乙烯和丙烯的衍生物，例如氯乙烯（Vinyl Chloride, VCM）和丙烯氰（acrylinitrile, AN）。

分子上有兩個雙鍵的雙烯（diene），以丁二烯為主要，異戊二烯（Boprene）次之。

第二類單體一般需要兩種分子，分別以 M_1 和 M_2 表示，M_1 和 M_2 分別含有兩個相同的官能基，而 M_1 和 M_2 的官能基能相互反應聯結。例如聚酯類（polyesters）聚合物的單體是含有兩個—OH 基的二元醇，例如乙二醇（ethylene glycol, EG）、丙二醇（propylene glycol, PG）和丁二醇（butandiol），以及含有兩個—COOH 基的二元酸，例如對苯二甲酸。在聚合時酸和醇進行酯化反應，將分子聯結在一起得到聚酯類聚合物。

4.1.2　聚合反應

相對於兩類不同的單體，聚合反應有兩大類。

一類是含雙鍵分子的加成（additional）聚合。其過程是：

　　　單體活化　　$M \longrightarrow M^*$
　　　活化後的單體　　$M^* + M \longrightarrow MM^*$
　　　逐個加上單體　　$MM^* + M \longrightarrow MMM^*$
　　　分子鏈成長
　　　活性消失，反應終止　　$M \cdots M^* \longrightarrow M \cdots M$

　　單體活化後可以是：自由基、離子或是吸附在催化劑上的復合物，加成聚合以區分為：
　　自由基聚合、離子聚合和配位聚合三類。
　　其中配位（coordination polymerization）需要適當的配位催化劑（coordination catalyst）。離子聚合需要起始劑引發單體成為離子，而自由基聚合一般是用過氧化物（peroxides）來使單體成為自由基，也可以藉由熱（提高溫度）或利用光及幅射等（給單體額外的能量）來使單體成為自由基。

　　80%以上的商用聚合物，均是經由加成聚合所得。其中自由基聚合應用的範圍最廣；配位聚合用於乙烯，丙烯和高順聚丁二烯（high cis polybutadiene）的聚合，在商業上產量極大。

　　由加成聚合所得到的聚合物，其分子鏈是碳鏈（carbon chain）。聚合物的分子量可以很大（300,000 以上）。其命名方式，是在單體名稱之前加一聚（poly）字，例如聚乙烯，聚丙烯氰、聚氯乙烯等。

　　4.1.1 節中第二類單體，是經由逐步聚合（stepwise，亦稱之為縮合，polycondensation）。

　　令 $R_1M_1R_1$ 和 $R_2M_2R_2$ 為參與逐步聚合的兩種不同單體，R_1 和 R_2 為可以相互反應的官能基，$R'_1R'_2$ 和 M 為 R_1 與 R_2 反應之後所形成的基和所產生的小分子，即是：

$$R_1 + R_2 \longrightarrow R'_1R'_2 + M$$

逐步聚合的過程如下：

$$R_1M_1R_1 + R_2M_2R_2 \longrightarrow R_1M_1R'_1R'_2M_2R_2 + M$$
$$R_1M_1R'_1R'_2M_2R_2 + R_1M_1R'_1R'_2M_2R_2 \longrightarrow$$
$$\vdots R_1M_1R'_1R'_2M_2R'_1R'_2M_1R'_1R'_2M_2R_2 + M$$
$$\vdots$$

　　是以逐步聚合是由兩個單體來形成仍具有可以相互反應基團的二聚物，再由二聚物與單體形成三聚物、由兩個二聚物形成四聚物等，同時在每一次反應時均釋放出另一分子。

　　經由逐步聚合所得到的聚合物，分子鏈中除了碳之外，可以含有氧、氮及苯環等稱之為雜鏈（hetrochain）聚合物。相對於加成聚合，所得聚合物的分子是一般在五萬以下。用聚合反應所得到的化合物類別命名。例如酸和醇反應得酯，是以用二元酸和二元醇聚合後所得到的聚合物即稱之為聚酯；—COOH 基和—NH₂ 基反應後得到醯胺（amide），由己二酸和己二胺反應後所得到的聚合物即是聚醯胺（polyamide）類，這一類即是尼龍（nylon）類。

4.1.3 聚合物的分類──組成

加成聚合的過程中，結構單元是由一種單體所形成時：

$$CH_2=CH_2 \longrightarrow -CH_2-CH_2-$$

單體　　　　　　結構單元

逐步聚合的結構單元，是由一對單體所形成的：

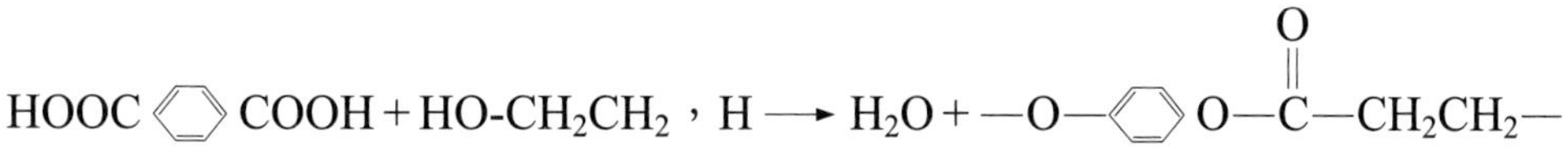

$$HOOC \bigcirc COOH + HO\text{-}CH_2CH_2, H \longrightarrow H_2O + -O-\bigcirc O-\overset{\overset{\displaystyle O}{\|}}{C}-CH_2CH_2-$$

對苯二甲酸　　　乙二醇　　　　　　　　結構單元

不同結構單元所組成的聚合物，性質不同。聚合物的分子量要在 5,000 以上，始能開始呈現出強度等性質。

均聚合物（homopolymer）是由一種結構單元所組成的聚合物。

共聚合物（copolymer）是指由一種以上結構單元所組成的聚合物。商業化的聚合物中，ABS 含有由苯乙烯、丙烯氰和丁二烯三種單體所構成的結構單元。由於不同結構單元排列組合的方式不同，共聚合物區分為下列三類：

任意（radom）共聚合物，不同結構單元以無規則的方式組合，令 M_1 和 M_2 為不同的結構單元，在任意共聚合物中，$\cdots M_1M_2M_1M_1M_2M_1M_2\cdots$。任意共聚合物的性質，介於由 M_1 和 M_2 單獨組成的均聚合物之間。

崁段（block）共聚合物是由 M_1 和 M_2 所組成的均聚合物聯結而成，即：

$$M_1\cdots M_1M_1\cdots M_1M_2\cdots M_2$$

由 M_1 所組成的均聚合物，和由 M_2 所組成的均聚合物聯結成的崁段共聚合

物，同時具有由 M_1 和 M_2 所組成均聚合物的性質。

接枝（graft）共聚合物，是將由 M_1 和 M_2 所組成的均聚合物接枝的方式聯結在一起，同時具有二者的性質。

4.1.4　聚合物的分類——分子鏈結構

如 4.1.2 節所述，聚合物的分子鏈，可以由純碳——碳鏈組成，或是包含有氧、氮、苯環的雜鏈。

線型（liner）聚合物是分子鏈具有規則性，例如氫在乙烯上對稱排列，所形成的結構單元是對稱的，所組成的聚合物分子鍊是對稱而規則的可能性高。

$$
\begin{array}{cc}
\begin{array}{c} \text{H} \quad \text{H} \\ \text{C} = \text{C} \\ \text{H} \quad \text{H} \end{array}
&
\left(\begin{array}{c} \text{H} \quad \text{H} \\ \text{C} - \text{C} \\ \text{H} \quad \text{H} \end{array} \right)_n
\end{array}
$$

$$
\text{乙烯} \qquad\qquad \text{聚乙烯}
$$

如果單體的結構不對稱，例如丙烯上有—CH_3，但是如果在聚合時，能使—CH_3 規則排列，則所形成的聚合物分子鏈亦是線形。例如：

甲基排列在同一側

$$
-CH_2-\underset{\underset{CH_3}{|}}{CH}-CH_2-\underset{\underset{CH_3}{|}}{CH}-CH_2-\underset{\underset{CH_3}{|}}{CH}-
$$

或是甲基規則的交替排列：

$$
-CH_2-\underset{\underset{CH_3}{|}}{\overset{\overset{CH_3}{|}}{CH}}-CH_2-\underset{\underset{CH_3}{|}}{CH}-CH_2-\underset{}{CH}-CH_2-\underset{}{\overset{\overset{CH_3}{|}}{CH}}-
$$

線形聚合物，由於分子鏈是規則的，故而可以排列得規則，分子之間的距離短，即是形成結晶。化學成份完全相同，結晶聚合物的強度遠高於非結晶聚合物。

　　非線性（non-linear）聚合物是指分子鏈不具規則性的聚合物。不規則的原因有：

　　對加成聚合來說，單體不規則，例如甲基丙烯酸甲酯：

$$CH_2 = \underset{\underset{COOCH_3}{|}}{\overset{\overset{CH_3}{|}}{C}}$$

所形成的聚合物分子鏈亦不規則。

　　在進行加成聚合時，會產生枝鏈（branched chain），枝鏈多時，分子鏈的規則性即消失。一班的通則是聚合反應的速率愈高，枝鏈愈多。

　　對逐步聚合來說，單體上官能基的位置不對稱，所形成聚合物的分子鏈即不規則。例如：

　　對苯二甲酸：HOOC—〈〉—COOH 和—OH 對稱的二元酸所形成的聚酯，分子鏈規則，是線型聚合物。

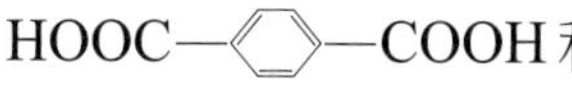

　　間苯二甲酸：〈〉—COOH 形成的聚酯，分子鏈不規則，是非線型聚合物。
　　　　　　　　 |
　　　　　　　COOH

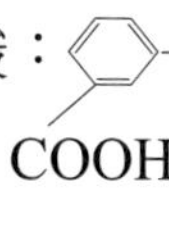

　　乙二醇 HO(CH_2)_2OH 和丁二醇 HO(CH_2)_4OH 和—COOH 基對稱的二元酸所形成的聚酯，分子鏈對稱，是線型聚合物。

$$CH_3$$
$$|$$
丙二醇 CH_2CH 所形成的聚酯，分子鏈不對稱，是非線型聚合物。
　　　　 |　 |
　　　　OH OH

非線型聚合物不能形成結晶。

結晶（crytallme）聚合物，和非結晶（amorphpus）聚合物在外觀上最大的區別是：非結晶聚合物是透明的，例如聚苯乙烯（PS）和聚甲基丙烯甲酯（PMMA），而結晶聚合物是看起來是霧霧的、透明度不好的。

交聯（cross linbed）聚合物，是將由聚合反應所得到的線型或非線型聚合物的分子鏈，用化學鍵聯結成三維的巨大分子結構。其分子量極大，故而在交聯之後的強度遠大於未交聯的強度。輪胎是交聯聚合物，整個輪胎是一個分子。

4.1.5　聚合物的強度

圖 4-1 是不同材料受力時的不同行為的示意圖。A 是受力時變形很小的材料，依照

$$應力 \ stress ＝（強度模型）×（變形）$$

的關係式，材料 A 的強度模數（modelus）很大，同時能承受的變形很小，即是在變形很小的時候會斷裂；這類材料是強度高但硬而脆的剛性（rigid）材料。B 與 A 相反，即是強度不高，但是可以承受很大的變形才會斷裂的柔（flexible）性材料。C 線下的面積最大，即是兼具剛性和柔性的材料，能承受最大的功（應力×變形），是韌性（toughness）的材料。

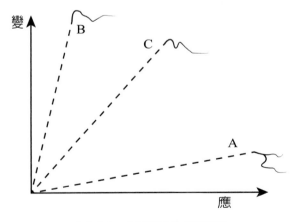

圖 4-1　材料受力與變形

具韌性的材料，是相對較佳的材料。剛性高的材料所製造的產品，產品的形狀和尺寸不易改變，即是維持形狀穩定（dienetion stability）的性質良好。

當溫度上昇時，聚合物的分子獲得能量，而呈現不同的運動狀態。在低溫，分子運動小，聚合物是在超冷的玻璃態（supper cooled glassry），即是圖 4-1 中材料 A。當溫度昇高至玻璃轉化溫度（glass transition temperature, Tg）時，聚合物的分子鍵開始轉動（rotation），其體積變大、強度下降，所有物性與溫度之間的關係均在 Tg 上下呈現不連續變化的現象。即是，當溫度高於 Tg 時，聚合物的強度會急劇下降，即是由圖 4-1 中的 A 材料，轉向為 C 材料。轉變的程度：

$$非結晶聚合物 > 結晶聚合物 \geq 交聯聚合物$$

所有的聚合物均有 Tg，Tg 是聚合物最重要的性質指標。化學結構相同的聚合物其 Tg 相同，和是否形成結晶無關。

結晶聚合物的溫度達到結晶的熔點（crystilline melting temperature, Tm）時，聚合物的分子不再規則排列，強度急劇下降，聚合物開始變得容易流動。只有結晶聚合物有 Tm，當溫度達到 Tm 時，聚合物的強大幅度減少，是以 Tm 是結晶聚合物可以使用的最高溫度。當結晶聚合物達到高於 Tm 的溫度；即比較容易流動變形，是比較合適的加工成型溫度。

除了 Tg 之外，Tm 亦是結晶聚合物重要的性質指標。

聚合物的強度，相當於其分子之間的作用力，即范德華力：

$$分子間作用力 \doteqdot \frac{（極性強度）^2}{（極性中心間的距離）^6}$$

是以結構單元具強極性的，例如 $—CH_2—\underset{\underset{CN}{|}}{CH}—$ 和 $—CH_2—\underset{\underset{Cl}{|}}{CH}$，

分子間作用力強。

同時分子間的距離對強度的影響極大（6 次方）。例如化學組成相同，能形成結晶的（線型）強度遠遠高於非結晶的（非線型）。

強度和聚合物的分子量呈正向比，即是相同的聚合物，分子量愈高，強度愈高。分子量低於 5,000 時，一般不具強度。

比較不同聚合物在不同溫度的強度的基礎，是比較不同聚合物的 Tg 和 Tm。

Tg 是聚合物分子鍵開始轉動的溫度，是以：

· 分子間作用力強的，Tg 高，例如聚氯乙烯和聚丙烯氰的 Tg 高。

· 分子鍵上含有苯環的，體積比較大，轉動困難，故而 Tg 高，例如聚苯乙烯：—CH$_2$CH—，

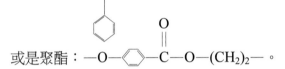

或是聚酯：—O—⬡—C—O—(CH$_2$)$_2$—。

· 同理，分子鍵上帶有枝鍵的，轉動的困難度高於沒有枝鍵的。例如聚丙烯，—CHCH—的 Tg 高於聚乙烯，—CH$_2$CH$_2$—。
　　　　　｜
　　　　　CH$_3$

在室溫附近，Tg 低的聚合物柔性顯著，如圖 4-1 中的 B 類；Tg 高的聚合物剛性顯著，如圖 4-1 中的 A 類。

Tm 是結晶聚合物的分子運動劇烈，而不能維持規則的結晶結構的溫度。聚合物的 Tm 是可使用（具強度）的最高溫度，以及加工成型的最低溫。

影響 Tm 高低的因素，和影響 Tg 的因素大致相當。即分子間作用力強的。Tm 高，分子鍊移動困難的，Tm 高。

4.1.6 聚合物的加工性質及分類

聚合物是材料，必需經過加工的過程，才能成為具一定形狀的終端產品。除

了用機械來切、割、鑽、磨等來給材料造型方式之外，聚合物的成型過程一定會涉及聚合物的流動，而黏度是關係到流動難易最基本的性質。黏度低、容易流動的，即是具有良好的加工性（processsbility）。

聚合物的黏度，和強度一樣。和其分子之間的作用力，以及分子量呈正向比，但因聚合物分子組成和排列上的差異，溫度對強度和黏度影響的程度不同。即是當溫度上昇的時候，強度和黏度下降的程度有差異。

利用聚合物在高溫的流動性來成型，且所得到的產品具可用的強度。這類聚合物稱之為熱塑（thermoplastic）類。是商用聚合物的主流，其成型過程快速，成型費用相對低廉。熱塑即是加熱之後即可塑造成型的意思。

碳鏈在350℃時，斷鏈的現象明顯，在斷鏈之後，分子量下降，強度也下降。是以以碳鏈為主的聚合物，其加工的溫度上限是350℃（一般不超過320℃）。即是具有可用強度的某一聚合物，在350℃時的黏度如果高於加工的要求，例如Tg低的、以及要在分子量極高時（黏度極高）才有強度的非線型聚合物，即不能用熱塑的方式成型。所用的加工過程是：

- 成型時的原料分子量低具流動性但不具合用的強度。
- 在成型的過程中同步進行交聯，而使分子量變得極大，產品具可用強度。

這一類的聚合物稱之為熱固（thermosetting）類，以下列二類為主：

- 非線形的逐步聚合物，例如環氧（epoxy）樹酯、不飽和聚酯（unsaturated polyester）及聚氨酯（polyuetane, PU）等。
- Tg 低的逐步聚合物，例如像膠。

4.2 烯氫的聚合

4.2.1 *聚乙烯（polyethylene, PE）*

商業化的聚乙烯，最初是用氧或有機過氧化物作為起始劑（initiator）而引發

的自由基（free radical）反應。如以 I 代表起始劑，其反應過程大致如下：

$$I \longrightarrow I^{\cdot}$$

引發　$I^{\cdot} + CH_2 \quad CH_2 \longrightarrow ICH_2CH_2^{\cdot}$

鏈成長 $I-(CH_2CH_2)_{n-1}-CH_2CH_2^{\cdot} + CH_2 \quad CH_2 \quad I-(CH_2CH_2)_nCH_2CH_3^{\cdot}$

鏈終止 $\sim CH_2CH_2^{\cdot} + {}^{\cdot}CH_2CH_2 \sim \longrightarrow \sim CH_2CH_2CH_2CH_2 \sim$

由自由基聚合所得到的 PE 含有比較多的支鏈，結晶度（結晶的比率）約在 50-60%，其比重在 $0.915 \sim 0.925$ 之間，一般稱之為低密度聚乙烯（low density PE, LDPE）。聚合時的壓力約為 150 個大氣壓或更高，故而亦稱之為高壓聚乙烯。

1953 年，Ziegler 和 Natta 首先用 $Et_3Al-TiCl_4$ 系列配位催化劑，在有機溶劑中於相對低的壓力得到聚乙烯，Et 多半是 C_2H_5，聚合反應是乙烯和 Ti 中的空 d 軌道進行配位，其過程大致如下：

聚合　$CH_2=CH_2 + -Ti- \xrightarrow{配位} CH_2=CH_2 + -Ti-R \xrightarrow{移位} -Ti \qquad R$

　　　　　　d 空軌道　　　　　　　　　$CH_2=CH_2$　　HC_2　　　CH_2

$\xrightarrow{移位} -Ti-CH_2=CH_2-R \xrightarrow[重複反應]{nH_2C=CH_2} -Ti(CH_2=CH_2)_{n+1}R$

終止　$-Ti(CH_2=CH_2)_{n+1}R + H_2 \longrightarrow Ti-H + CH_3CH_2(CH_2=CH_2)_nR$

活性再生　$-Ti- \longrightarrow -Ti-CH_2CH_3$

　　　　　　　$CH_2=CH_2$

即是，乙烯在催化劑上以一定的形態活化、聚合，故而能依照一定的規則形

成分子鍊規律性極高的聚合物。這一系列的催化劑稱之為配位（coordination）催化劑亦稱之為 Ziegler Natta 催化劑，它可以在聚合時使單體規則排列。PE、PP 和高順聚丁二烯（high cis polybutacliene）及 EPDM 均用此一系列的催化劑來聚合。利用配位催化劑聚合所得的聚乙烯結晶度高，其比重可達 0.965，稱之為高密度聚乙烯（high density PE, HDPE）由於聚合時壓力約為 25 至 30 大氣壓，亦稱之為低壓聚乙烯。

隨著聚合技術的進步，用加入第二種單體（comonomer）的方式，例如丁烯1，增加分子鏈上支鏈的多少，即其結晶度，比重可以在 0.965 至 0.91 之間，其中比重在 0.91 左右的，其比重和 LDPE 相當的 LLDPE。和傳統的 LDPE 相比較，用 Ziegler 催化劑所得到的低密度 PE 支鏈比較少而且排列規則，而基本上是線型鏈，稱之為線型低密度聚乙烯（linear low density polyethylene, LLDPE）。

是以聚乙烯目前在市場上共有 LDPE、HDPE 和 LLDPE 三類產品。

PE 的 Tg 約為 −90℃，依照結晶度的高低，Tm 的範圍在 100℃ 至 130℃ 之間。

4.2.2 聚丙烯（polypropylene, PP）

和乙烯相比較，丙烯上多了甲基，除非甲基能規則排列，聚丙烯是非線型的，不能形成結晶，不具可用的強度，直至配位催化的出現，是以 PP 商業化生產的開始和 HDPE 相同，聚合過程亦和 HDPE 相類似。全同聚丙烯（IPP）的強度極高，但是「柔」（flexibility）性，或抗衝擊力不及 PE。傳統的改良方式是加入乙烯作為第二單體，而形成在聚丙烯中混有乙烯或乙烯—丙烯的共聚合物，而稱之為共聚合物 PP（Copolymer, PP）。這種改性的方式，和在 HDPE 中加入第二單體的原則相同。由於 Metallocene 催化劑的發現，開始有聚合 SPP 的能力，而 SPP 的比重為 0.86，具有相當的柔性，故而將 IPP 和 SPP 相摻混可以得到性質範圍相當廣泛的聚合物，將 PP 的用途拓充到比較大的範圍。

$$\text{全同，IPP} \quad -CH_2CH_2-CH_2CH-CH_2CH-$$
$$| \qquad\quad | \qquad\quad |$$
$$CH_3 \qquad CH_3 \qquad CH_3$$

$$間同，SPP \quad —CH_2CH_2—CH_2CH—CH_2CH—CH_2CH—$$
$$| \qquad\qquad\qquad |$$
$$CH_3 \qquad\qquad\qquad CH_3$$

丙烯的聚合方法和 HDPE 相類似，製程改進的過程亦相同。$Tg = -27℃$，$Tm = 138℃$

4.2.3 乙烯及丙烯的其聚合物

採用 Ziegler 系催化劑，將乙烯和丙烯共聚，可以得到**乙丙橡膠系列**（ethylene propylene rubber, EPM；或加入了雙烯的 ethylene propylene diene rubber, EPDM），由於在交聯（crosslink）之後即不含雙鏈，是具有優良抗氣候性的重要合成橡膠。此外醋酸乙烯和乙烯共聚，所得到的是**彈性體**（ethylene vinyl acetate, EVA）；其中含醋酸乙烯在 20%以下的，生產方法和 LDPE 相同，用量亦比較大；含醋酸乙烯量高於 20%的用乳化聚合。

4.3 乙烯和丙烯的氧化

將乙烯和丙烯部份氧化，依照氧化的程度，依次可以得到環氧乙烯（ethylene oxide, EO）及環氧丙烯（propylene oxide, PO）及其衍生物乙二醇（ethylene glycol, EG）和丙二醇（propylene glycol, PG）；乙酸（acetatic acid）和丙烯酸（acrylic acid）。在實務上，要直接氧化乙烯和丙烯非常困難，故而傳統上是要將乙烯和丙烯先轉化成其他的化合物之後，才能得到部份氧化產品。分述如後。

4.3.1 環氧烯和乙二醇

自乙烯製造 EO 有傳統**氯乙醇法**（chlorohydrin）和**直接氧化法**（direct oxidation）。分述如下：

chlorohydrin 法包含兩個主要反應：

氯乙酸的生成 $\quad CH_2 \quad CH_2 + HOCl \longrightarrow CH_2Cl \cdot CH_2OH$

與鹼反應
$$CH_2OH + Ca(OH)_2 \longrightarrow CH_2CH_2 + 1/2\,Ca(Cl)_2 + H_2O$$

與鹼反應 左側為 $\overset{\displaystyle CH_2OH}{\underset{\displaystyle CH_2Cl}{|}}$，右側生成 $\overset{\displaystyle CH_2CH_2}{\underset{\displaystyle O}{\diagdown\diagup}}$

這種製程的若干數據如下：

每生產一噸所需要的乙烯：0.9MT（比理論值 0.636 高出 63.6%）

每生產一噸所需要的氯：2.0MT（最終產品 EO 中不含氯，故而製程中耗用的氯，是不必要的）

每生產一噸所產生的$CaCl_2$：大於 2MT（$CaCl_2$的商業價值低，是需要處理的固態廢棄物）

直接氧化法的化學反應是：

$$CH_2 \quad CH_2 + \frac{1}{2}O_2 \longrightarrow CH_2-CH_2$$

生成物為 $\overset{\displaystyle CH_2-CH_2}{\underset{\displaystyle O}{\diagdown\diagup}}$

若干重要數據是：

每噸所需要乙烯：0.817　　　　　（比理論值高 28.5%）

單程轉化率：11%　　　　　　　（偏低，大量反應原料需要再循環）

副產品：CO_2、CO、H_2O　　　（氣體，比$CaCl_2$容易處理）

和 chlorohydrin 製程相比較，直接氧化法具有：

1. 乙烯的耗量低，節省原料費用。

2. 沒有用到氯，減少費用。

3. 副產品中沒有$CaCl_2$，減少固體處理問題。

4. 單程的轉化率偏低，原料再循環的量大，費用增加。但是生產成本仍低，是目前生產 EO 的主流。

直接氧化時：

1. 乙烯吸附在催化劑上。

2. 一個吸附在催化劑上的乙烯分子，精確的自催化劑取得一個原子的氧，形成環氧乙烯。

3. 催化劑從進料中補充失去的氧。

其關鍵在於能找到合式的催化劑。

EO 和水，在酸催化的情況下，即可得到 EG：

$$CH_2 \!-\! CH_2 + H_2O \xrightarrow{\text{酸}} HOCH_2CH_2OH$$
$$\diagdown\!\diagup$$
$$O$$

在反應的過程中，有二乙二醇（di-ethylene glycol, DEG）和三乙二醇（tri-ethylene glycol, TEG）等的生成，EG 的收率約為 90%。UCC 新製程是用含有鉬、鎢和釩（molybdate, vanadate & tung state）酸鹽的離子交換樹脂作為催化劑，EG 的收率可以達到 99%。二者的比較如下：

	舊法	UCC 法
催化劑	酸，例如硫酸	含鉬、鎢、釩金屬鹽的離子交換樹脂
H_2O/EO	22	4
EO 收率（%）	90	99

是以 UCC 的新催化劑，明顯優於酸催化法。

化學工業研發的重點是找能提高收率的催化劑。

環氧乙烷的主要用途是製造EG。而EG的主要用途是和二元酸，例如對苯二甲酸，酯化以得到人纖（聚酯纖維），和塑膠（例如寶特瓶，和錄音、影帶）；即是，EG 的主要用途是用作逐步聚合的單體。EG 另一主要用途是用作汽車水箱的防凍劑（anit-freezer）。

4.3.2 環氧丙烯和丙二醇

商業生產環氧丙烷的途徑有二：

一是和生產 EO 相同的 Chlorohydrin 法：

$$CH_3-CH=CH_2 \xrightarrow{Cl_2, H_2O} CH_3-\underset{\underset{OH}{|}}{CH}CH_2Cl \xrightarrow{NaOH} CH_3\underset{\underset{O}{\diagdown\diagup}}{CH}CH_2 + NaCl$$

PO

這是目前採用較多的製程。由於沒有合用的催化劑，不能直接氧化。

生產 PO 的另一途徑，是先製成乙基苯的 hydroperoxide，然後再同丙烯作用，最後的產品是環氧丙烷和苯乙烯：

$$C_6H_6+C_2H_4 \longrightarrow C_6H_5(C_2H_5) \longrightarrow C_6H_5(CHCH_3)OOH$$
ethyl benzene hydroperoxide

$$C_6H_5(CHCH_3)OOH+CH_2=CHCH_2 \longrightarrow CH_2\underset{\underset{O}{\diagdown\diagup}}{-}CHCH_3 + OH-\underset{\underset{CH_3}{|}}{\overset{\overset{H}{|}}{C}}\bigcirc$$

$$(C_6H_5)(C_2H_3) \longleftarrow \quad -H_2O$$
苯乙烯

目前 ARCO 公司是用這種方法同時生產 PO 與 SM。這一種製程的基礎，是丙烯同 hydroperoxide 作用，即生成環氧丙烷和醇類。基於同一原則，同時異丁烯有供應不足的情況，下列和 PO 相關的製程有誘因。

$$2CH_3\underset{}{CHCH_3}+1\frac{1}{2}O_2 \longrightarrow CH_3-\underset{\underset{OOH}{|}}{\overset{\overset{CH_3}{|}}{C}}-CH_3 + CH_3\underset{\underset{CH_3}{|}}{\overset{\overset{CH_3}{|}}{C}}-OH$$

異丁烷   t-butyl   t-butyl
hydroperoxide   alcohol

$$CH_2=CHCH_3 + CH_3\overset{CH_3}{\underset{CH_3}{C}}COOH \longrightarrow CH_2-\overset{CH_3}{CH} + CH_3-\overset{CH_3}{\underset{CH_3}{C}}-OH$$

PO

$$CH_3-\overset{CH_3}{\underset{CH_3}{C}}-OH \xrightarrow{-H_2O} CH_2=\overset{CH_3}{C}-CH_3$$

　　目前 PO 是以前列三種方式製造，而以 chlorohydrin 法為主要。由於尚未找到合用的催化劑，不能如 EO 般的直接氧化。另一在發展中的製程是用過氧化氫（H_2O_2）來直接氧化。

環氧丙烯的主要用途是：

1. 和多元醇，例如 PG、EG 和甘油聚合成為聚醚多元醇（polyol）系列產品，例如：

$$\overset{CH_2OH}{\underset{CH_2OH}{CHOH}} + 3nCH_2CHOCH_3 \longrightarrow \overset{CH_2O(CH_3CHCH_2O)_nH}{\underset{CH_2O(CH_3CHCH_2O)_nH}{CHO(CHLCHCH_2O)_nH}}$$

甘油　　　　　　　　　　　　聚多元醇醚

　　這是構成聚胺酯（polyurethane, PU）的主要成分之一，是 PO 最主要的用途。

2. PO 與水反應，可以得到一系列的二元醇，如丙二醇（propylene glycol, PG）、二丙二醇（di-propylene glycol）等，而以丙二醇為主要。PG 與二元酸（dibasic acid）縮合可以得到一系列的聚合物，例如不飽和聚酯樹脂（unsaturated polyester）。

3. 由於二醇上 OH 基，使得丙二醇同時具有親水和親油性，可用於化粧品。由於 PO 和 EO 的聚合物，同時具有親水性和親油性，故而可以合成一系

列的界面活性劑（兩性界面活性劑）。

4. 其他化粧品、藥和界面活性劑的原料。

4.3.3 乙醛和醋酸乙烯

以 $PdCl_2$ 作為催化劑，乙烯氧化成為乙醛的反應如下：

$$C_2H_4 + H_2O + PdCl_2 \longrightarrow CH_3CHO + Pd + 2HCl$$

在理論上，Pd 和 HCl 在有氧存在的狀況下，可以形成 $PdCl_2$：

$$Pd + 2HCl + \frac{1}{2}O_2 \longrightarrow PdCl_2 + H_2O$$

在事實上，Pd 還原成 $PdCl_2$ 的反應，比乙烯氧化成乙醛的反應慢 100 倍，故而 $PdCl_2$ 的形成速率，還低於其耗用速率，不能形成平衡，而仍需補充。但是 Pd 同 $CuCl_2$ 的反應速度很快：

$$Pd + 2CuCl_2 \longrightarrow PdCl_2 + 2CuCl$$

而 CuCl 在有氧狀況下極易自亞銅氧化為氯化銅：

$$2CuCl + 2HCl + \frac{1}{2}O_2 \longrightarrow 2CuCl_2 + 2CuCl$$

是以整個反應系統是：

$$CH_2CH_2 + \frac{1}{2}O_2 \xrightarrow[\text{H}_2\text{O}]{\text{PdCl}_2 \cdot \text{CuCl}_2 \cdot \text{HCl}} CH_3CHO$$

而形成一個催化劑可以再生而不需要補充的完整系統。乙醛的最大用途是再氧化為醋酸，由於醋酸已由其他更經濟的製程取得，即是由甲醇與一氧化碳合成。故而用此法所生產的乙醛已不具重要性。但是這種自足式的製程，仍具有典範性。

　　在相同的情況下，如果以醋酸代替前列反應中的H_2O，即可得到醋酸乙烯。由於醋酸在液態的腐蝕性極強，故而反應是在氣相發生。

　　醋酸乙烯是一種重要的聚合物單體，和它相關的聚合物包括：

1. 聚醋酸乙烯（poly vinyl acetate, PVAc），用作黏著劑、油漆等。
2. PVAc 水解得到聚乙烯醇（poly vinyl alcohol, PVA），是紡織業中重要的漿料（sizing agent）。
3. VAc 和乙烯共聚得到 EVA（ethylene vinyl acelate），是一種彈性體。
4. 和其他單體的共聚合物作為黏著劑等用途。

4.3.4　丙烯的氧化──丙烯酸及丙烯酸酯

　　以丙烯作為原料，有兩個途徑可以生產丙烯酸。一個途徑是將丙烯先氧化成丙烯醛（$CH_2=CHCHO$, acrolein），然後再氧化成丙烯酸：

$$CH_2=CHCH_3 \xrightarrow[\substack{金屬氧化\\物催化劑}]{O_2} CH_2=CHCHO$$

$$CH_2=CHCHN \xrightarrow[\substack{金屬氧化\\物催化劑}]{\frac{1}{2}O_2} CH_2=CHCOOH$$
丙烯酸，acrylic acid

目前所用的催化劑成分大略為：Mo、Co、Zn、W、Te、Bi 和磷等。和丙烯氨氧化所用催化劑的成分相近似。另一個途徑則是將丙烯腈水解：

$$CH_2=CHCN \xrightarrow[H_2SO_4]{H_2O} CH_2=CHCONH_2 \cdot H_2SO_4$$
丙烯酸醯胺

$$CH_2=CHCONH_2 \cdot H_2SO_4 \xrightarrow{ROH} CH_2=CHCOOR + NH_4HSO_4$$
丙烯酸酯，acrylic ester

當 R 為氫時，所得到的即是丙烯酸，由於丙烯酸用作丙烯酸酯的比例很高，故而第二途徑有其優勢，缺點是丙烯腈價格的變化比丙烯大。

以美國為例，丙烯酸的用途分佈如下：

1. 和醇酯化生產丙烯酸酯約占 70%。

2. 與天然纖維或澱粉接枝，得到高吸水性的聚合物，用於老人尿布等用途，是近年來發展得很快的聚合物，約占 16～18%。

3. 其他用途，例如在聚合後用作水處理劑等，約占 12～14%。

　　丙烯酸與醇類酯化後，可以得到一系列的丙烯酸酯（acrylate）。如前述，丙烯酸酯占丙烯酸總用量約 70%（美國）：其中丁酯（butyl and isobutyl acrylate）約占 28%；甲酯（methlacrylate）和乙酯（ethylacrylate）分別約占 12%；而分子量更高的辛酯（2-ethyexyl acrylate）約占 5～6%（美國數據）。丙烯酸酯是極重要的黏著劑（adhesive）和塗料（coating）基材。

4.3.5　丙烯的氨氧化──丙烯腈

　　在有氨和氧的情況下，金屬氧化物催化劑可以將丙烯氨氧化為丙烯腈（acrylonitrile, AN）：

$$CH_3—CH=CH_2 + NH_3 + \frac{3}{2}O_2 \xrightarrow{\text{催化劑}} CH_2=CHCN + 3H_2O$$

　　這是目前生產丙烯腈的主要方法。反應的主要副產品是乙腈（acetonitrile ACN）和氫氰酸（HCN），是目前氫氰酸最主要的來源。近年來製程的改進是以改良催化劑為重點。丙烯的氨氧化是由 SOHO（Standard Oil of Ohio）公司在 1960 年代首先工業化，其主要成分是含磷的 $Bi_2O_3 \cdot MoO_3$，代表組成是 $PBi_9Mo_{12}O_{52}$；第二代催化劑是加入了鐵、鈷、鎳和鉀，並且負載於 SiO_2 上，其組分是 $Fe_3Co_{4.5}Ni_{2.5}Bi_1Mo_{12}P_{0.5}/SiO_2$；另一類催化劑是日本所發展出來的含 V、Mo 和 W 的 Fe/Sb 類；而新的第四代催化劑是 Fe、Se 和 Te 的混合氧化物。前述四類催化劑的活性數據如表 4-1。

表 4-1　丙烯氨氧化催化劑的活性比較

	第一代	第二代	第三代	第四代
丙烯轉化率（％）	86	97	98	98
丙烯／丙烯腈	1.3	1.25	1.18	1.1
AN 收率（％）	64	72	76～78	87
ACN 收率（％）	5	1.6	0.5～4	1
HCN 收率（％）	10	6.5	6	3

　　從表 4-1 中可以看出，同一基本化學反應，由於催化劑的改良在轉化率、原料耗量，和主產品的收率上均有極大的差異，直接影響到製程的經濟性。由於催化劑的專利，丙烯氨氧化仍是少數具有獨占性的技術。

　　丙烯腈是重要的聚合物單體，它的極性非常強，由它所構成的聚合物強度高，它的主要用途如下：

1. 以丙烯腈為單體，聚合後所得到的聚合物是重要的人造纖維，強度及 Tm 很高。這是 AN 最大的用途。

2. 丙烯腈和丁二烯及苯乙烯共聚，即是塑膠中的 ABS。含 AN 的共聚合物，強度隨 AN 含量的增加而昇高。

3. 丙烯腈和丁二烯共聚，是橡膠中的丁腈橡膠（nitrile butadiene rubber, NBR）。

4. 丙烯腈水解，得到丙烯酸醯胺（$CH_2 = CHCONH_2$, acrylamide）是一種單體。其聚合物可用於水處理。

5. 利用電化學，丙烯腈可以加氫雙聚（hydrodimerization）成為己二胺（$H_2N(CH_2)_6NH_2$, hexamethylene diamine, HMDA），是尼龍 6/6 的單體之一。這個製程是電化學應用在大型工業產品的例子。

4.4　乙烯和丙烯的鹵化

　　乙烯和丙烯的鹵化物，以氯化物為主要，例如氯乙烯（vinzl chloride）和環

氧氯丙烷（epichlorhydrine）。氯取代氫是很容易進行的反應，但是生成的鹽酸腐蝕性高。氯乙烯是聚氯乙烯（polyvinylchloride, PVC）的單體，用量極大；環氧氯丙烷是環氧樹酯的單體之一，氯要在特定的位置上取代氫，故而化學合成的途徑比較複雜。

4.4.1　乙烯的鹵化和氫鹵化

乙烯鹵化和氫鹵化後最重要的產品是氯乙烯（vinyl chloride monomer, VCM）。反應過程包含二氯乙烷（ethylene dichloride, EDC）的形成，和 EDC 裂解成氯乙烯兩個步驟：

EDC 的形成，有兩種方法：

氯化：$CH_2CH_2 + Cl_2 \longrightarrow CH_2ClCH_2Cl$
EDC

氯氧化（oxychlorination）：$CH_2CH_2 + 2HCl + \frac{1}{2}O_2 \longrightarrow CH_2ClCH_2 + H_2O$
EDC

EDC 裂解：$2CH_2ClCH_2Cl \longrightarrow 2CHClCH_2 + HCl$

如果單採用氯化法來製造 EDC，則在 EDC 裂解後會有 HCl 作為副產品；如果單獨使用氯氧化法，則需要補充 HCl。但是二法合用，HCl 即可平衡。

氯乙烯最主要的用途，是用作聚氯乙烯和其共聚合物的單體。

4.4.2　丙烯的鹵化

丙烯在氯化後所得到的重要工業產品是環氧氯丙烷（epichlorohydrin），反應過程如下：

$$CH_2 = CHCH_3 + Cl_2 \longrightarrow CH_2 = CHCH_2Cl + HCl$$
allylchloride

$$Cl_2 + H_2O \longrightarrow HOCl + HCl$$

$$CH_2=CHCH_2Cl + HOCl \longrightarrow CH_2ClCHOHCH_2Cl$$
glycerol dichlorohydrin

$$CH_2ClCHOHCH_2Cl + 1/2\,Ca(OH)_2 \longrightarrow \underset{\underset{O}{\diagdown\diagup}}{CH_2-CHCH_2Cl} + 1/2CaCl_2$$
epichlorohydrin

或是

$$CH_2=CHCH_3 + 2Cl_2 + 1/2\,Ca(OH)_2 \longrightarrow \underset{\underset{O}{\diagdown\diagup}}{H_2C-CHCH_2Cl} + 1/2CaCl_2 + 2HCl$$

　　由於是高選擇性的氯化，故而反應過程複雜，而且在此一過程中，產品（環氧氯丙烷）中含一個原子的氯，而在原料中共用了四個氯原子，即是有三個氯原子是非必要的，是以此一製程有改進的空間。日本昭和電工（Showa Denko）公司所發展出來的新製程如下：

$$CH_2=CHCH_3 + CH_3COOH \xrightarrow[Cat]{O_2} CH_2=CHCH_2OCCH_3$$
$$\underset{O}{\parallel}$$
allyl acetate

$$\downarrow -H_2O$$

$$H_2=CHCH_2OH + CH_3COOH$$
allyl alcohol

$$CH_2=CHCH_2OH + Cl_2 \longrightarrow CH_2ClCHClCH_2OH$$
glycerol dichlorohydrin

$$\underset{\underset{O}{\diagdown\diagup}}{CH_2-CHCH_2Cl} + 1/2CaCl_2 + H_2O \xleftarrow{\quad 1/2Ca(OH)_2 \quad}$$

　　即是和現有製程相比較，昭和電工少用了兩個原子的氯，故而生產成本相對的會低一些。

環氧氯丙烷和雙酚 A，是環氧樹脂的單體。

4.5 乙烯和丙烯的烷基化

4.5.1 乙烯的烷基化──苯乙烯

乙烯烷基化後所得到的產品，以苯乙烯（syyrene, SM）為最重要。SM 的製造分為烷基化合成乙基苯（ethyl benzene, EB）和由乙基苯脫氫兩步驟：

乙基烯與苯烷基化：$C_2H_4 + C_6H_6 \xrightarrow[ZSM5]{沸石} C_6H_5(C_2H_5)$

$$EB$$

乙基苯脫氫：$C_6H_5(C_2H_5) \xrightarrow{-H_2} C_6H_5(C_2H_3)$

$$SM$$

近年來烷基化主要用 ZSM5 合成沸石作為催化劑，而脫氫的催化劑也有大幅度改進。

苯乙烯是非常重要的聚合物單體，和他有關的主要聚合物有：

1. 聚苯乙烯（polystyrene, PS 或 GPS）。
2. 發泡聚苯乙烯（expendable PS, EPS）。
3. 加入聚丁二烯改性的抗衝聚苯乙烯（high impact PS, HIPS）。
4. 和丙烯腈、丁二烯的共聚物 ABS。
5. 和丁二烯共聚的合成橡膠，丁苯橡膠（styrene butadiene rubber, SBR）和熱可塑彈性體（thermoolastic elastomer, TPE 或 TPR）SBS 等。
6. 和離子交換（ion exchange resin）樹脂。

4.5.2 丙烷的烷基化──酚、丙酮及衍生物

丙烯和苯，在有催化劑如氯化鋁的存在下，可以將苯烷基化為異丙苯（cum-

ene），異丙苯在過氧化之後變成**過氧化異丙苯**（cumene hydroperoxide, CHP），
CHP 在稀硫酸中水解為酚和丙酮，反應過程如下：

$$CH_3CH{=}CH_2 + C_6H_6 \xrightarrow{\text{AlCl}_2} (C_6H_5)CH(CH_3)_2$$
$$\text{異丙苯}$$

$$(C_6H_5)CH(CH_3)_2 \xrightarrow{O_2} C_6H_5{-}\overset{\displaystyle C}{\underset{\displaystyle C}{C}}{-}OOH \xrightarrow{\text{稀 H}_2\text{SO}_4} CH_6H_5OH + CH_3COCH_3$$
$$\text{CHP} \qquad\qquad \text{酚} \qquad \text{丙酮}$$

這是目前酚和丙酮的主要來源。

酚醛樹脂（phenolic resin）是最早的（1909 年）和用途很廣的合成樹脂，但
是目前在逐漸被其他類聚合物所取代，目前的用途是三夾板和砂模的黏著劑。酚
的另一傳統用途，是用於消毒。而在今天，酚的主要用途是作為**製造雙酚 A**（bis-
phenol A）的原料：

$$2C_6H_5OH + CH_3{-}\overset{\displaystyle O}{\overset{\|}{C}}{-}CH_3 \xrightarrow{\text{酸}} HO(C_6H_5){-}\overset{\displaystyle CH_3}{\underset{\displaystyle CH_3}{C}}{-}(C_6H_5)OH + H_2O$$

由於 OH 基相對的位置不同，雙酚 A 有對稱的對位和間位兩類：

p, p, bisphenol A

o, p, bisphenol

雙酚 A 是環氧樹脂（expoxy resin）的二種主原料之一；對位雙酚 A 則是工程塑膠聚碳酸酯（polycarbonate, PC）的單體。其他用量較少，但是非常重要，而以雙酚為原料的聚合物有 polysulfone、polyarylates 和 poly（ether imides）。在歐、美和日本，環氧樹脂和 PC 占雙酚 A 用量的 90%以上。

4.6 甲基丙烯酸甲酯，MMA

傳統的合成 MMA 的途徑，是以丙酮為原料，經由 Acetone Cyanohydrin（ACH）法合成。其反應過程如下：

$$CH_3-\underset{\underset{O}{\|}}{C}-CH_3+HCN \longrightarrow CH_3-\underset{\underset{OH}{|}}{\overset{\overset{CH_3}{|}}{C}}-CN \qquad \text{acetone cyanohydrin（I）}$$

$$I+H_2SO_4 \longrightarrow CH_3-\underset{\underset{OSO_3H}{|}}{\overset{\overset{CH_3}{|}}{C}}-CN+H_2O \qquad （II）$$

$$II+H_2SO_4 \longrightarrow CH_3-\underset{\underset{OSO_3H}{|}}{\overset{\overset{CH_3}{|}}{C}}-CONH_2-H_2SO_4 \qquad （III）$$

$$III \longrightarrow \underset{\underset{（IV）}{}}{CH_2=\overset{\overset{CH_3}{|}}{C}-CONH_2-H_2SO_4}+\underset{（V）}{H_2SO_4}$$

$$IV+CH_3OH \xrightarrow{\text{水解}} CH_2=\overset{\overset{CH_3}{|}}{C}-COOCH_3+NH_4HSO_4$$

$$MMA$$

$$V+NH_4OH \longrightarrow NH_4HSO_4+H_2O$$

在這個過程中，需要用氰酸作為原料，但是產品中不含氮而且氰酸劇毒，來源是製造 AN 時的副產品，使用氰酸，是這種製程的第一個問題；另一個問題則是在生產過程中的固態副產品硫酸氫氨（amonina bisulfate），雖然可以作為肥料，但是由於硫酸氫氨的含氮量少，帶有酸性，並不是好的氮肥，同時又是有機製程中的副產品，含有的有機物影響到水溶性，必須要加以處理之後才能當作次等肥料出售。故而要如何去處理硫酸氫氨是此一製程需要改進的另一重點。

改進後已商業化旳製程如下：

1. propylene carbonylation 製程中不用氰酸：

$$CH_3CH=CH_2 + CO + H_2O \longrightarrow CH_3-\underset{\underset{\text{異丁酸}}{CH_2}}{\overset{}{CH}}-COOH \xrightarrow{-H_2} CH_3-\underset{\underset{}{\parallel}}{\underset{CH_2}{C}}-COOH$$

$$\xrightarrow{CH_3OH} CH_2=\underset{\underset{\text{MMA}}{CH_3}}{\overset{}{C}}-COOCH_3$$

2. 日本的三菱氣體化學公司（Mitsubishi Gas Chemical）則將原來的 ACH 製程加以改進，使得氰酸可以自循環：

$$CH_3-\overset{\overset{O}{\parallel}}{C}-CH_3 + HCN \longrightarrow CH_3-\underset{\underset{\text{Acetone}}{CN}}{\overset{CH_3}{\underset{|}{C}}} \quad \xrightarrow{H_2O, \text{酸溶液}} CH_3-\underset{\underset{\alpha-hydroxy}{isobutyamide}}{\overset{CH_3 \quad OH}{C}}-CONH_3$$

Acetone   Acetone cyanhydrin   α−hydroxy isobutyamide

$$\xrightarrow{HCOOCH_3} CH_3-\underset{\underset{\alpha-hydroxisobutyrate}{}}{\overset{CH_3 \quad OH}{C}}-COOCH_3 \quad + \quad HCOCH_2$$

$$-H_2O \longrightarrow \downarrow \qquad\qquad\qquad \downarrow \triangle$$
$$CH_3 \qquad\qquad\qquad\qquad HCN$$

$$CH_3—\overset{\overset{\|}{}}{C}—COOCH_3 \qquad （再循環）$$

MMA

此一製程已商業化。

前列二製程均沒有硫酸氫氨的生成。另一 MMA 的製程，是日本所發展出來的，用異丁烯為起始原料，氧化成異丁酸再脫氫，再和甲醇脂化而得到 MMA，已商業化。

MMA 所形成的聚合物，具有抗氣候（臭氧、紫外線）特佳的特性，**聚甲基丙烯酸甲酯**（poly methyl mathacrylate, PMMA），具有良好的透光率和耐氣候性；MMA也和其他的單體共聚作為塗料。將MMA納入為共聚合物的單體之一，增加該共聚合物的抗耐氣候性、作為塗料時，有不褪色的優點。

4.7 丙烯的羰基化──丁辛醇

在這裡所謂的羰基化，是指丙烯和合成氣（syn gas，指 CO 和H_2）反應成為四碳醛，然後再形成丁或辛醇。此一製程在習慣上稱之為 OXO（hydroformylation）製程：

$$CH_3—CH{=}CH_2 \xrightarrow{\frac{CO+H_2}{(CO)_2(CO)_4}}$$

$$\begin{array}{l} CH_3CH_2CH_2CHO \xrightarrow{H_2} CH_3CH_2CH_2CH_2OH \\ \text{n-butylaldehyde} \qquad\qquad \text{n-butanol} \\ \text{正丁醛} \end{array}$$

$$\begin{array}{l} (CH_3)_2CHCHO \xrightarrow{H_2} (CH_3)_2CHCH_2OH \\ \text{isobutylaldehyde} \qquad \text{isobutanol} \\ \text{異丁醛} \qquad\qquad \text{異丁醇} \end{array}$$

從丁醛可以合成辛醇：

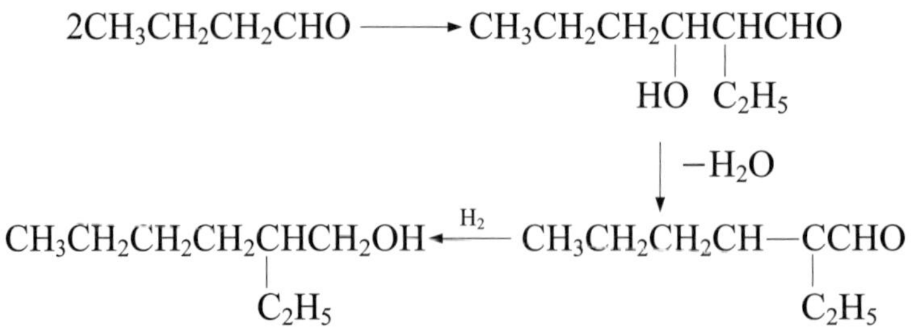

$$2CH_3CH_2CH_2CHO \longrightarrow CH_3CH_2CH_2CHCHCHO$$
$$HO \quad C_2H_5$$

$$\downarrow -H_2O$$

$$CH_3CH_2CH_2CH_2CHCH_2OH \xleftarrow{H_2} CH_3CH_2CH_2CH-CCHO$$
$$C_2H_5 \qquad\qquad\qquad C_2H_5$$

2-ethylhexanol, 2-ETH

異辛醇 　　　　　　　　　　　　　異丁醛

正和異的比例，因催化劑和操作條件的不同。可以由 10：1 改變到 1.2：1。

OXO 製程，是丁醇和辛醇和碳更高醇類的來源。2Eth 和雙基酸如鄰苯二甲酸酯化後得到 DOP（di-octyl-phthalate），是用量最大的 PVC 的助塑劑（plasticizer）。

4.8　乙烯和丙烯的用途分佈

表 4-2 和 4-3 是乙烯和丙烯在已發展國家（美國、加拿大、西歐和日本）的用途分佈。

⏳ 表 4-2　乙烯的作用途分佈，%

聚乙烯，PE	50～55
乙二醇，EG	10～15
氯乙烯，VCM	10～20
苯乙烯，SM	6～10
其他	10～15

表 4-3　丙烯的用途分佈，%

聚丙烯，PP	50～55
丙烯氰，AN	10～15
環氧丙烯，PD	5～10
丁辛醇	5～8
酚及雙酚	5～10
其他	10～20

在初期開發的地方的乙烯的衍生物以 PE 為主；丙烯的衍生物以 PP 為主。

4.9　乙烯衍生物在國際上的競爭力

石油化學工業是第二次世界大戰後的新興產業，在一定的程度上具有高科技和高投資的特性。故而在 1980 年以前，技術水平比較高和資金充裕的已開發國家，在石化產品上具有優勢。表 4-4 是歷年以來乙烯衍生物在國際貿易上的情況。

表 4-4　不同地區乙烯衍生物在國際貿易上所占的比例（%）

年份	美國	加拿大	西歐	日本	中東
1978	40	3	36	21	–
1982	80	5	14	1	–
1991	35	17	6	5	37
2010（估）	27	15	7	>1	50

參看表 4-4，在 1978 年，美國、西歐和日本基本上占領了石化工業的國際市場，所有的開發中國家均是石化產品進口地區。1979 年發生第二次石油危機，需要進口石油的歐洲和日本的生產成本大增而不具有競爭力，故而具有天然氣和石油的美國幾乎在 1982 年獨占市場。同時從 1980 年代開始，中東和其他發展中的國家開始發展石化工業；占著天然氣供應充裕的有利條件，從 1980 年代的後期開始，中東開始成為國際間石化產品的主要供給者。而需要進口石油，用輕油作為

乙烯原料的地區，則基本上不具競爭力。

乙烯佔 PE 原料重量的 100%，EG 原料的 48%，VCM 的 43%，SM 的 26%。同時 SM 另一原料苯的價格，高於 VCM 的另一原料氯，氯的價格又遠高於 EG 的另一原料氧。是以乙烯價格對衍生物成本的影響依次為：

$$PE \doteqdot EG > VCM > SM$$

作為下游加工廠加工用材料的 PE 是固態的。為了配合不同的加工型方法以及用途，PE 有不同的規格（型號）。而 EG、VCM 和 SM 是用作聚合物單體用的液態化學品，只有一種通行於全世界的規格。即是在銷售時，PE 的用戶要考慮到產品規格的要求；而 EG 等用戶對規格的要求相對的比較單純。

其次，PE 的用戶是加工廠，其規模大小不一，而且為數極多，即是銷售的對象多，在量的需求上不同（量和價格有關），對銷售交貨等條件的要求亦不同。即是銷售 PE 所投入的人力和資源相對的大。而 EG、VCM 和 SM 的用戶是聚合物工廠，平均規模大，即是客戶的數量少，是以銷售工作相對的簡單。

最後，液態物質的運輸費用，遠低於需用貨櫃運輸的固態物質。

是以，以天然氣為原料生產乙烯的地區，所生產的 EG, SM 和 VCM，在國際市場上的競爭力依次為 EG > VCM > SM。

附錄 A4-1　主要的乙烯衍生物

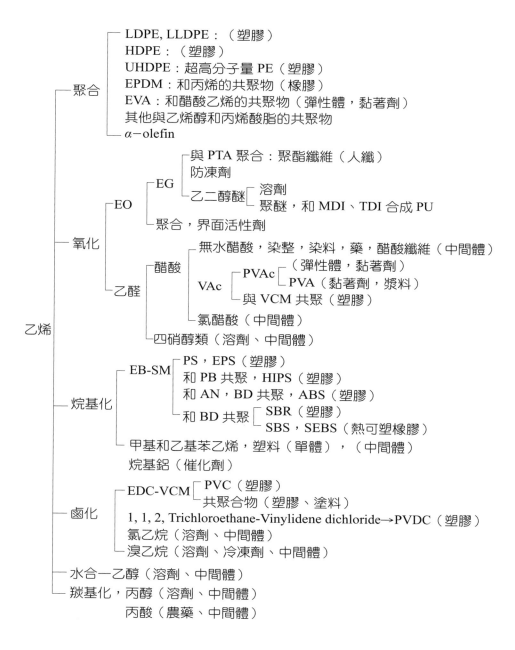

聚合
- LDPE, LLDPE：（塑膠）
- HDPE：（塑膠）
- UHDPE：超高分子量 PE（塑膠）
- EPDM：和丙烯的共聚物（橡膠）
- EVA：和醋酸乙烯的共聚物（彈性體，黏著劑）
- 其他與乙烯醇和丙烯酸脂的共聚物
- α−olefin

氧化
- EO
  - EG
    - 與 PTA 聚合：聚酯纖維（人纖）
    - 防凍劑
    - 乙二醇醚
      - 溶劑
      - 聚醚，和 MDI、TDI 合成 PU
  - 聚合，界面活性劑
- 乙醛
  - 醋酸
    - 無水醋酸，染整，染料，藥，醋酸纖維（中間體）
    - VAc
      - PVAc（彈性體，黏著劑）
      - PVA（黏著劑，漿料）
      - 與 VCM 共聚（塑膠）
    - 氯醋酸（中間體）
  - 四硝醇類（溶劑、中間體）

烷基化
- EB-SM
  - PS，EPS（塑膠）
  - 和 PB 共聚，HIPS（塑膠）
  - 和 AN，BD 共聚，ABS（塑膠）
  - 和 BD 共聚
    - SBR（塑膠）
    - SBS，SEBS（熱可塑橡膠）
- 甲基和乙基苯乙烯，塑料（單體），（中間體）
- 烷基鋁（催化劑）

鹵化
- EDC-VCM
  - PVC（塑膠）
  - 共聚合物（塑膠、塗料）
- 1, 1, 2, Trichloroethane-Vinylidene dichloride→PVDC（塑膠）
- 氯乙烷（溶劑、中間體）
- 溴乙烷（溶劑、冷凍劑、中間體）

水合—乙醇（溶劑、中間體）

羰基化，丙醇（溶劑、中間體）
丙酸（農藥、中間體）

附錄 A4-2　主要的丙烯衍生物

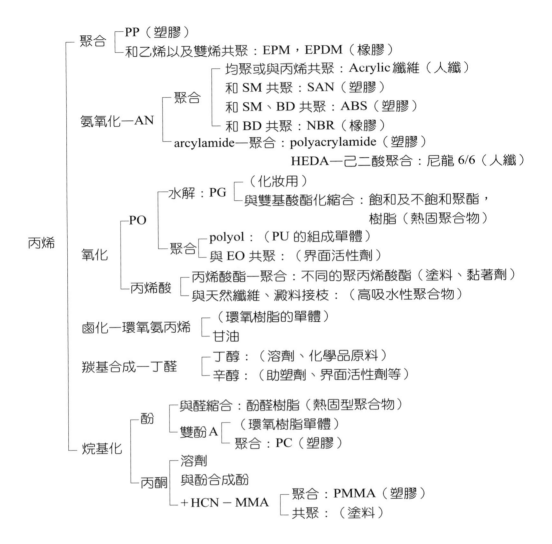

附錄 A4-3　聚合的過程

對產品的要求一般是：

1. 品質穩定。
2. 不同批次生產出來的產品性質之間的差異少。

相對於其他的單分子化合物，聚合物除了組分之外，影響其性質的尚有：

(1)分子量。

(2)分子量分佈。

(3)是否含有支鏈和支鏈的多寡。

是以控制聚合反應的困難度，要高於其他化學品的合成。

僅限於反應的速率（rate）來討論，化學反應的速率是：

1. 和反應濃度成正比。
2. 和反應溫度成正比。

是以要控制化學反應的均一性，必須要使反應器內的溫度和反應物的濃度儘可能的均勻。要達到均勻的情況，單只依賴熱傳導（conduction）和分子擴散（diffusion）是遠遠不足的，而是要用攪拌（mixing）造成反應器內的湍流（turbent flow）混合（mixing）以達到反應器內溫度和濃度均一的目的。

聚合物的分子量大而且鏈長，黏度非常高，非常不容易在反應器內造成湍流。故而在聚合的過程中，重點是採用什麼手段來使得反應器內的溫度和濃度均一。目前在工業上使用的聚合製程（process）有：

1. 乳化（emulsion）聚合。
2. 懸浮（suspension）聚合。
3. 溶液（solution）聚合。
4. 本體（bulk）聚合。

遂步聚合只能用本體聚合，加成聚合可以用本體以及其他方法聚合。

分述如下：

A3.1　乳化聚合

這是最早的工業聚合製程，仍然沿用至今，是生產乳膠（latex）期和傳統合成橡膠產品最主要的方法。在過程中，單體在水中乳化為粒子約為 1μ 左右的微粒，類似於牛奶，表現出來的黏度低；起始劑是加入到水中，聚合反應是在乳化粒中進行，粒子小故而在同一粒子中濃度和溫度的差異不大，聚合物的形成不會影響到整個系統的黏度。聚合的機理（mechanism）相當複雜。在聚合到達一定程度時，再經過單體回收（monomer recovery）、凝析、脫水、乾燥後造粒或壓塊，略如圖 4-1：

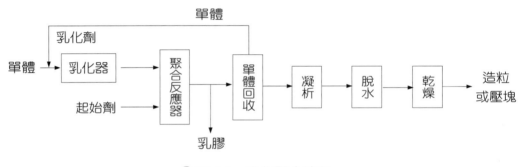

▓ 圖 4-1　乳化聚合流程

在連續製造產品時，必須經過所有的流程，離開反應器時聚合反應的轉化率（conversion）一般在 70% 以下。

如果是用批式（batch）生產乳膠（latex），則轉化率會提高到 90% 以上，在聚合反應之後即可取出（或者經過脫水濃縮）應用。乳膠用於塗料（coating）和黏著劑。

A3.2　懸浮聚合

這是將單體和起始劑利用懸浮劑使形成粒徑約為 100μ 的小粒懸浮在水中。每

一小粒子均是一個完整的反應系統，在水中完成聚合後，用機械方式脫水而得產品，略如圖 4-2：

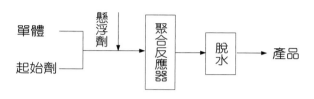

§ 圖 4-2　懸浮聚合流程

由於懸浮粒子為一完整的反應系統，粒子小沒有質傳的問題，而水的比熱大，溫度容易控制，聚合物限於在粒子之內，亦沒有黏度的問題。防止懸浮粒子黏在反應器的內壁和維持懸浮粒子的穩定，是本製程控制的重點。

懸浮聚合和乳化聚合均在水中進行，由於水的比熱大，故而控溫的效果好。和乳化聚合相比較，由於粒子大，可以用機構方法（離心）聚合物從水中分出來，故而生產成本比較低。

A3.3　溶液聚合

乳化和懸浮聚合沒有高黏度的問題，但是離子和配位聚合所用的起始劑和催化劑在遇到水時均會失去活性，故而必須採用最基本的減低黏度的方法，即是使聚合反應在溶劑中進行，利用溶劑來稀釋聚合物的黏度；然後經過單體回收、溶劑回收、脫水、乾燥、造粒等步驟得到產品，略如圖 4-3：

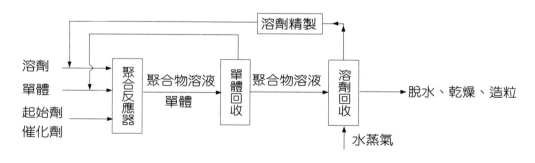

§ 圖 4-3　溶液聚合流程

在溶液聚合中，溶劑的功能除了減低黏度之外，尚有：

1. 由於氣態的單體可溶解在溶劑之內，故而不需要很高的壓力即可維持高的反應物（單體）濃度。

2. 在離子聚合時，溶劑的極性會影響到單體形成離子的難易。

A3.4　本體聚合

如果在反應系統中，不含有不參與反應的物質，例如水或溶劑，則在反應之後，僅只有單體回收和造粒兩步驟，略如圖 4-4，是最簡化、生產成本最低的聚合方法。

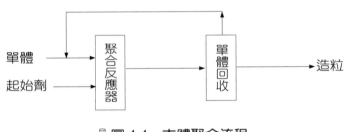

⧗ 圖 4-4　本體聚合流程

這種聚合方法沒有用到利用溶劑等減低黏度的手段，所得到產品在性質上的差異大。如果在反應時提高單體的比例，或是降低轉化率，即是提高單位在反應器中的比例來減低黏度。可以增加產品的均一性，但是由於產出減少，生產成本會增加。用氣相（gusphase）方聚合乙烯和丙烯，歸類於本體聚合。

A3.5　聚合製程的比較

什麼是好的製程？

好的製程就是簡單的製程。簡單的製程具有下列優點：

1. 加工的過程短，所需要的設備少，投資少。

對生產聚合物來說，過程短的製程也代表在生產過程中產品的受溫的歷史（heat history）短，聚合物在生產過程中發生變化例如呈現黃色的機率小。

2.所用工序短而少，故而要控制的因素也少，控制容易。

理想的製程是：

⧖ 圖 4-5 **理想製程**

即是除了必不可少的反應的部分，反應後的分離過程愈少、愈簡單愈好，最好是完全不需要。依照這一個標準，前列製程的優劣，同時也是生產成本的高低，排列如下：

本體聚合＞懸浮聚合＞乳化聚合＞溶液聚合

優於

即是本體聚合最接近理想製程。

那麼為什麼不全部採用本體聚合？

答案是其他的聚合製程所生產出來的產品，其性質比較均勻，而採用本體聚合所得到的產品的品質不能達到要求，只能用其他的方法。故而從產品的性質均勻度來看：

乳化聚合≈懸浮聚合＞溶液聚合＞本體聚合

優於

對商業產品品質的要求是以合用或可用為首要，是以在可能的範圍內追求本體聚合。

Chapter 5

雙烯及碳四的衍生物

雙烯（diene）所形的聚合物中含有雙鍵，而雙鍵使得分子鏈容易內旋（共軛雙鍵除外），即是降低Tg，也就是：分子間的作用力弱，受力之後容易變形，或是圖 3-1 中的 B 線材料；即是適合於橡膠的要求。是以丁二烯的主要用途是作為合成橡膠的單體。

碳四的用途，依用量排列，有：

1. 異丁烯：是 MTBE 的原料，也是丁基橡膠的單體和 MMA 的原料。作為汽油的辛烷值增加劑，MTBE 的量非常大。
2. 丁二烯：由於在聚合之後仍有雙鍵，適合橡膠用途，是合成橡膠中 SBR、BR、NBR 和 SBS 的單體，也是氯丁橡膠的原料。丁二烯同時也是己二酸和己二胺的原料。
3. 1-丁烯：是 HDPE 和 LLDPE 的第二單體中的一種。
4. 丁烷：氧化後得到順丁酐（maleic anhydride）。

本章將順次說明丁二烯、異丁烯和丁烷的用途，以及用丁二烯為原料製造己二酸和己二胺的原因。

碳四的來源，除了丁二烯之外，和丙烯相同，即是可以自輕油蒸氣裂解中取得，也可以從煉油系統中的 FCC 取得；丁二烯目前只有一個來源——輕油蒸氣裂解。

5.1 丁二烯的衍生物——聚合物

目前合成橡膠的世界年產量約為每年 1,000 萬噸（2013 年），其中除了 EPM 系列和少數特殊橡膠之外，均以丁二烯為主要原料。故而丁二烯是合成橡膠工業中最重要的原料。同時由於丁二烯是輕油蒸氣裂解的副產品，而在 1978 至 2005 年間合成橡膠的成長率低於其他的石化產品，故而丁二烯的供應充裕，亦是合成己二酸和己二胺的原料。

5.1.1 聚丁二烯

自第一次世界大戰以來，人類發展出來的第一種聚合方法即是乳化聚合（emulsion polymerization），這種聚合方式對聚合物分子的結構不能完全控制，由這種方式所聚合出來的聚丁二烯，分子鍊的規則性太低，在硫化（valcanization）之後，其強度不佳，不具實用價值。其後在 Ziegler 催化劑發展出來之後，可以用溶劑聚合法合成出含順式（cis）結構很高的聚丁二烯，稱之為高順聚丁二烯（high cis poly butadiene, high cis PB）。和高順發展的同時，另一類利用有機鋰（organic lithium）作為起始劑，而發展出陰離子聚合法（anionic polymerization）,用這種聚合方法，可以在一定的範圍內控制聚丁二烯的分子結構，即是可以控制在聚合物中有多少是 1, 4 聯結，有多少是 1, 2 聯結；但是不能合成出高順聚丁二烯，所得到的是中或低順聚丁二烯（medium 及 low cis PB）。

丁二烯（1, 3）的分子式如下：

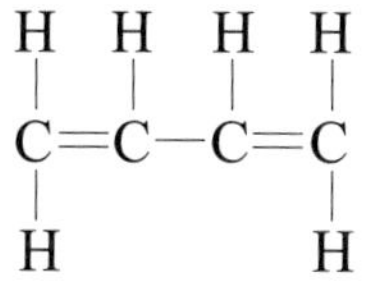

$$
\begin{array}{cccc}
H & H & H & H \\
| & | & | & | \\
C=C & - & C=C \\
| & & & | \\
H & & & H \\
1 & 2 & 3 & 4
\end{array}
$$

在聚合時的 1, 4 聯結，即是第一個碳和第四個碳相聯結，由此而能得到順、反兩種結構：

順式（cis）

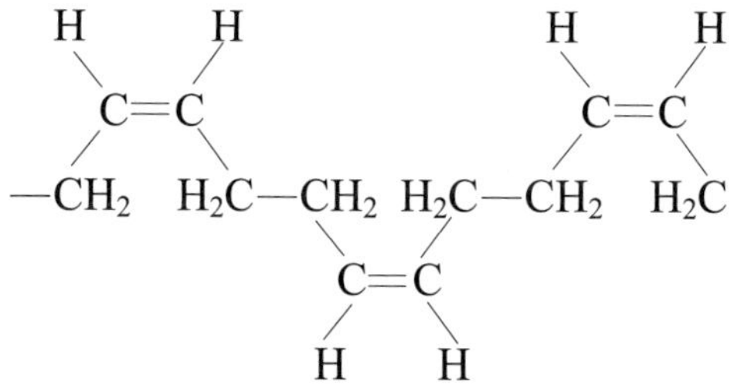

反式（trans）

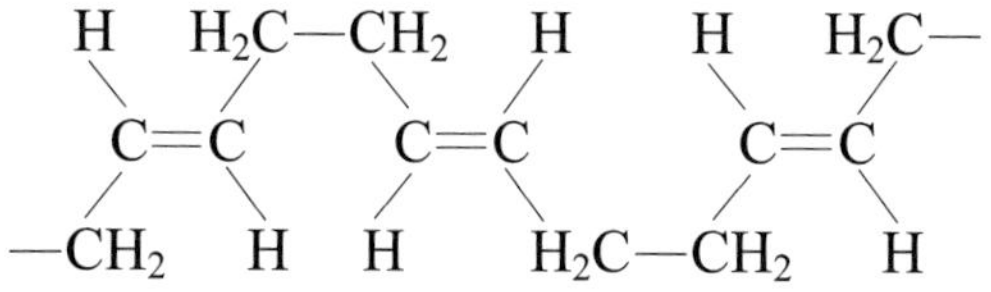

1, 2 結構則是由第 1 和第 2 個碳相聯而得到的 1, 2 乙基（1, 2 vinyl）結構。

$$\begin{array}{ccccc} & H & H & H & H \\ & | & | & | & | \\ -C & -C & -C & -C- \\ & | & | & | & | \\ & H & CH & H & CH \\ & & \| & & \| \\ & & CH_2 & & CH_2 \end{array}$$

由於在 PB 中這三種結構的比例不同，PB 所表現出來的性質不同。以**玻璃轉化溫度**（glass transition temperature）Tg 為例，不同聚合方法所得到的分子結構不同，而 Tg 差異極大如表 5-1：

表 5-1　聚丁二烯的分子結構與性質

產品	聚合方法	分子結構（%）			
		cis	trans	1, 2 vinyl	Tg（℃）
高順	Ziegler 催化劑	>96	～2	～2	～110
低順	有機鋰	35～40	50～60	5～10	−70
低順	乳聚	10～20	60～70	15～20	−80

5.1.2　丁二烯的共聚物

丁二烯共聚的產品約可分為下列四大類：

1. 丁二烯與苯乙烯用乳化聚合方式，聚合為丁苯橡膠（styrene butadiene rubber, SBR），這是目前用量最大的合成橡膠。

2. 用乳化聚合方式，和其他的單體例如 SM、MMA 等共聚成乳膠（latex），用作涂料或黏著劑用。

3. 和 AN 乳化共聚得一種分子間作用力強，具有很好的耐油（抗溶劑）性和耐溫性能丁氰（nitrile butadiene rubber, NBR）橡膠。

4. 與苯乙烯和丙烯腈共聚成為 ABS 以及用聚合物型態 SM 共聚而得到塑膠。

　　一般 BD 的含量在 15% 左右，其功能是增進抗衝擊（韌）性。

丁二烯用作共聚物，目前用量依次以 SBR 最大，ABS 次之，和黏著劑塗料

用再次之，而傳統的NBR用量最少。此外丁二烯和苯乙烯的嵌段共聚合物（block copolymer）則另在 6.1.3 節中討論。

5.1.3 丁二烯的嵌段共聚合物

如果單體苯乙烯 S，和單體 B 丁二烯形成共聚合物，其中 S 和 B 各自形成均聚物的 PS 和 PB 段，而均聚物之間是以化學鍵相聯結，這類的共聚合物稱之為嵌段共聚合物（block copolymer）：

$$PS—PB—PS$$

丁二烯和苯乙烯用有機鋰作為起始劑，可以得到一系列的**苯乙烯—丁二烯嵌段共聚合物**（styrene butadiene block copolymer, SBS 或 SBC）。這種聚合物由 PB（彈性體）段提供彈性，PS 段（塑膠）提供熱可塑（thermoplastic）性；即是同時具有橡膠的性質和塑膠的性質，而稱之為熱可塑橡膠或彈性體（thermoplastic rubber 或 elastomer, TPR 或 TPE）。和傳統熱固（thermosetting）類橡膠相比較，SBS 容易加工，而物理強度不及傳統橡膠，並遍用於對強度要求不高的橡膠產品，例如鞋底。

SBS 的 PB 段中的不飽鍵在氫化後變成乙基和丁基，氫化後的 SBS 稱之為 SEBS（styrene ethylene butylene styrene），強度、耐氣候性和耐溫性均高出 SBS 甚多，在性能上和EPDM相當，用於醫療器材、奶嘴等需要用蒸氣消毒的器材等。

在合成橡膠中，熱可塑類的成長率最高。

5.2 丁二烯的衍生物——己二酸、己二胺和氯丁橡膠

除了直接用作為單體之外，傳統上丁二烯可以氯化為 2-氯-1, 3-丁二烯（$H_2C{=}C{-}C{=}H_2C$，Cl H），再以此為單體乳化聚合為氯丁橡膠（neoprene），這是一

種耐溫、耐化學品的橡膠，多用於黏著劑，例如強力膠。

近二十年來，丁二烯亦用作為己二酸和己二胺的起始原料，其背景如下：

丁二烯來自輕油蒸氣裂解，而蒸氣裂解工廠基本上是根據塑膠的需求而設立的。在 1978 至 2005 年間橡膠的需求成長率遠遠落後於塑膠的需求成長率，而作為橡膠主原料的丁二烯變得過剩，因而是一種相對廉價的原料。

在這種情況下（即是丁二烯供應充足，價格相對便宜），發展出自丁二烯製造己二酸（adipic acid）的工業製程：

$$CH_2{=}CH{-}CH{=}CH_2 + CO + CH_3OH \xrightarrow[\text{isoquinoline}]{(CO)_2(CO)_3} CH_3CH{=}CHCH_2COOCH_3$$
$$\text{methy 3-pentenoate}$$

$$CH_3CH{=}CHCH_2COOCH_3 + CO + CH_3OH \xrightarrow[\text{isoquinoline}]{\substack{\text{COBALT}\\\text{OCTACARBONYL}}} CH_3OOC(CH_2)_4COOCH_3$$
$$\text{dimethyl adipate}$$

$$CH_3OOC(CH_2)_4COOCH_3 + 2H_2O \xrightarrow{H^+} HOOC(CH_2)_4COOH$$
$$\text{adipic acid}$$
$$+$$
$$2CH_3OH$$

同時美國的杜邦公司已工業生產自丁二烯合成己二胺（HMDA）的商業製程，同時發展由丁二烯製造 Caprolactam（CPL）製程：

$$CH_2{=}CH{-}CH{=}CH_2 \xrightarrow[\text{1,4-ADDITION}]{HCN} CH_3CH{=}CHCH_2CN \xrightarrow[\text{Nicatalyst withligands}]{HCN}$$

butadiene　　　　　Ni cat. withligands

$$H_2N{-}(CH_2)_6{-}NH_2 \xleftarrow{H_2} NC{-}(CH_2)_4{-}CN \longleftarrow$$

hexamethylenoliamine　　　adiponitrile

$$\Big\downarrow H_2$$

$$\underset{\text{CPL}}{\overset{O}{\underset{}{\big\langle}}}NH \xleftarrow{H_2O} NC(CH_2)_4CH_2NH_2 \longleftarrow$$

在此之前，己二胺的商業製程是以己二酸為原料，而己二酸則以苯為原料。

$$HOOC-(CH_2)_4-COOH \xrightarrow{2NH_3} NH_4OOC-(CH_2)_4-COONH_4 \xrightarrow{-2H_2O}$$

ammonium adipate

$$H_2N-\overset{O}{\underset{\|}{C}}-(CH_2)_4-\overset{O}{\underset{\|}{C}}-NH_2$$

adipamide

$$H_2N-(CH_2)_6-NH_2 \xleftarrow{H_2} NC-(CH_2)_4-CN$$

hexamethylenediamine   adiponitrile

至此，己二胺可以自：己二酸和丁二烯二種起始原料合成。由於己二酸最貴，目前以自丁二烯合成比較合算。用丁二烯作原料的原因如前述，這是因為原料來源的變化而發展新製程的例子。

5.3 丁二烯的用途分佈

在美國、歐洲和日本，丁二烯用途的分佈如表 5-2：

⧖ 表 5-2　美國、歐洲和日本丁二烯的用途分佈（％）

	美國	歐洲	日本
SBR（含乳膠）	48	54	36
PB（或 BR）	25	17	32
ABS	8	9	11
NBR	2	–	6
己二酸	–	5	–
乙二胺	15	4	–
其他	3	11	15

在發展中國家，丁二烯的用途是集中在傳統橡膠，例如 SBR 和 PB（BR）。表 5-2 中也顯示出用丁二烯作為原料來生產己二酸或己二胺，僅限於歐美地區，杜邦公司在新加坡設有利用丁二烯製造尼龍 6/6 原料的工廠。

5.4 異丁烯的衍生物

異丁烯（iso butylene 或 iso butcne）的傳統用途，是以 $AlCl_3$ 為催化劑，在 $-100°C$ 附近用陽離子聚合成為丁基橡膠（butyl rubber）。丁基橡膠對空氣的氣密性極好，是作為內胎或無內胎輪胎的內層的橡膠。

近年以來，由於對空氣污染的要求，禁止在汽油中加入含鉛的化合物，於是對不含鉛的汽油辛烷值增污劑的需求大增，其中尤以 MTBE（methyl t-butyl ether）為主，異丁烯和甲醇在離子交換樹脂的催化作用下，即合成為 MTBE：

$$CH_3-\underset{\underset{CH_3}{|}}{C}=CH_3=CH_3OH \xrightarrow{\text{離子交換樹脂}} CH_3-\underset{\underset{CH_3}{|}}{\overset{\overset{CH_3}{|}}{C}}-O-CH_3$$

MTBE

除了能增進辛烷值之外，MTBE 是含有氧的醚類，目前認為在汽油中含有氧，可以使汽油燃燒得更完全而減少污染，一般有在汽油中加入醇類以提高氧含量的做法。MTBE 從 1980 年世界年需求量不及 100 萬噸，由於對無鉛汽油的要求，是成長率最高的化學品。自 1998 年開始，美國因 MTBE 對人體有害，開始改用乙醇代替甲醇。其他和 MTBE 功能相同的產品有 methyl t-butyl ether 和 tamyl methyl ether。

異丁烯亦用作 MMA 的原料。

5.5 丁烷的氧化

順丁烯二酸（maleic acid, $HOOC(CH)_2COOH$）的無水型態是順丁烯二酸酐（maleic anhydride, MA）是一種重要的不飽和二元酸。傳統的製法是將苯氧化而

得。此一製程是用六個碳的原料製造四個碳的產品，理論上浪費了兩個碳，故而發展出用 C_4 為原料的製程：

$$CH_3CH_2CH_2CH_3 + 3O_2 \xrightarrow{\text{催化劑}} \underset{\substack{\displaystyle O=C \quad C=O \\ \displaystyle CH=CH \\ \text{MA}}}{\overset{O}{\frown}} + 4H_2O$$

丁烷

副反應（side reaction）有：

$$C_4H_{10} + 6.5O_2 \xrightarrow{\text{催化劑}} 4CO_2 + 5H_2O$$

正丁烷

$$C_4H_2O_3 + 3O_2 \xrightarrow{\text{催化劑}} 4CO_2 + H_2O$$

MA

即是丁烷直接氧化反應控制困難，氧不足或是過多均有問題，MA 的收率約為 50%左右。Du Pont 公司所發展的催化劑是含有其他活性促進劑的釩和磷的氧化物，在反應的系統中沒有氧，正丁烷自催化劑取得氧，克服了反應系統中氧量的控制問題，MA 的收率提高到 70%以上。

MA 主要用不飽和聚酯樹脂、醇酸樹脂（alkyd resin）等需要交聯（cross link）的聚合物。MA 也是製藥的中間體，由 MA 氫化可得丁二醇（1, 4 butan diol），此一製程已取代了以前由乙炔製造丁二醇。

同時，MA 上具有一個雙鍵和兩個酸根，即是可用作逐步和加成聚合以及加成聚合的單體。如果先用於加成聚合，可以再利用剩下的兩個酸根進行逐步聚合形接技共聚合物；反之，先利用酸根再用雙鍵也可以。這是修改聚合物性質的方法之一。

5.6　C$_4$間的轉換

如 5.4 節中所述，在 MTBE 開始興起之後，異丁烯的需求量大增，超過了 FCC 或輕油蒸氣裂解所能供應，故而 C$_4$間的轉換是目前工業上重要製程。其途徑如下：

$$丁烷 \xrightarrow{-H_2} 丁烯 \xrightarrow{-H_2} 丁二烯$$
$$\Big\downarrow 異構化 \qquad\quad \Big\downarrow 異構化$$
$$異丁烷 \xrightarrow{-H_2} 異丁烯$$

上列轉換，均為可逆反應。由於異丁烯的需求量太大，在工業上有部分異丁烯是由異丁醇脫水而得到的。

丁二烯的整體供應目前是大致平衡的。由於以天然氣為原料生產乙烯工廠的大幅度增加，導致丁二烯的供應量相對停滯，在 2015 年之後，可能會出現丁二烯供應不足的情況，屆時由丁烯脫氫生產丁二烯會變得很重要。

附錄：碳四的主要衍生物

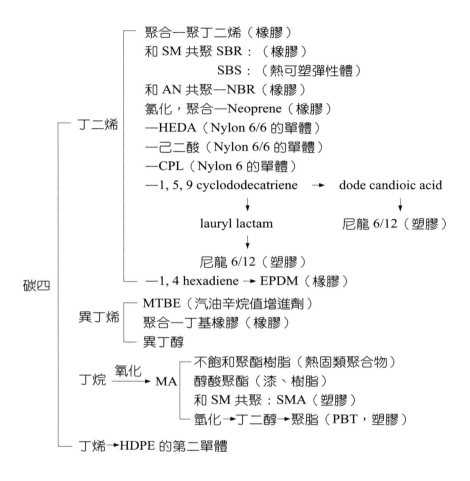

碳四
├─ 丁二烯
│   ├─ 聚合—聚丁二烯（橡膠）
│   ├─ 和 SM 共聚 SBR：（橡膠）
│   │   SBS：（熱可塑彈性體）
│   ├─ 和 AN 共聚—NBR（橡膠）
│   ├─ 氯化，聚合—Neoprene（橡膠）
│   ├─ —HEDA（Nylon 6/6 的單體）
│   ├─ —己二酸（Nylon 6/6 的單體）
│   ├─ —CPL（Nylon 6 的單體）
│   ├─ —1, 5, 9 cyclododecatriene ——→ dode candioic acid
│   │   ↓   ↓
│   │   lauryl lactam   尼龍 6/12（塑膠）
│   │   ↓
│   │   尼龍 6/12（塑膠）
│   └─ —1, 4 hexadiene → EPDM（橡膠）
├─ 異丁烯
│   ├─ MTBE（汽油辛烷值增進劑）
│   ├─ 聚合—丁基橡膠（橡膠）
│   └─ 異丁醇
├─ 丁烷 ──氧化──→ MA
│   ├─ 不飽和聚酯樹脂（熱固類聚合物）
│   ├─ 醇酸聚酯（漆、樹脂）
│   ├─ 和 SM 共聚：SMA（塑膠）
│   └─ 氫化→丁二醇→聚脂（PBT，塑膠）
└─ 丁烯→HDPE 的第二單體

Chapter 6

芳香族的衍生物

芳香族包含了苯、甲苯和二甲苯。在這三種原料中，苯是僅次於乙烯和丙烯的第三大石化原料，對二甲苯的需求量在 BTX 中居次，用量居石化原料第四位。以下將分別說明這三種原料的主要衍生物。

6.1 苯的衍生物

在第 4 章中，分別在乙烯和丙烯的烷基化中說明了苯和乙烯烷基化後得到苯乙烯，苯乙烯是加成聚合的單體，是塑膠和合成橡膠的原料，和丙烯烷基化後得到酚和丙酮；酚的衍生物雙酚 A 是塑膠和樹脂的單體，丙酮的衍生物 MMA 是塑膠的單體。苯用於塑膠和橡膠方面的衍生物，已分別在第 4、5 章討論過，在本節中將討論苯在人造纖維和其他方面的重要衍生物，以及聚胺酯（polyurethane, PU）。

6.1.1 苯的氫化及其衍生物

苯在氫化後即得到環己烷（cyclohexane）再氧化為環己酮，而環己酮在轉化為直鍊之後，是合成己二酸、己二胺及和己內醯胺（caprolactam, CPL）的原料。己二酸和己二胺是尼龍 6/6 的單體，CPL 是尼龍 6 的單體。表 6-1 是環己烷在歐、美、日本的用途分佈。

⧗ 表 6-1　環己烷的用途分佈（%）

	歐洲	美國	日本
己二酸	53	65	47
CPL	43	27	50
溶劑與其他	4	8	3

從表中可以看出美國以尼龍 6/6 為主，歐洲和日本尼龍 6 所佔的比例高。台灣以尼龍 6 為主要。

從環己烷製造己二酸的過程如下：

$$(CH_2)_6 \xrightarrow{\text{Co salt}} (CH_2)_5CO + (CH_2)_5CHOH$$

環己烷 　　　　　環己酮 　　環己醇

HNO$_3$Cu

ammonium vanadate

$$HOOC-(CH_2)_4-COOH$$

己二酸

　　如第 5 章所述，己二酸的另一來源是以丁二烯為原料。自 1995 年開始，美國將汽油中的含苯量限制在 5% 以下，造成苯過剩的現象，有助於苯製造己二酸。己二酸和己二胺縮合即是尼龍 6/6。

　　傳統 CPL 則是先將環己酮與 hydroxyl amine 反應得到環己酮肟（cyclohexan-one oxime），再經過 Backmann rearrangement 而得到 CPL。

$$(CH_2)_5CO \xrightarrow{\text{NH}_2\text{OH} \cdot \text{H}_2\text{SO}_4} (CH_2)_5C=NOH \xrightarrow{\text{beckmann rearrangement}}$$

cyclohexanone 　　　　　　　cyclohexanone oxime

環己酮 　　　　　　　　　　環己酮肟

$$\longrightarrow CH_2 \begin{array}{c} CH_2-CH_2 \\ \\ CH_2-CO-NH \end{array} CH_2$$

caprolactam

　　此一製程每生產一 kg CPL，所得到的副產品**硫酸銨**（ammonium sulfate）有 4.4 公斤之多；和 MMA 的情況相同，即是有大量需要處理的固態廢棄物。在上列反應中，$(NH_4)_2SO_4$ 的生成分析如下：

　　1. 反應中所需要的 $NH_2OH \cdot H_2SO_4$ 的生成過程是：

$$NH_4NO_2 + NH_3 + 2SO_2 + H_2O \longrightarrow HON(SO_3NH_4)_2$$

$$HON(SO_3NH_4)_2 + 2H_2O \longrightarrow NH_2OH \cdot H_2SO_4 + (NH_4)_2SO_4$$

反應所需要的是 NH_2OH^+，在生產過程中會產生相當於 1.6kg/kg CPL 的硫酸銨。

2. 在環己酮和 NH_2OH^+ 反應成環己酮肟的過程中，產生相當於 1.1kg/kg CPL 的硫酸銨。

3. Beckmann rearrangement 產生 1.7kg(NH_4)$_2SO_4$/kg CPL。

DSM 公司在原製程的基礎上，直接用 NH_2OH^+ 在 buffered 溶液中與環己酮反應，而得到 NH_3OH^+：

$$NO_3^- + 2H^+ \xrightarrow{\text{Pd/C, PO}_4^{\equiv}} NH_3OH^+ + 2H_2O$$

在過程中沒有硫酸銨的生成，即是 DSM 的此一改進方法，省去了前列第 1.、2. 兩反應，把(NH_4)$_2SO_4$ 的生成量由 4.4kg/kg CPL 減少到 1.7kg，同時基本保持原有的製程不變。其他各公司的改進方式有：

1. 日本 Toray 公司用 NOCl 來合成 cyclohexanone oxime hydrochloride，然後再在水溶液中進行 Beckmann rearrangement：

$$(CH_2)_6 \quad + \quad NOCl \xrightarrow{\text{HCl · light}} (CH_2)_5C=NOH \cdot 2HCl$$

cyclohexane　　nitrosyl chloride　　cyclohexanone oxime hydrochloride

而 NOCl 的製程是：

$$2H_2SO_4 + N_2O_3 \longrightarrow 2HNOSO_4 + H_2O$$
$$HNOSO_4 + HCl \longrightarrow NOCl + H_2SO_4$$

即是基本上和 DSM 走同一方向，儘可能的保持原製程不變，而改變從環己酮到環己酮肟的生產路線，大量減少硫酸銨的生成量。

2. 美國 Du Pont 公司採取另一途徑合成環己酮肟：

$$(CH_2)_6 \xrightarrow{HNO_3} (CH_2)_5C-NO_2 \xrightarrow{Zn-Cr} (CH_2)_5C=NOH$$

cyclohexane   nitrocyclohexane   cyclohexanone oxime

$$
\begin{array}{c}
CH_2-CH_2 \\
CH_2 \qquad\qquad CH_2 \\
CH_2-CO-NH
\end{array}
$$

caprolactam

3. 美國 UCC 公司基本上改變了反應途徑：

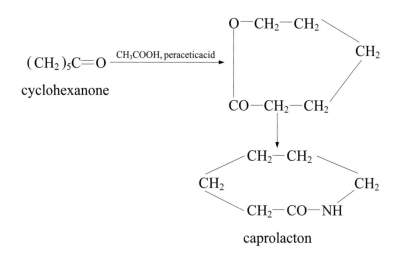

$$(CH_2)_5C=O \xrightarrow{CH_3COOH,\ peracetic\ acid}$$

cyclohexanone

caprolacton

4. 日本的 Sina 公司則改以甲苯為原料：

$$(CH)_5C-CH_3 \xrightarrow{O_2,\ 160℃} (CH)_5C-COOH \xrightarrow{H_2,\ 150℃} (CH)_5CH-COOH$$

toluene   benzoic acid   cyclohexane carboxylic acid

$$\xrightarrow{NOHSO_4\ in\ H_2SO_4,\ 80℃} CO_2+H_2SO_4+CH_2
\begin{array}{c}
CH_2-CH_2 \\
\qquad\qquad CH_2 \\
CH_2-CO-NH \cdot H_2SO_4
\end{array}$$

caprolactam sulfate

Solutia 公司新發展出來以苯為原料生產己二酸的方法是：

$$\text{benzene} \xrightarrow{N_2O} \text{phenol (OH)} \xrightarrow{H_2} \text{cyclohexanone (O)} \xrightarrow{HNO_3} \begin{matrix} COOH \\ COOH \end{matrix} + N_2O$$

減少廢棄物或污染物的產生，是目前製程改進的重點。

CPL 是尼龍 6 的單體。

6.1.2 苯的硝化──苯胺及其衍生物

苯在和硝酸硝化之後再氫化即得到**苯胺**（aniline），這是硝酸在工業上的最大用途。

$$\text{benzene} \xrightarrow{HNO_3} \text{NO}_2 \xrightarrow{H_2} \text{NH}_2 \text{ 苯胺}$$

苯胺的最主要用途是合成 MDI（methylene diisocyanate, MDI），同時也是極重要的農藥和染料的中間體，其中作為 MDI 的約占總量的 80%。

自苯胺合成 MDI 的途徑如下：

$$2 \langle \rangle - NH_2 + HCHO \longrightarrow \langle \rangle - CH_2 - \langle \rangle$$
$$\underset{NH_2 \qquad\qquad NH_2}{}$$

2, 2'-methylenediamine

$$\downarrow \begin{matrix} COCl_2 \\ \text{光氣，phosgene} \end{matrix}$$

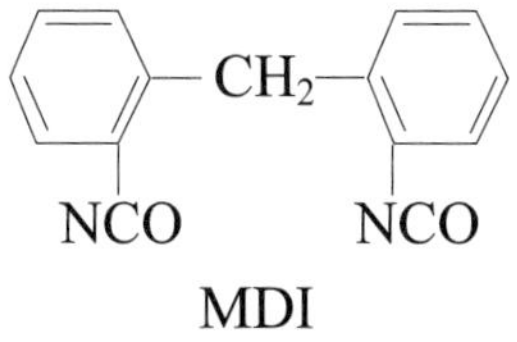

MDI

所得到的三聚物等，在光氣的存在下，變成為 **PMDI**（poly methylene diphenyl diisocyanate）。

由於在印度Bhopal發生的氰物外洩所造成的災難，一般人相對的對光氣抱有極大的反感。在研發中的新 MDI 製程，均以不用光氣為出發點。（必須說明，Bhopal 的災難與光氣或 MDI 無關）這些改變，均是自硝苯開始，用不同的途徑合成 carbamate，carbamate 與甲醛反應後得到 methylene biscarbamate，然後再加熱分解而得到 MDI：

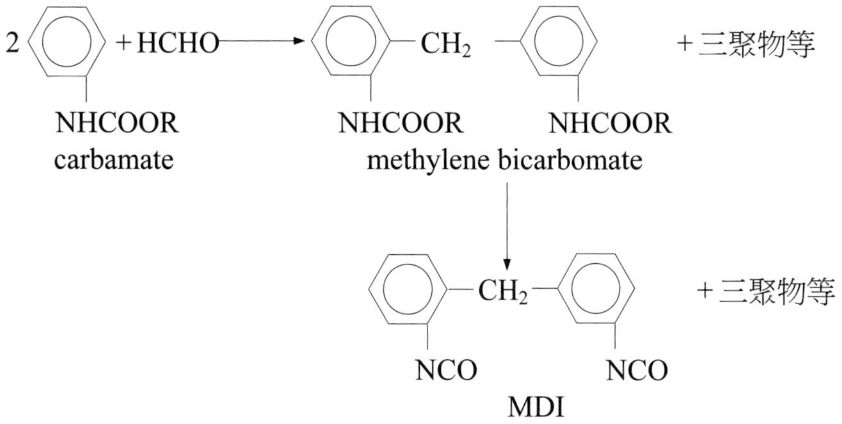

合成 carbamate 的其他途徑是直接與一氧化碳反應而不利用光氣，例如：
1. 硝基苯與一氧化碳和乙醇合成

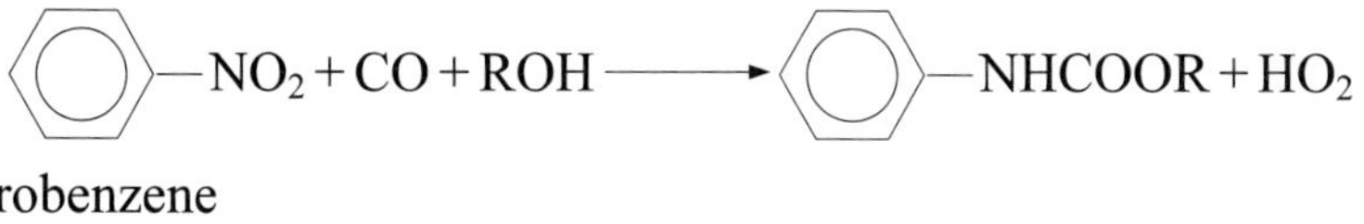

nitrobenzene

2.苯胺與一氧化碳、氧及乙醇合成

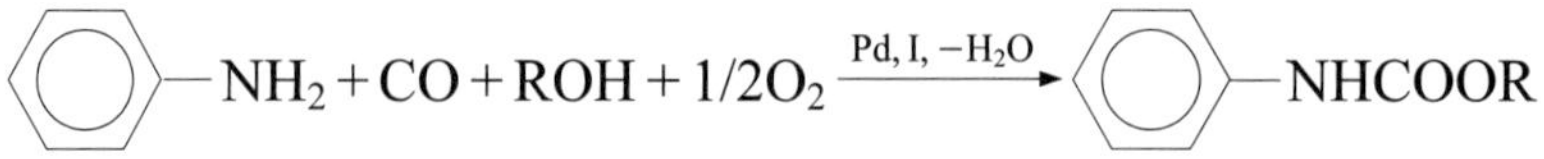

$$\bigcirc\!\!\!-NH_2 + CO + ROH + 1/2O_2 \xrightarrow{Pd, I, -H_2O} \bigcirc\!\!\!-NHCOOR$$

自苯胺合成 carbamate 的另一途徑是:

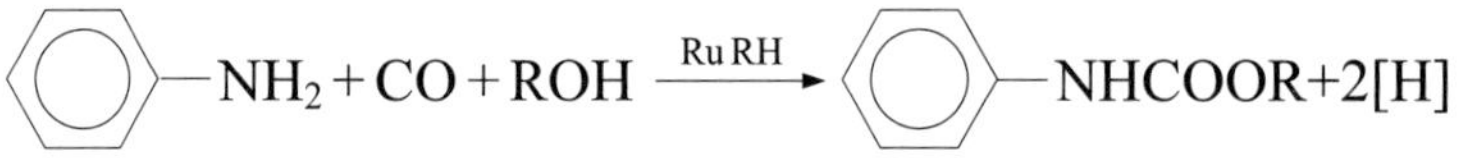

$$\bigcirc\!\!\!-NH_2 + CO + ROH \xrightarrow{Ru\,RH} \bigcirc\!\!\!-NHCOOR + 2[H]$$

MDI 和 PMDI 都是聚胺酯(PU)的主成分之一。

6.1.3 苯的用途分佈

在歐、美和日本,苯的用途分佈如表 6-2。

表 6-2 苯的用途分佈

	歐洲	美國	日本
苯乙烯	50	52	55
環己烷	12	17	21
丙苯(酚及丙酮)	19	20	13
烷基苯	4	3	4
苯胺	6	5	5
其他	9	3	2

6.2 甲苯的衍生物

目前甲苯作為工業原料的最大用途,是製造 PU 的主要原料之一的 TDI(toluene diisocyanate):

甲苯 　　　　　　　　　二硝基甲苯　　　　　　　　二胺基甲苯
　　　　　　　　　　　di-nitrotoluene　　　　　　　diaminotoluene

toluene diisocyanate
TDI

含 NCO 基的化合物一般有毒性，而分子量愈高則揮發性愈低，而對工作人員的毒性愈低，是以 TDI 有時會合成為分子量高的**加合物**（adduct），例如：

6.3 二甲苯的衍生物

　　二甲苯最主要的工業用途，是氧化為二元酸（dibasic acid）；間和鄰二甲苯氧化後得到 PA（phthalic anhydride）和 isophthalicacid 直接氧化的過程簡單。

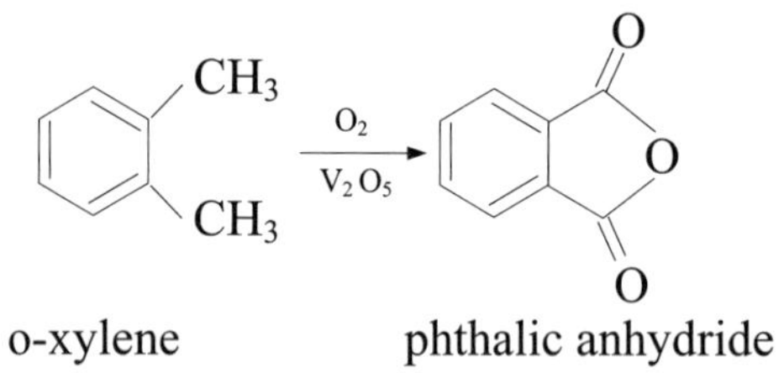

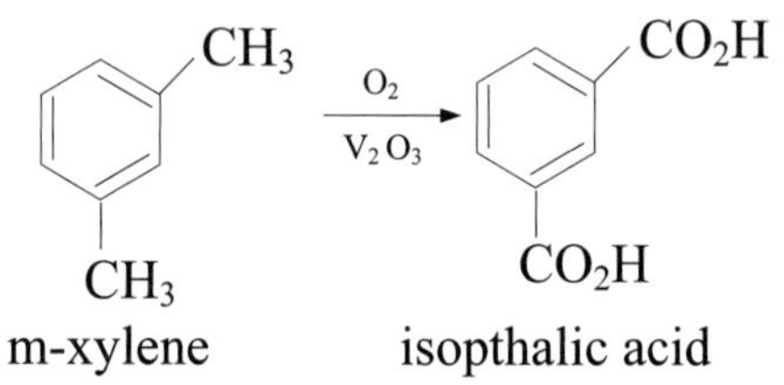

o-xylene　　　　　　　　phthalic anhydride

m-xylene　　　　　　isopthalic acid

　　但是對二甲苯在直接氧化時，先生成 p'toluic acid 而 p'toluic acid 不能繼續氧化，對苯二甲酸的合成是將 toluic acid 溶於醋酸中，使用 NH$_4$Br 或 CoBr$_2$ 為起始劑，形成自由基後再氧化：

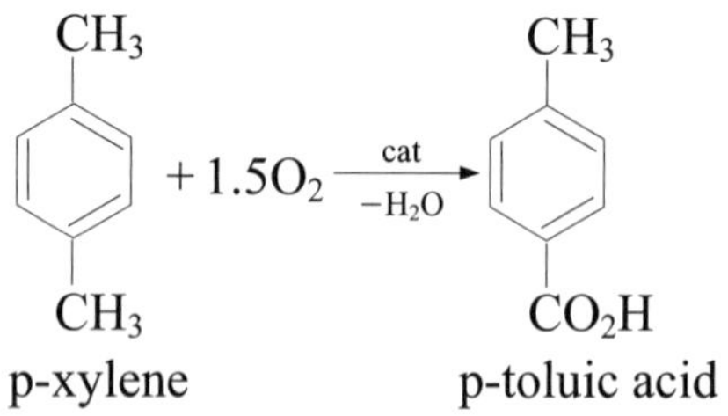

p-xylene　　　　　　　p-toluic acid

terephthalic acid

TPA 與乙二醇或丁二醇酯化，必須再加以純化，或是先與甲醇作用，得到 DMT（dimethyl terephthalate）後再純化，DMT 的純化過程比較簡單，也很容易與醇酯化，是聚酯纖維的第一代原料。純化後的 TPA 稱之為 PTA（purfied terephthalic acid）。

二元酸容易與醇或一NH_2基酯化形成聚合物，它的用途多半均係利用這一性質：

1. PTA 與 EG 聚合為聚酯纖維或工程塑膠，或與丁二醇聚合為工程塑膠。這是 PTA 的唯一用途。

2. PA 加上部分 MA 與 PG 聚合成不飽和聚酯樹脂或 alkyd 樹脂。isophthalic acid 亦可作同類用途。二者合占 PA 用途的 30%左右。

3. PA 與率醇等含碳數高的醇類酯化而得到 PVC 用的*助塑劑*（plasticizer）。占 PA 用量的 80%。

4. PA 亦是染料等化學品的中間體，用量約占 10%弱。

6.4 **BTX 間的轉換及開發中的 BTX 來源**

如前述，BTX 中需求量最大的是苯，其次是對二甲苯。而 BTX 的來源均是

重整汽油和裂解汽油，而在這二種來源中，所含有的 BTX 比例如表 6-3：

⧖ 表 6-3　重整和裂解汽油中的 BTX 含量分佈（%）

	重整汽油	裂解汽油
BTX 含量	40～60	40～60
其中　苯	5～8	10～15
甲苯	20～25	15～20
C_8	20～30	20～25
在 C_8 中		
對二甲苯	16～20	10～12
鄰二甲苯	40～45	23～26
間二甲苯	17～22	16～19
乙基苯	17～22	43～51

　　即是在重整汽油和裂解汽油之中，含量相對較多的是用量不大的甲苯和鄰二甲苯。二甲苯間的轉換已在第三章中敘述。將甲苯轉變成用量較多的苯和二甲苯的製程是：

　　1. 甲苯脫烷基（dealkylation）為苯

$$\bigcirc\!\!-CH_3 + H_2 \longrightarrow \bigcirc + CH_4$$

$$\bigcirc\!\!-CH_3 + 2H_2O \longrightarrow \bigcirc + CO + 3H_2$$

　　2. 甲苯歧化（disproportionation）為苯及二甲苯

$$2\,\bigcirc\!\!-CH_3 \xrightarrow{\text{ZSM5}} \bigcirc + \bigcirc\!\!-CH_3$$
$$H_3C$$

　　除了自裂解和重組汽油取得 BTX 以外，傳統上 BTX 是由煤焦油中抽取而得的。除此之外，下列各製程亦將會具有潛力。

1. 由低分子量的烷或烯環化為芳香族，此即是所謂的 cyclar 或 M-2 製程，此一製程已在英國由 BP 實驗性的商業化生產。

2. Mobil 公司自甲醇經由 M-gas（用 ZSM5 催化劑，亦稱之為 MTG 製程），製程合成的汽油中，含有 BTX。M-gas 製程分別在紐西蘭和英國商業應用。

附錄：苯、甲苯和二甲苯的主要衍生物

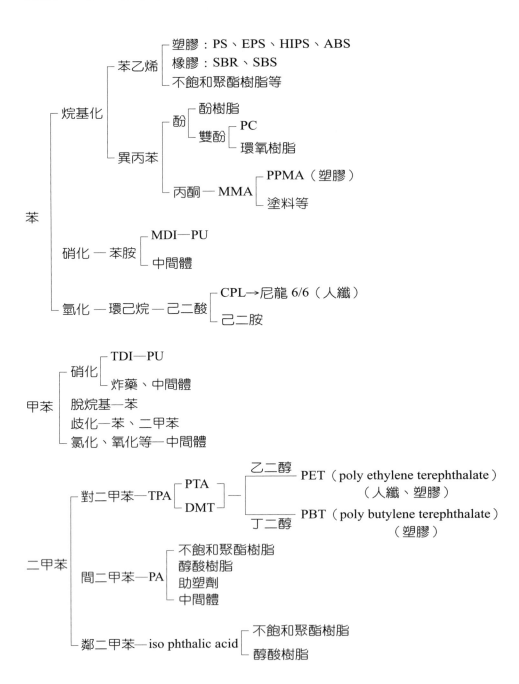

Chapter 7

甲烷和碳的衍生物
和未來碳氫化合物
的來源

　　甲烷是天然氣的主要成分，平均有 94% 的天然氣直接用作家庭或是發電用的燃料，剩下的 6% 用作化學工業的原料。傳統上，甲烷和氨作用合成氰酸，和氯作用生成不同的氯化物，並可轉變成乙炔。由於目前尚無法直接將甲烷轉化為碳數高的碳氫化合物，而必需先反應生成合成氣（synthesis gas，即 CO 和 H_2），自此而合成氨和甲醇，並自甲醇合成甲醛、醋酸、無水醋酸等，以及由甲醇合成汽油和生產烯烴等。

　　由於含碳的物質均可生成合成氣再轉化為甲醇、汽油和稀烴。這一系列的技術非常可能是在石油和天然氣之外，化學工業所需要基本碳氫化物的另一來源，以及液態燃料例如汽油和烯烴的另一來源。

7.1 甲烷的傳統衍生物

重要的傳統甲烷衍生物是由下列途徑得來的。

7.1.1 甲烷的氨氧化

甲烷與氨和氧反應，即生成氰酸：

$$2CH_4 + 2NH_3 + 3O_2 \xrightarrow[\text{高溫}]{\text{Pt--Rh}} 2HCN + 6H_2O$$

或是直接與氨反應：

$$CH_4 + NH_4 \xrightarrow[\text{高溫}]{\text{Pt}} HCN + 3H_2$$

這是在丙烯氨氧化作為副產品之外，氰酸最主要的來源。

7.1.2 氯　化

和氯直接反應，即可以得到不同的，一氯（methy chloride）、二氯（methylene chloride）、三氯（trichloromethane）和四氯甲烷（carbon tetra chloride）。

$$CH_4 + Cl_2 \longrightarrow CH_3Cl + HCl$$
$$CH_3Cl + Cl_2 \longrightarrow CH_2Cl_2 + HCl$$
$$CH_2C_2 + Cl_2 \longrightarrow CHCl_3 + HCl$$
$$CH_3Cl + Cl_2 \longrightarrow CCl_4 + HCl$$

這四種化合物均曾大量用作噴霧劑（propellants）和清洗劑，而由於環保的要求，此一用途已日漸減少。

在非常高（1500～4000℃）的溫度之下，甲烷能轉變成乙炔（acetylene）：

$$2CH_4 \longrightarrow CH \equiv CH + 3H_2$$

在 1960 年輕油裂解尚未大量發展之前，由電石所生產的乙炔曾是 VCM 的來源，在乙烯取代乙炔之後，乙炔仍是用作切割金屬的燃料，以及電極用碳的原料和丁二醇的原料。乙炔的另一來源是輕油裂解時會有少量的乙炔副產品，約為乙烯量的 1.5%。

7.2　合成氣

含碳的物質，在 700～1600℃和 20～40 大氣壓下，均可與水和氧作用而得到一氧化碳和氫氣，稱之為合成氣（synthesis gas），所得到的氫和一氧化碳的比例視原料和反應條件不同而異。煤、碳氫化合物和甲烷與水和氧的主反應如下：

1. 煤

$$2C + O_2 \longrightarrow 2CO$$
$$C + H_2O \longrightarrow CO + H_2$$

2. 碳氫化合物

$$-CH_2- + \frac{1}{2}O_2 \longrightarrow CO + H_2$$

$$-CH_2- + H_2O \longrightarrow CO + 2H_2$$

3. 甲烷

$$CH_4 + \frac{1}{2}O_2 \longrightarrow CO + 2H_2$$

$$CH_4 + H_2O \longrightarrow CO + 3H_2$$

從用作化學原料的觀點來看，氫是需求量比較大的原料，在上列反應式中可以看出，用甲烷作起始的原料所得到的氫比例最高；即是原料的 H/C 比愈高，所得到的氫愈多。今日工業用氫氣，除了來脫氫反應之外，均來自碳氫化合物與水及氧的反應。所用的碳氫化合物，包括甲醇。

除上前列反應之外，尚有下列重要反應：

1. 碳形成

$$2CO \longrightarrow C + CO_2$$

$$CO + H_2 \longrightarrow C + H_2O$$

$$CH_4 \longrightarrow C + 2H_2$$

2. 二氧化碳形成

$$CO + H_2O \longrightarrow CO_2 + H_2$$

3. Boudouary 反應

$$C + CO_2 \longrightarrow 2CO$$

4. 煤的氫化（Fisher-Tropsch 和 Bergious 反應）

$$C + 2H_2 \xrightarrow{\text{Ni 催化劑}} CH_4$$

$$CO + 3H_2 \longrightarrow CH_4 + H_2O$$

$$C + H_2 \xrightarrow{\text{Fe 催化劑}} 有機燃料$$

Fisher-Tropsch 是將固態的煤轉化為液體燃料的製程，由德國開發，曾在二次大戰時應用，戰後在南非商業化生產多年。這是將煤液化的第一個商業化製程。Boudouary 反應在中國大陸用作為將汽田中 CO_2 轉變為工業用 CO 的製程。在下文中將討論到如何自合成氣合成其他的衍生物，以及碳氫燃料。

7.3 合成氨

將自空氣中分離出來的氮和氫在 450℃ 和 200 大氣壓下，在 Fe_2O_3 加少量的 K_2O、Al_2O_3、Zr_2O_3 和 SiO_2 等催化劑的存在下，得到合成氨：

$$N_2 + 3H_2 \xrightarrow{\text{催化劑}} 2NH_3$$

這是目前對人類最重要的反應，是自空氣中固定氮的最主要途徑，也是目前化合物中氮的來源。

氨最主要的用途是在與一氧化碳合成尿素（urea）後，作為肥料：

$$2NH_3 + CO \longrightarrow \begin{matrix} H_2N \\ H_2N \end{matrix} \!\! > \!\! C\!=\!0$$

作為肥料用的氨，在工業化的國家中約占氨總用量的 80%，而在發展中國家其比例接近 100%。這是氮肥最主要的來源。在低溫地區（美國、加拿大、蘇聯的部

分地區），氨水即可直接用作肥料，而在其他地區則必須先轉換成尿素；氨的含氮量為 82%，而尿素為 46%。二者的成本相差很大。當苗栗出礦坑的天然氣在量產階段時，台灣所需要的尿素自己生產；當天然氣開採將盡時，則改在中東投資生產，返銷台灣。這是原料來源重要性的一例。

以下將從人口增加的背景來說明肥料的重要性，世界人口增長的歷史如下：

時間	人口數（估）	每增加 10 億人口的時間
公元元年	300,000,000	－
16 世紀初	500,000,000	－
1850 年	1,000,000,000	－
1925 年	2,000,000,000	75 年
1962 年	3,000,000,000	37 年
1975 年	4,000,000,000	15 年
1990 年	5,000,000,000	15 年
2000 年	6,000,000,000	10 年
2010 年	7,000,000,000	10 年

即是每 10 年，人類必須增產 10 億人所需要的糧食，這些糧食必須依靠農業技術更新，和肥料及農藥的普及來達成，而合成氨對人類的重要性，由此可見。

目前氨的用量最大的四個地區；美國、西歐、印度和中國為最大的進口地區；蘇聯、加拿大、中東為最大的出口區。氨（含尿素）的出口地區，均為天然氣生產地。

除了作為肥料之外，氨的其他主要用途是：製造硝酸、炸藥和硝酸銨、硫酸銨、磷酸銨和合成其他的含氮化合物。

7.4 甲醇和甲醇的衍生物

二氧化碳與氫，或是一氧化碳與氫和水，均可在催化劑的存在下合成甲醇：

$$CO_2 + 3H_2 \longrightarrow CH_3OH + H_2O$$

$$CO + H_2O \longrightarrow CO_2 + H_2$$

$$CO + 4H_2 \longrightarrow 2CH_3OH$$

目前共有三種自 CO 和 CO_2 與 H_2 和 H_2O 反應生成甲醇的工業製程，這三種製程的區別在催化劑，同時反應溫度和壓力亦不相同，如表 7-1：

⧖ 表 7-1　自合成氣生產甲醇的製程

製程	催化劑	溫度（℃）	壓力（Atm）
ICC	Cu, Zn, Al 氧化	250	100
BASF, NISSUI	Cu, Zn, Cy 和 Cu, Zn, Al 的氧化物	250	150～250
BASF	$ZnO-Cr_2O_3$ Zn：Cr＝70：30	350	350

目前以使用 ICI 法的工廠較多，其反應時的壓力最低。

天然氣的產地很多是在偏遠的地區，離需要使用天然氣的地區距離遙遠。而天然氣的液化（特別是甲烷）投資和費用均極大。將最難液化的甲烷，經由合成氣而轉化為液態、運輸容易的甲醇，則是另一種把天然氣自產地運到市場的途徑，其費用一般是低於甲烷的液化和貯運。甲醇的用途有：

1. 直接作為汽車的燃料，和一般的汽油相比較，甲醇的燃燒熱低，而且和水的親和性好，容易吸取空氣中的水分而造成燃燒控制上的困擾。一般是以 5%或以下的量摻入汽油。

2. 和異丁烯合成 MTBE 作為汽油辛烷值增進劑，這是甲醇目前最重要也是用量最大的用途。

3. 甲醇在氧化之後，得到甲醛，是**甲醛**（formaldehyde）的工業來源：

$$CH_3OH \xrightarrow[\text{催化劑}]{\text{Ag 或 Cu}} HCHO + H_2$$
$$\text{甲醛}$$

$$2CH_3OH \xrightarrow[\text{催化劑}]{MoO_3,\ Fe_2O_3} 2HCHO + 2H_2O$$

甲醛是工程塑膠聚醛（polyacetal）的單體；同時也和酚、尿素以及三聚氰氨（melamine）縮合成重要的熱固類樹脂，這些樹脂多用於三夾板的膠合，以及模壓成型；甲醛也是其他化學品的中間體，例如 TDI 和 MDI，和用於殺菌及消毒。甲醛在美國和西歐的用途分佈如表 7-2。

表 7-2　甲醛的用途分佈（%）

	美國	西歐
酚─甲醛樹脂	24	18
尿素─甲醛樹脂	30	52
三聚氰氨─甲醛樹脂	4	8
Polyacetal	9	6
TDI 和 MDI	4	2
其他	29	14

4. 醋酸（acetic acid）和無水醋酸（acetic anhydride），現在是以甲醇為起始原料：

$$CH_3OH \xrightarrow{Rh\ \text{催化劑}} H_3CCOOH$$
$$\text{醋酸}$$

$$CH_3COOH + CH_3OH \longrightarrow CH_3COOCH_3 + H_2O$$

$$CH_3COOCH_3 + CO \longrightarrow (CH_3CO)_2O$$
$$\text{無水醋酸}$$

醋酸是重要的工業原料，在美國和歐洲的用途分佈如表 7-3：

⌛ 表 7-3 醋酸的用途分佈（％）

	美國	西歐
醋酸乙烯，VAC	54	37
DMT 和 PTA	13	9
醋酸酯	10	18
醋酸纖維	10	10
無水醋酸	5	10
染整	3	—
其他	5	16

在美國、西歐和日本以外的地區，醋酸的用途集中於 PTA 的生產（80%以上），少量用於聚醋酸乙烯（PVAc）和 EVA，其他用於染整及工業原料。

從發展的趨勢來看，甲醇最重要的反應是在下節所要討論的合成汽油。

7.5 從甲醇到汽油和稀氫——碳氫化合物的另一來源

甲醇在催化劑的作用下，可以轉變為含碳數高的烷和芳香族，其反應過程如下：

甲醇脫水

$$2CH_3OH \xrightarrow[\text{催化劑}]{ZSM5} HC_3OCH_3 + H_2O$$
$$CH_3OCH_3 \xrightarrow[\text{催化劑}]{ZSM5} 2(-HC_2-) + H_2O$$

轉化

$$(-CH_2CH_2-) \longrightarrow 烷及芳香族$$

此一製程是由 Mobil 石油公司所發展出來的，稱之為 **MTG 製程**（methanol to gasoline），1985 年在新西蘭建立第一個商業生產工廠，1992 年在英國建立第二個工

廠，日產量均約為 2,500m³（1,800MT），南非在 1996 年左右設立有以煤為原料的 MTG 工廠，2010 年在中東成立以甲烷為原料的 MTG 工廠。作為參考用，表 7-4 是 MTG 製程所得的產品分布。

表 7-4　MTG 製程的產品分布（%）

溫度（℃）	300～420
壓力（kpa）	270～2,200
甲醇的轉化率	>99.9
產品	
C_1 及 C_2	1.5～2.5
C_3	5～11
nC_4	2.5～5
iC_4	8.5～10.5
$C_{3=}$ 及 $C_{4=}$	2.5～4
C_5 及以上烷	35～51
芳香族	27～34
C_5 以上重量	69～79
汽油成分	76～89
RON	93～98
MON	83～87

　　即是 MTG 生產出來的是合用的高級汽油，其中含有約 1/3 的芳香族。從成本上來說，MTG 汽油是經過：含碳的物質例如甲烷到合成氣，合成氣到甲醇，再由甲醇到汽油三道過程；在原料價格相當，而加工費用遠高於原油分餾的情況下，以甲烷為原料生產汽油不具競爭力。煤的價格長期在石油的 1/4 以下，是有競爭力的原料。在石油價格高漲，或是石油用完了的時候，MTG 製程即會是一個從煤合成汽油、烷和芳香族的重要技術。

　　事實上如果改變 MTG 的操作條件，即是目前在實驗階段的 **MTO**（methanol to olefin）製程，若干參考數據如表 7-5：

⏳ 表 7-5　MTO 製程

溫度（℃）	～500
壓力（kpa）	～100
甲醇轉化率（%）	～100
產品（wt%）	
$C_{2=}$	5～6
$C_{3=}$	33～35
$C_{4=}$	18～20
$C_{5=}$	5～8
C_1, C_2, C_3	～5
C_4^+	10～12
芳香族	6～7
總計	
烯氫	77～79
汽油成分（C_5^+）	17～18
C_3以下	～5

　　對石油貯量不足而煤貯量豐富的國家例如中國，MTG 及 MTO 極具吸收力。自 2000 年開始，中國在寧夏省的銀川投入大量的資金，發展 MTG 和 MTO 製程，約在 2015 年左右可以看出其成果。由於煤的價格遠低於石油和天然氣，中國如能成功的大規模的利用 MTG 和 MTO 技術，將改變中國石化產業的面貌。

附錄：甲烷和煤的主要衍生物

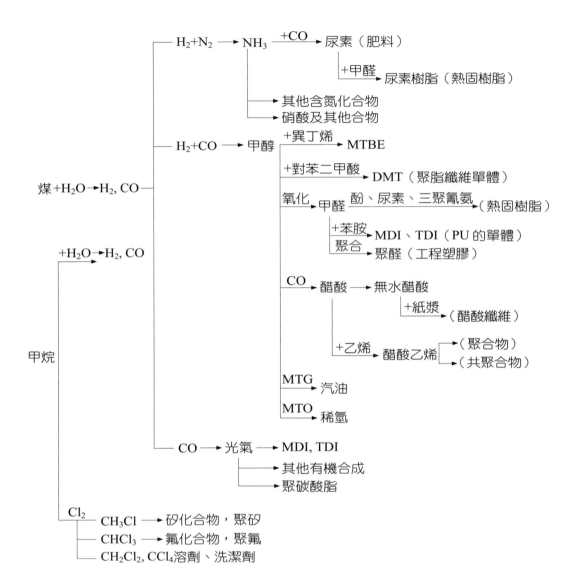

Chapter 8

塑膠工業

在第 4～7 章中，分別討論了七種基本石油化學工業原料的衍生物，我們可以理解：除了甲烷之外，這七種原料的衍生物是以聚合物，和聚合物的單體為主。即是石油化學工業，實質上即是以聚合物為主體的工業。從本章開始，將依這些聚合物最大的三類終極用途：塑膠、人造纖維和合成橡膠，來討論其結構和市場。

一般歸類為人纖類的聚合物，它的 Tm 在 200℃ 以上，而且強度較高，以能抽成細絲為必要條件；橡膠或彈性體類聚合物，是在受力之後易於變形，且在外力消失後能恢復到原來的型態（即具彈性），也要能在低溫（0℃）以下保持彈性；而在此之外的商用聚合物，幾乎都可歸入塑膠類，其基本要求是在使用的溫度和壓力下，能保持一定的形狀及強度，在本章中分為熱塑類、熱固類和發泡類三種。

在本章中，將先討論聚合物的分類方法，和材料的加工成型方法，藉以說明聚合物相對於無機材料在加工過程上的優勢；材料的競爭力由終端產品的競爭力來決定，而終端產品的成本包含材料成本和將材料加工為產品的費用。再依照通用塑膠（general purpose 或 commodity plastic）、工程塑膠（engineering plastic）、熱固樹脂（thermosetting resin）和發泡樹脂（foaming resin），依次討論塑膠類聚合物的市場。

8.1 聚合物的分類

從不同的觀點，聚合物的分類方法有：

1. 依照聚合反應機構，聚合物可以分為兩類：

   (1) 一是**加成聚合**（additional polymerization），在這一類中，聚合物的單體（一種或多種）均有一個或以上的雙鍵，在聚合反應時，單體的雙鍵活化而相互聯結。在聚合過程中除了聚合物之外，沒有其他的副產品產生；基本上單體是逐個加到聚合物的分子鏈上去；故而亦稱之為**鏈成長**（chain growth）聚合物。依據單體活化時的狀態，再可分為：**自由基**（free radicals）、**陽離子**（cation）、**陰離子**（anion）、**配位**（coordination）聚合等。這一類聚合物基本上是以碳鏈聯結。

   (2) **遂步**或**縮合**（stepwise 或 polycondensation）：這類聚合一般需要兩種或以上不同的單體，每一種單體具二個官能基，單體是藉由官能基之間的

反應例如酯化之類的反應來聯結，聚合時除了鏈的形成之外，同時放出一個小分子（例如水）。如果單體分別為 A 和 B，則 A 必須與 B 結合成兩端仍有官能基（functional group）的 AB，再和另一個 AB 結合成 ABAB，即鏈是以倍數成長，故而亦稱之為逐步（stepwise growth）聚合物。由逐步聚合所得到的聚合物主鏈上有苯環和碳以外的元素如氧、氮、矽、硫等，具有和碳鏈聚合物不同的性質。

2. 用組成的單體來分類；配合前述的反應機構分類法，聚合物可分成：

(1)加成聚合物：

(a)聚烯烴（polyolefin）：例如聚乙烯、丙烯、異丁烯等。

(b)聚乙烯基（vinyl polymer）：這一類包含所有以乙烯衍生物作為單體的聚合物，例如：PVC、PVAc、聚苯乙烯系列、氟類聚合物（fluoropolymer）等。有時會將自苯乙烯衍生出來的聚合物合稱為苯乙烯系列聚合物（styrenic polymer），其中包含：PS、EPS、HIPS、ABS等。

(c)聚雙烯（polydiene）：包含聚丁二烯及其共聚合物，SBR、NBR等，聚戊二烯（poly isoprene）和氯丁橡膠（polychloroprene）等。

(2)縮合聚合物：

(a)聚酯（polyester），是二元酸和二元醇酯化後的聚合物，其中又分為熱塑類和熱固類兩種，後者的單體除了飽和的二元酸和二元醇之外，加上了不飽和二元酸。聚脂纖維、聚碳酸酯和液晶聚酯（liquid crystal polyester, LCP）同屬於此類。

(b)聚醯胺（polyamide）和聚醯亞胺（polyimide），是多胺和多羧酯酸的縮合物，例如尼龍等。

(c)矽系列聚合物：聚合物的主鏈是—Si—O—Si—，以矽膠（silicon rubber）系列為主要產品。

(d)聚胺酯（polyuretliane）類：是由 diisocyanate 同 polyol 的縮合聚合物。此一系列聚合物涵蓋了性質範圍非常大的不同聚合物，用於泡

棉、彈性纖維、人造皮、橡膠等不同用途。

(e)環氧（epoxy）樹脂，用於印刷電路板、運動器材、結構用 FRP 及黏著劑等用途。

(f)酚樹脂，目前以黏著劑為主。

(g)胺基（amino）聚合物。常見用作食具，例如美耐皿。

3. 依照市場來區分：

一般是分作為：塑膠、人造纖維和橡膠三大類；三者的相對產量約為 16：4：1。是以塑膠類的用量最大，種類也是最多，再分為：

(1)通用或泛用塑膠，泛指用作日常用品（在常溫常壓使用材料的聚合物）包含聚乙烯、丙烯、氯乙烯和苯乙烯系列。

(2)工程塑膠，是指強度和使用溫度比較高塑膠類的聚合物，其中包括尼龍、PET/PBT、PPO、PC 和 Teflon、PPS 等。

(3)熱固類聚合物如環氧、不飽和聚酯和酚樹脂等，這一類的聚合物在成型時伴隨有鏈的交聯反應，在交聯之後形成網狀結構、分子量極大而且能流動的溫度高於其分解溫度的聚合物。熱固類聚合物在強度上和耐溫性質上均屬於工程塑膠範圍。

(4)發泡類樹脂，主要是指 PU 系列和 EPS 系列。

本章將依照市場分類來分別說明塑膠工業。

8.2　材料的加工成型

在本節中將討論：

- 將材料製作成具一定形狀產品的過程。及
- 成型過程中所發生的費用。
- 聚合物的成型過程。

8.2.1 成型的過程

以下，將材料加工成型的過程，區分為三種基本類型：按加工成型是將材料改變成為產品的形狀的過程。

- 第一型是鑄造（casting）型，是在材料可流動的狀態下，注入模（mold）中，模中的空間（或當材料流入模中時，模內因受熱而流失的空間，產品的形狀和流失材料原佔有的形狀相同，即失蠟（loss wax）類鑄造）即是產品的形狀。這是不連續的批式（batch）生產方式。

- 第二型是鍛造（forging），是在材料可以變形（但不一定要流動）的情況下，施力使材料成為需要的形狀，由於材料是在受力下變形，一般來說，加工的溫度低於鑄造。其最基本的型式即是打鐵。由「打鐵」衍生出來的是在模中「沖」出所需的形狀（沖床），是批式生產。如果產品的形狀對稱，例如鋁門窗、鋼筋等可藉由模頭（die）的擠壓（extrusion）使材料變形，例如生產鐵線、鋼筋、和鋁門窗擠型，是連續生產。

- 第三型是機械（mechaining）加工型，即是藉由切、割、鑽和磨等操作來將材料做成所需要的形狀。此一類型加工過程所使用的材料，例如切割和磨光所用板材和線材，是連續生產所得，但終端產品是批式生產出來的。基本上材料是在室溫成型。

前列三種加工過程比較如下：
- 加工的溫度：第一型高於第二型，第二型高於第三型。
- 加工的壓力以第二型為最高。
- 產品的精確程度，以金屬材料為例，第三型高於第二型，再高於第一型。材料會熱漲冷縮，第一型加工的溫度最高，收縮率也高，產品的尺寸和模型尺寸的差異大。在後文中將指出，聚合物材料可用第一型加工方法生產精密度很高的產品。對聚合物來說，第一型加工方法所能達到的精密度，高於第二型。

- 第一和第二型均需要模具（tooling），第三型需刀具例如不同的鑽頭、切刀等。

- 第一型和第三型均可製造出形狀複雜的產品；而第二型能生產形狀相對簡單且對稱的產品。

- 完成一件產品的成型週期，第二型最短，第一型次之，而第三型最長。為了減低成型週期所需要的時間，第三型加工過程常以第一或第二型加工過程的產品作為毛料開始，例如用第一型加工所得的鑄件作為加工的材料。

8.2.2 成型的費用

除了原料和修飾（電鍍、表面拋光等）費用之外，比較成型的費用的主要基礎包含下列四項：

第一項是成型週期的長短，短的成型週期代表每件產品佔用設備的時間短，分攤到的水、電和設備折舊費用低，人工費用也低。是以增加生產速度，減短成型週期是製造業的共同目標。第三型加工過程的成型週期最長，是成型費用最高的。

第二項是第一型和第二型加工過程中的模具費用。幾乎所有的生產用模具均是由第三型加工過程所製造出來的，費用高。其價格由下列因素來決定。

- 使用模具來生產產品時的溫度和壓力，即是模具所需要承受的溫度和壓力；要求愈高、對模具材質的要求愈高（高精密度，用於高溫、高壓），模具的加工費用愈高。

- 對模具精密程度的要求，要求愈高，費用愈高。

- 模具愈大，相對應的費用以幾何級數上升。

模具費用是要分攤到每件產品上，模具可使用的週期（加工次數）和下列因素相關

- 模具的材質，加工的溫度和壓力愈高，對模具材質的要求愈高，則模具的

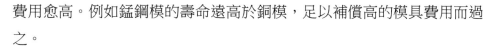

費用愈高。例如錳鋼模的壽命遠高於銅模，足以補償高的模具費用而過之。

- 使用的情況，即是操作時是否會細心的減低對模具的損耗。
- 對產品精密度或外觀的要求，要求愈高，模具的壽命愈短，因為在使用的過程中模具會磨損，精密度要求高的產品，能容允的磨損愈少。

當產品的數量不大的時候，由於產品的數量小，每件產品分攤到的模具費用高，模具費用對產品成本的影響極大。這些產品包括飛機、高價的汽車、船等量不大的產品。

第三項是：是否需要後續的組裝工作，即是一次成型的費用一定低於需要再組裝的費用。即是，可以一加工生產出形狀複雜而不需要再組裝和加工的生產過程，成型總費用低。

第四項是加工的溫度和壓力，溫度及壓力愈高，設備費用愈貴，投資費用愈高，分攤到的折舊費也愈多。

本節的內容，是本章後續討論聚合物材料和其它材料競爭力的基礎。

天然材料，例如木材、石材等，只能用第三型的方式成型，成型費用高。

8.2.3 聚合物的成型過程以及與金屬材料的比較

聚合物的成型，和上述金屬或玻璃材料的加工過程的原則是相同的，基本分為兩類：

第一類是射出成型（injection molding），即是將可以流動的聚合物，加壓注入到模中成型，於降溫定型後取出。熱塑類和熱固類的定型過程雖然不同，熱塑類在模中是降溫，而熱固類是在模中昇溫完成交聯後定型。其基本過程和前述的

第一型鑄造是相同的。

第二類是和前述第二型鍛造過程基本相同的擠出成型（extrusion），即是將處於不可逆變形狀態下的聚合物（黏流態），流經模頭成型，然後再降溫定型。所得到的產品包括終端產品例如管材，以及二次加工的材料例如片材，其過程和金屬加工的生產線材、管、片等相類似。聚合物的二次加工的過程，例如：熱成型（thermal forming）和真空成型（vacuam forming）的原理和過程，和金屬加工的沖床相同。

即是，聚合物基本上是以第一型和第二型加工過程來成型。和金屬材料相比較：

在成型週期的長短上，射出成型比鑄造金屬短；而擠出成型比金屬長；在二次加工方面，金屬材料的成型週期可以比聚合物短。

在模具費用方面，由於聚合物加工的溫度和壓力遠低於金屬材料，故而對模具強度的要求低於金屬，故而模具費用遠低於金屬，分攤到每件產品上的費用亦遠低於金屬。這是和其他材料相比較時，聚合物材料最大的優勢。

射出成型的模具可以由多片模組成，故而可以一次製造出形狀複雜的產品，例如盛物籃等，不需要後續組裝，這是其他材料很難做到的。

在前列三項之外，聚合物材料尚具有下列三項優點：

第一項是由於加工的溫度和壓力比較低，故而其設備的費用也低。

第二項是射出成型已可一次成型製出高精密度的產品，例如光碟、光學鏡頭等。不需要再加工。

第三項是聚合物的比重小，以單位金錢所能購買得到的體積來說，是比金屬便宜。按材料一班以重量計價。

塑膠材料不存在於自然界，而能在 1940 年之後，大量取代金屬，作為日常用品的主要材料，其原因即如前述。

8.3 通用塑膠的性質和用途

所謂的通用或泛用塑膠，即是用於日常用品的聚合物，在室溫附近具強度，即Tg或Tm高於室溫，且價格具競爭力的聚合物，例如：聚乙烯、聚丙烯、聚氯乙烯，和聚苯乙烯系列聚合物，均符合此要求。這是用量最大的聚合物類別，目前（2013）世界總生產量約在每年1億4千萬噸左右，其總體積相當於10億餘噸的鋼材。以下將分別說明這四種塑膠。

8.3.1 聚乙烯

依照生產條件和方式的不同，目前商業生產的 PE 依照比重的不同區分為三大類，即是：

1. **高密度聚乙烯（HDPE）**，比重範圍為 0.940～0.965，亦稱之為低壓聚乙烯。比重在 0.93 左右的，一般亦歸入此類。

2. **低密度聚乙烯（LDPE）**，比重範圍為 0.915～0.925，亦稱之為高壓聚乙烯。

3. **線型低密度聚乙烯（LLDPE）**，比重範圍和 LDPE 相同而支鏈較少，強度較高。

在這三大類中又因加工方法和用途的不同，再分為*射出成型*（injection molding），*吹塑*（blow molding），*吹膜*（film），*單絲*（monofilament），*管材*（pipe），*電線電纜絕緣*（wire and cable）和*旋轉成型*（rotation molding）等型號。不同的型號 PE 的比重、平均分子量和分子量分佈均不同。比重的差異是代表分子結構（支鏈的長短和多少）和結晶度的不同，反映出性質上和用途上的不同。平均分子量和分子量分佈的差異代表流動，即加工性質的差異。這三類 PE 的性質範圍如表 8-1。

✡ 表 8-1　PE 的主要性質

	LDPE	LLDPE	HDPE
Tg，℃	−90	−90	−90
Tm，℃	100	90～110	120～130
密度（density）（g/cm³）	0.915～0.930	0.910～0.925	0.940～0.965
拉伸（tensile）強度（MKP）	7～17	14～21	20～45
斷裂伸長率（elongation @ break）（%）	100～700	200～1,200	100～1,000
楊氏係數（MKP）	110～250	100～300	400～1,200
熱變型（head distorstion）溫度　@0.46MKP（℃）	35～50	50～70	60～80
介電常數（dielectric constant）　　@60～100Hz	2.25～2.35	2.25～2.35	2.25～2.35
@1MHz	2.25～2.35	2.25～2.35	2.25～2.35
介電強度（dielectric strength）（kv/mn）	18～28	20～28	28
體積電阻（volum resistance）（Ω cm）	$>10^{16}$	$>10^{16}$	$>10^{16}$

　　從表 8-1 中可以看出，強度、楊氏係數、衝擊強度和熱變型溫度，均隨密度而增加，PE 的介電常數在一般頻率範圍（60～l00Hz）和高頻（1MHz）均為 2.25～2.35，是好的介質（電絕緣體，真空的介電常數為 1，理想導體的介電常數接近無窮大）。

　　在用途上，LLDPE 和 LDPE 極近似，表 8-2 是 LDPE/LLDPE 和 HDPE 在美

✡ 表 8-2　LLDPE/LDPE 和 HDPE 的用途分佈（%）

	美國		歐洲		日本	
	LDPE/LLDPE	HDPE	LDPE/LLDPE	HDPE	LDPE/LLDPE	HDPE
吹膜（film）	62	17	74	15	51	34
吹瓶（blow molding）	−	39	−	37	−	16
射出成型（injection molding）	7	21	8	24	6	10
管材（pipe & conduit）	−	7	−	9	−	12
片材（sheet）	−	7	−	−	−	−
淋膜（extrusion coating）	13	−	8	−	17	−
電線電纜（wire & cable）絕緣	4	1	4	−	6	−
旋轉成型（rotation molding）	−	1	−	−	−	−
其他	14	7	6	15	20	28

國、歐洲和日本的用途分佈。即是 PE 類的最大用途是吹膜。由於環保要求一次性用途（用過一次之後即可以拋棄的用品，例如盛物袋、吸管、農業用膜等）的聚合物要能生物降解（biodegradable）。這會對 PE 的前景有的影響。中國大陸PE 用於農業用膜的比例極大。

8.3.2 聚丙烯

和PE相同，PP是一高結晶的聚合物。目前市場上所常見到的是全同（IPP）結構。其性質如表 8-3。

⧗ 表 8-3 PP 的物理性質

Tg，℃	−27
Tm，℃	138
密度（density）（g/cm³）	0.930
拉伸（tensile）強度（MKP）	35
斷裂伸長率（elongation @ break）（%）	200～600
楊氏係數（MKP）	1,100～1,500
衝擊強度（Izod impact）（J/M）	20～40
熱變型（head distoration）溫度@0.46MKP（℃）	110
介電常數（dielectric constant）	
@60～100Hz	2.2～2.6
@1MHz	2.2～2.6
介電強度（dielectric strength）（kv/mn）	20～28
體積電阻（volum resistance）（Ω cm）	>10¹⁶

從表 8-3 中可以看出 PP 的剛性、強度和耐溫性質均高於 PE，電絕緣性質和PE 相當。同時比重小於 PE。相對的，PP 的 Tg 高於 PE，其抗衝擊性和低溫性質不及 PE，故而有不同型類的和乙烯的共聚合物，**共聚合聚丙烯（copolymer PP）**的抗衝擊性和低溫性能優於 PP，而強度較弱。

PP的用途分佈如表 8-4。PP的強度和耐熱性質是通用塑膠中最高的。用作纖維（絲（filament）；和扁平絲（flat yarn）及不織布（non weaven fiber）的比例

很高，PP纖維在合成纖維的領域，用量已接近聚丙烯氰纖維（PAN）。而吹膜則因剛性高不易成型，PP膜基本上是以雙軸向延伸膜（bi-axial oriented PP, BOPP）為主。除了PP不用於吹膜之外，PP和PE互代性非常高，PP亦用於汽車的保險桿和用於微波爐的容器。

表 8-4　PP 的用途分佈（%）

	美國	西歐	日本
射出成型	32	47	51
纖維	34	27	9
膜	10	16	24
擠出成型	2	8	10
其他	22	2	6

8.3.3　聚氯乙烯

在未加入助塑劑和其他助劑時，PVC是一硬、脆，受熱時容易分解的非結晶聚合物。它之所以能形成多用途的塑膠，完全是由應用研究（appled research）所得到的成果。PVC的基本性質如表8-5。在PVC中一般會加入大量的助塑劑、安定劑和填充料。這些外加的添加物對性質的影響很大，表8-5只能作參考用。

表 8-5　PVC 的物性

Tg，℃	80
密度（density）（g/cm^3）	1.2～1.4
拉伸（tensile）強度（MKP）	30～60
斷裂伸長率（elongation @ break）（%）	2～40
楊氏係數（MKP）	2,000～4,000
衝擊強度（Izod impact）（J/M）	5～20
熱變型（head distoration）溫度@0.46MKP（℃）	60
介電常數（dielectric constant）	
@60～100Hz	3～9
@1MHz	3～5
介電強度（dielectric strength）（kv/mn）	10～20
體積電阻（volum resistance）（Ω cm）	>10^{10}

基本上，由於所加入助塑劑量的多少，PVC可以粗分為硬質和軟質二類，依地區的不同，軟質 PVC 約為硬質的一半至同量。PVC 的用途分佈如表 8-6。

表 8-6　PVC 的用途分佈（％）

	美國	西歐	日本
硬質			
管材	39	30	31
片材、含地板	10	15	13
形材	9	17	8
軟質			
人造皮、厚膜、片材	11	16	22
電線	4	9	11
瓶	－	8	－
其他，含塗料	27	7	13

硬質 PVC 的用途集中在建築材料，軟質的以人造皮為主。近年來，由於對含氯化合物對人類健康上的疑慮，例如兒童玩具禁止用 PVC 做；同時 PVC 人造皮受到 PU 人造皮的競爭；但是用於建材的管材有施工上的方便性，不易完全被取代。PVC 的前景有疑慮。

8.3.4　聚苯乙烯系列

聚苯乙烯是硬質、透明而加工容易的非結晶塑膠。它的缺點是比較脆，故而對 PS 的改質，除了為加強強度而與 AN 共聚的 SAN 之外，其他的還有和聚丁二烯共聚的抗衝擊 PS（HIPS），和與丁二烯和 AN 共聚的 ABS。此外，發泡苯乙烯（expendable PS, EPS）是在聚合時加入了溶劑作為發泡劑，將和發泡類聚合物一併討論。同時，在傳統上，ABS 曾被歸類於工程塑膠，目前由於用量大，而且價格降低到僅略高於其他通用塑膠，而被歸入到通用塑膠。同樣的，PP 的強度和耐熱性質亦近於工程塑膠，同樣的由於用量大和價格低，一直是歸在通用塑膠類中。

聚苯子烯系列聚合物的物理性質如表 8-7。

⧗ 表 8-7　聚苯乙烯系列聚合物的物理性質

	PS	HIPS	SAN	ABS
Tg，℃	100	< PS	> PS	≈ PS
密度（density）（g/cm³）	1.04	1.01	1.08	1.01～1.03
拉伸（tensile）強度（MKP）	35～63	50～60	63～77	45～60
斷裂伸長率（elongation @ break）（%）	1～10	3～10	2～5	10～5
楊氏係數（MKP）				
衝擊強度（Izod impact）（J/M）	<0.5	3～10	<0.5	6～20
熱變型（head distoration）溫度@0.46MKP（℃）	100	70	85～105	90～130
介電常數（dielectric constant）				
@60～100Hz	2.5～3.5	2.5～3.5	2.5～3.5	2.5～3.5
@1MHz	2.3～3.6	2.3～3.6	2.3～3.6	2.3～3.6
介電強度（dielectric strength）（kv/mn）	10～25	10～25	10～25	10～25
體積電阻（volum resistance）（Ω cm）	>10^{16}	>10^{16}	>10^{16}	>10^{16}

　　和 PE、PP 及 PVC 不同，苯乙烯系列的聚合物均是硬的材質，故而極少膜類的產品，而是以射出成型和擠出成型的片和板材為主。相對於加工性質、物理強度和外觀的不同，它們的用途如下：

- PS：具有透明、高光澤和容易加工的優點，和抗衝擊性差的缺點，一般利用其出色的外觀作為日常用器，如盤、瓶、燈光幅真、包裝、裝飾等用途，和容易加工的性質來大量製作形狀複雜而不需要高強度的產品，如玩具。在以出口為導向的地區，例如廣東沿海地區，玩具是 PS 最大的市場。

- SAN：透明，強度高於 PS 而加工性不及 PS，用途與 PS 及 ABS 重疊，而用量不是很多。

- HIPS：多用於小型家電用品的外殼。

- ABS：在中國和東南亞，ABS 用於中、大型家電，例如電視外殼、冰箱的襯裡、吸塵器的殼等。已發展國家 ARS 的用途分佈如表 8-8，近年來 ABS 始進入建築材料市場例如管路等，取代部分 PVC 的市場。

表 8-8　ABS 的市場分佈（%）

	家電用品	汽車，機械	一般用品	建材	其他
美國	12	23	21	15	29
西歐	24	22	29	4	21
日本	40	30	26	－	4

8.4　工程塑膠

若干熱塑膠具有工程材料的性質（強度較高，可長期在相對高的溫度使用），可以取代其他的材料而用於結構，稱之為工程塑膠，這些性質是：

- 在某一定的受力範圍之內，應力（stress）與應變（strain）的關係為一定值。如果此一條件不成立（即是如果應力、應變間的關係無法預測），則無法設計所需材料的尺寸，所以無法用於需受力的地方。
- 具韌性（toughness），即剛柔適中的性質。

尼龍、聚酯、聚醛、聚苯醚（polyphenylene oxide, PPO）和聚碳酸酯（PC）是用量比較大的工程塑膠，分述如下：

8.4.1　尼　龍

商業生產的尼龍有下列各類。

- 尼龍 4/6（poly tetramethylene adipamide）

$$-[\,NH(CH_2)_4NH-\overset{O}{\overset{\|}{C}}O(CH_2)_4\overset{O}{\overset{\|}{C}}O\,]_n-$$

- 尼龍 6/6（poly hexamethylene adipamide）

$$-[\,NH(CH_2)_6NH-\overset{O}{\overset{\|}{C}}O(CH_2)_4\overset{O}{\overset{\|}{C}}O\,]_n-$$

·尼龍 6/9（poly hexamethylene ajelamide）

$$-[\;NH(CH_2)_6NH-\overset{\overset{\displaystyle O}{\|}}{C}O(CH_2)_7\overset{\overset{\displaystyle O}{\|}}{C}O\;]_n-$$

·尼龍 6/10（poly hexamethylene sebacamide）

$$-[\;NH(CH_2)_6NH-\overset{\overset{\displaystyle O}{\|}}{C}O(CH_2)_8\overset{\overset{\displaystyle O}{\|}}{C}O\;]_n-$$

·尼龍 6/12（poly hexamethylene dedecanedioamide）

$$-[\;NH(CH_2)_6NH-\overset{\overset{\displaystyle O}{\|}}{C}O(CH_2)_{10}\overset{\overset{\displaystyle O}{\|}}{C}O\;]_n-$$

·尼龍 6（poly caprolactan）

$$-[\;NH(CH_2)_5\overset{\overset{\displaystyle O}{\|}}{C}O\;]_n-$$

·尼龍 11（poly 11-aminoundecanoic acid）

$$-[\;NH(CH_2)_{10}\overset{\overset{\displaystyle O}{\|}}{C}O\;]_n-$$

·尼龍 12（poly 12-aminoundecanoic acid）

$$-[\;NH(CH_2)_{11}\overset{\overset{\displaystyle O}{\|}}{C}O\;]_n-$$

　　在上列聚合物中，尼龍6和6/6占總產量的80%強。約80%的尼龍用作人纖，20%用作塑膠。作為人纖用尼龍的分子量約在 15,000～18,000，而用作塑膠或工

業用纖維（例如胎簾布）的則在 40,000 以上。尼龍 6、6/6、11 和 12 的性質如表 8-9。

表 8-9　尼龍的性質

	尼龍 6	尼龍 6/6	尼龍 11	尼龍 12
Tg，℃	40	50	40	36
Tm，℃	225	260	215	210
密度（density）（g/cm³）	1.13	1.14	1.04	1.02
拉伸（tensile）強度（MKP）	76	80	38	46
斷裂伸長率（elongation @ break）（%）	50～100	80～100	300	200
楊氏係數（MKP）	2,800	3,000	1,400	1,400
衝擊強度（lzod impact）（J/M）	53	30～50	95	100
熱變型（head distoration）溫度@0.46MKP（℃）	160～180	200	150	140
飽和吸水率（wt%）	9.5	8	2	1.8

尼龍有如下的特性：
- 高強度，及抗變形。
- 熱變型溫度很高。
- 摩擦係數很低，即是抗摩耗。
- 在聚合物之中，尼龍的吸水率很高，分子中含有 NH 基的相對量愈高，吸水率愈高。在吸水之後，強度急劇下降。
- 為高結晶度的聚合物。在加熱成型之後由於分子重新組合排列成晶體，成型品的尺寸會收縮。

尼龍中可以加入 10～40%的玻璃纖維，在加入玻璃纖維之後，在性質上有下列變化：
- 強度增加 50～300%；強度模數增加 200～400%。
- 熱變型溫度和可使用最高溫度提高約 50℃。
- 吸水率和收縮率依加入纖維的量而相對減少。
其它的聚合物中加入玻璃纖維的效果相類似。

尼龍廣泛用於汽車的零件，如駕駛盤、後視鏡框、保險桿等；同時用作軸承、齒輪、機具的外殼。

尼龍 6 和 6/6 之外的尼龍產品，目前僅有美國、西歐和日本生產。尼龍 6、6/6、10 加 12 用量之比約為 5：4：1。

尼龍類塑膠（6、6/6、10、12）在美國、西歐和日本的用途分佈如表 8-10。

表 8-10　Nylon 類塑膠的用途分佈，%

	美國	西歐	日本
單絲及片材	17	21	24
汽車	33	32	34
電子及電器	17	24	18
機械	16	14	12
其他	17	9	12

8.4.2　聚　酯

聚酯類聚合物包含 PET（poly ethylene terephthalate）和 PBT（poly butylene terephthalate）兩類，其分子式如下：

$$PET：\left[\begin{array}{c} O \\ \| \\ C \end{array} - \bigcirc - \begin{array}{c} O \\ \| \\ C \end{array} - O - (CH_2)_2 - O \right]_n$$

$$PBT：\left[\begin{array}{c} O \\ \| \\ C \end{array} - \bigcirc - \begin{array}{c} O \\ \| \\ C \end{array} - O - (CH_2)_4 - O \right]_n$$

PET 是用量最大的人纖，其中的非纖維用量約為 10～15%。而 PBT 則全用於塑料。PET 和 PBT 的性質如表 8-11。

⌛ 表 8-11　PET 和 PBT 的物性

	PET		PBT	
	未加玻璃纖維	加玻璃纖維	未加玻璃纖維	加玻璃纖維
Tg，℃	70	—	45	—
Tm，℃	260	—	210	—
密度（density）（g/cm³）	1.27	>1.6	1.3～1.5	>1.6
拉伸（tensile）強度（MKP）	48	130～160	55	150
斷裂伸長率（elongation @ break）（%）	220	2～3	50～150	1～3
楊氏係數（MKP）	2,000	5,000～9,000	2,300	11,000
衝擊強度（Izod impact）（J/M）	0.4	6～9	53	187
熱變型（head distoration）溫度@0.46MKP（℃）	170	220～240	154	217

PBT 和 PET 相比較，PBT 結晶過程快，比較容易成型，同時抗衝擊性能比較好，使用溫度則較低。

PET 的非纖維用途有：

容器，例如寶特瓶：　佔總量的 10%

膜，例如錄音、影帶：佔總量的 2%

其他工業用途：　　佔總量的 1%

PBT 在美國、西歐和日本的用途分佈如表 8-12。

⌛ 表 8-12　PBT 的用途分佈為所占%

	美國	西歐	日本
汽車、交通工具	47	35	19
電子、電器	27	45	48
機械工業	13	10	11
其他	13	10	22

8.4.3 聚 醛

聚醛（polyformaldehyde 或 poyloxymethylene, POM）是聚醚類中的一種，其均聚物的分子式為：

$$-(CH_2O)_n-$$

共聚物的加工性比較好，其分子式為：

$$-(CH_2O)_n-(CH_2OCH_2CH_2)_m- \quad n \gg m$$

POM和尼龍相同，具有自潤滑性和耐摩性，同時具有良好的剛性、耐蠕變性和疲勞性。其一般性質如表 8-13。

⏳ 表 8-13　POM 的性質

Tg，℃	−90
Tm，℃	140
密度（density）（g/cm³）	1.21
拉伸（tensile）強度（MKP）	60
斷裂伸長率（elongation @ break）（%）	40～70
楊氏係數（MKP）	2,800
衝擊強度（Izod impact）（J/M）	30～8
熱變型（head distoration）溫度@0.46MKP（℃）	160

POM 在亞洲（日本以外）最大的用途是作為拉鏈，POM 的其他用途則以取代鋅、銅和鋁用作軸承、滑板導板、把手、外殼等。

8.4.4 聚苯醚

聚苯醚（polyphenylene oxide, PPO）的分子式是：

均聚物加工困難，故而在 PPO 中摻入加工性質優良的 PS 而稱之為 MPPO
（modified PPO）。PPO 和 MPPO 的一般物理性質如表 8-14。

表 8-14　PPO 和 MPPO 的物性

	PPO		MPPO	
	不加 玻璃纖維	加 玻璃纖維	不加 玻璃纖維	加 玻璃纖維
Tg，℃	220	—	—	—
Tm，℃	340	—	—	—
密度（density）（g/cm³）	1.06	>1.2	1.06	>1.2
拉伸（tensile）強度（MKP）	70～80	110	60～65	100～120
斷裂伸長率（elongation @ break）（%）	50～80	4～6	20	4～6
楊氏係數（MKP）	2,500	6,000～8,000	2,000～3,000	5,000～8,000
衝擊強度（Izod impact）（J/M）	80～100		70	
熱變型（head distoration）溫度@0.46MKP（℃）	140	160	100～140	140～160

在改善加工性質之後，MPPO 的市場發展非常迅速；它可以取代銅用於機電
製品的齒輪、軸承和機械聯結部分；用於潮濕而有負載的電絕緣、防腐蝕的化工
設備如管件等。在美國、西歐和日本，PPO 及 MPPO 的用途分佈如表 8-15。

表 8-15　PPO 的用途分佈，%

	美國	西歐	日本
電子、電訊	19	33	23
OA 機具	21	11	50
汽車	42	29	20
其他	18	27	7

8.4.5 聚碳酸酯

目前工業化的聚碳酸酯是指 polycarbonate of 2, 2 bis（4-hydroxy-phenyl）propane，其分子式如下：

PC 的物理性質如表 8-16。

⧗ 表 8-16　PC 的物理性質

	未加填充料	加入 10～35%的玻璃纖維
Tg，℃	140	
密度（density）（g/cm³）	1.2	>1.3
拉伸（tensile）強度（MKP）	>65	70～100
斷裂伸長率（elongation @ break）（%）	>110	3～8
楊氏係數（MKP）	2,300	3,500～9,500
衝擊強度（Izod impact）（J/M）	>35	6～15
熱變型（heat distoration）溫度@0.46MKP（℃）	140	>150

和其他的工程塑膠相比較，PC 最突出的性質是其高抗衝擊性和透明性，廣泛用於通訊、電子、事務機的外殼和內部零件，以及光電產品如 VCD 光碟等，這是台灣用量最大的用途。同時亦開始代替部分玻璃用作建材。PC 在美國、西歐和日本的用途分佈如表 8-17，其中醫用是指用作眼鏡鏡片，片材的用途包括建材。

表 8-17 PC 的用途分佈，所占%

	美國	西歐	日本
電子、電器、光碟	52	31	41
運輸、機械	18	6	19
片材	6	57	19
醫用	12	3	5
其他	12	3	19

PC 的亞洲市場以用作光碟和建材為主。

8.4.6 其他高性能塑膠

除了前列五類用量較大的工程塑膠之外，其他已商業化高性能聚合物有：含氟聚合物、聚碸（polysulfone）、聚芳醚酮（polyether-ether ketone, PEEK）、聚苯硫醚（polyphenylene sulfide, PPS）和聚醯亞胺（polyimide）。這些聚合物大部分均可長期在 150℃ 以上長期應用，現分述如下。

8.4.6.1 含氟聚合物

含氟聚合物的商業化產品中包含有：PTFE（poly tetrofluoroethylene）、PVF（poly vinyl fluoride）、PVDF（poly vinyl deiene fluoride）、PCTFE（poly chloro trifluoro ethylene）、FEP（poly tetra fluoro ethylene-cohexafluoropropylene）、PFA（tetra fluoro ethylene-co-perfluoropropylvinylether）和 ECTFE（poly chlorotrifluoroethylene-co-ethylene）。其中 PTFE 占總量的 75%，它用量較大的有 PCTFE、PVF 和 PVDF。

PTFE 為高結晶（比重 2.15～2.18）聚合物，具有優良的電絕緣性質和低摩擦係數，可長期使用於 250℃，在熔點以下不受溶劑或化學品的影響。它的用途包括電絕緣、抗腐蝕的化工、化學品材和需要耐摩擦的地方。

PTFE 的 Tm 約在 300℃，即使在熔化之後黏度異常高，而其分解溫度約在

350℃，故而不能用一般的加工方法如射出成型等方法來加工。同時其成型時的收縮率高到 10%。故而其成型方法是先擠成棒材或片材之後，再用機械方法加工。

其他的氟聚合物均是以減少氟的含量或是加入減少分子鏈規則性的成分來減少其分子間的作用力，犧牲物理性能，而改善其加工性能。

8.4.6.2 聚碸

聚碸（polysulfone）是指在鏈中含有 SO_2 基的聚合物，商業化的產品共有三類：

1. 以雙酚 A（bisphenol A polysulfone）為主要單體，其分子式如下：

例如聯碳公司（Union Carbide, UCC）的 Udel。

2. 聚芳碸（polyarylsulfone），分子式為：

例如 3M 公司的 Astrel 360，ICI 公司的 PES-720P。

3. 聚醚碸（polyether sulfone, PES），分子式為：

例如 ICI 公司的 PES200P 和 300P。

　　三類聚碸均具有良好的機械性能和電性能，成型後尺寸穩定，抗化學性強，吸水率低。差別在能長期使用的溫度和加工性。

　　雙酚 A 聚碸的綜合性能最好，容易加工，可長期使用於 150℃。聚芳碸可長期在 240℃使用，但是加工困難，多半用溶液法製成膜使用。

　　聚醚碸的性質則介於上述二者之間，可長期在 180℃使用。

　　聚碸用於高溫電絕緣、機械零件、軸承、外殼等。

8.4.6.3　聚芳醚酮

聚芳醚酮（poly ether ketone, PEEK）的分子式是：

$$\left[\!-O\!-\!\!\bigcirc\!\!-O\!-\!\!\bigcirc\!\!-\overset{\displaystyle O}{\underset{\displaystyle }{C}}\!-\!\!\bigcirc\!\!-\right]_n$$

　　PEEK 是結晶性聚合物，具有良好的機械、電絕緣和抗化學性。可以長期在 200℃使用，在加入玻璃纖維後，使用溫度更可提高到 300℃左右。主要供應者是 ICI 公司。

8.4.6.4　聚苯硫醚

聚苯硫醚（poly phenylene sulfide, PPS）的分子式是：

$$\left[\!-\!\!\bigcirc\!\!-S\!-\right]_n$$

　　PPS 可長期在 250℃使用，耐化學品和電絕緣性質良好，具有自熄性，剛性好而易脆，必須加入玻璃纖維之類的補強材料以增進其抗衝擊性。

　　在本節所列的各項高性能聚合物中，以含填充料的 PPS 的售價最低，除了用作耐溫、耐酸的器具之外，也同時用作半導體和 IC 的封裝，汽車頭燈的反光座，以及取代若干傳統用酚樹脂製造的產品，例如吹風機上的導流葉片等。

8.4.6.5 聚蒽亞胺（polyimide, PI）

凡是在環形主鏈上含有—N$\begin{smallmatrix}CO—\\CO—\end{smallmatrix}$基的聚合物，均稱之為 PI。其基本組成是由二酐（dianhydride）與芳香族的二胺（aromatic diamine）或二異氰酸（diisoc-yanate）縮合而得。例如：均苯四甲酸二酐（pyromellitic dianhydride, PMDA）和 4, 4-二氨基二苯醚（4, 4-diamino diphenyl ether, ODA）縮合：

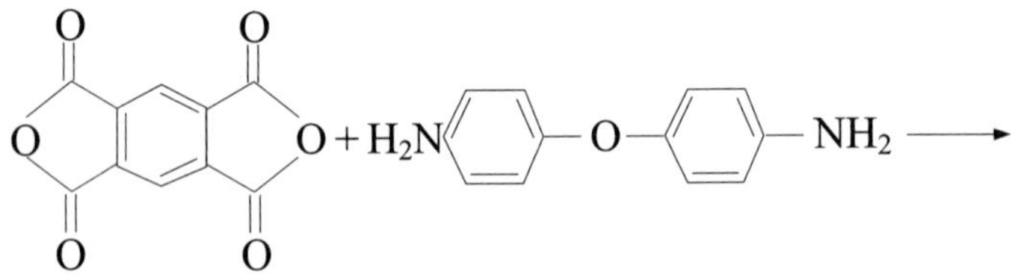

PMDA   ODA

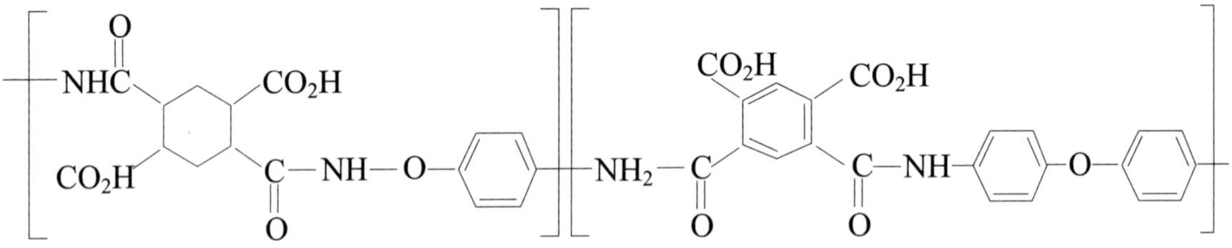

Polyamic Acid

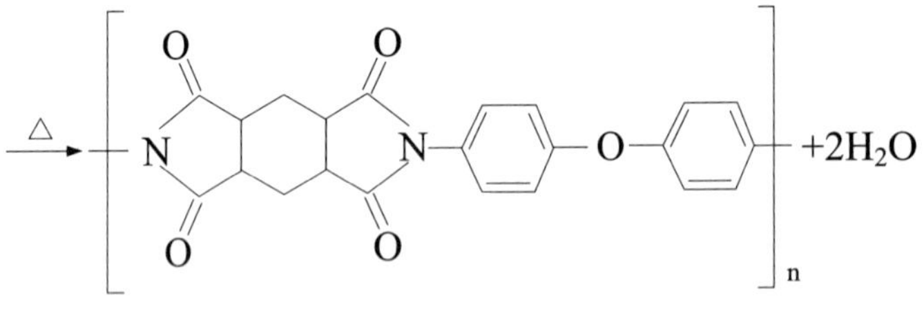

PI

PI 不溶於溶劑，本身亦不熔化，而 polyamic acid 則可在溶液型態製成膜，或用作黏著劑或電線的絕緣塗料，或是形成最終產品的型態，然後再加熱而完成 imidization。在這種型態下的PI，具有絕佳的耐熱性質，可以長期使用在300℃，同時耐摩擦抗氧化、溶劑等性質亦優良，但是酸或鹼均可使PI分解，而且加工困難。

PI系列中的其他產品，包含有聚醚醯亞胺（polyether imide, PEI）、聚醯胺—醯亞胺（polyamide-imide）和聚酯—醯亞胺（polyester-imide）等，其目標均是改進其加工性，而能用一般的加工方法成形，但是耐熱性較差。PI是目前用途較廣的耐高溫塑料。

8.5 熱固類樹脂

在本章中本節以前所討論到的塑膠，其分子結構和組成基本上是完全由塑膠原料製造工廠在聚合過程中所決定，塑膠加工業者將這些原料加熱到能流動或變形後成型為產品，其間或許添加了可以改良性質的添加劑，例如填充料、增強劑、抗老化劑、紫外線吸收劑、發泡劑，和方便加工的助劑之外，聚合物的分子組成和結構在加工過程中變化不大。這些聚合物稱之為**熱可塑類**（thermoplastic），即是在加熱之後即可塑造成型的性質，在加工過程中化學結構基本上不改變。

本節中所要討論的**熱固類**（thermosetting）聚合物，是在受熱之後會交聯（crosslink）或固化（curing）為一巨大分子因而定形的聚合物。所謂的固化是指藉由化學鍵之間的**交聯**（cross link）而形成分子量極大的聚合物來定型。在固化之後，聚合物具有網狀的鍵結構，而分子也巨幅增長到極大（一條橡皮筋、輪胎都是一個分子），變成為不溶於溶劑，而且不能形成流體（分解溫度低於分子可以自由運動流動的溫度）。由於是網狀的鍵結構和極高的分子量，熱固類聚合物的強度一般均高於熱塑類塑膠，其耐溫性質優於一般的泛用和工程塑膠，但不及若干高溫塑膠如PI或PPS。

在固化之後，加工即變得非常困難，故而：
・熱固類樹脂均以低分子量的可流動的流體或低熔點的固體的**預聚物**（prepolymer）型態供應給加工業者，由加工業者添加交聯劑、補強材料等，在

成型時完成固化。

- 固化的條件和過程基本上是控制在加工業者的手中，即是和熱塑類聚合物相比較，加工業者對成品的品質更具決定性。
- 固化是化學交聯反應，其間涉及到熱傳等問題，需要一定的時間，是以熱固類聚合物加工所需要的時間比熱塑類聚合物要長很多。

和金屬等其材料相比較，

- 作為結構材料時，熱固類聚合物會和纖維作成**複合材料**（composite），一般通稱為**FRP**（fiber reinforced plastic）。所用的纖維以玻璃纖維和碳纖維為主要。玻璃纖維 FRP 的比重低於 2，碳纖維在 1.2 左右，均遠低於金屬的比重。即是由熱固類聚合物所組成的FRP材料，其〔強度／重量〕比遠大於金屬材料，是輕而強的結構材料，適用於航空等用途。FRP 是非金屬，是電絕緣體、不干擾電波，不具磁性，這是金屬材料不具有的性質。
- 熱固類聚合物的成型週期比金屬長，但是模具（tooling）費用和金屬相比較很低，可做出形狀複雜的產品。適於生產形狀複雜、量不大的產品。

要再強調，加工業者的能力，是決定熱固類聚合物成品的品質的關鍵。即使是看似簡單的混摻（compounding）步驟，對產品品質的影響極大。原料和配方基本上是相同的輪胎，混摻均勻的產品，其性質亦均勻，可使用的壽命，比混摻做得不好、品質不均勻的壽命，高出數倍。按：性質不均勻的產品，必有較弱的部份存在，首先在使用過程中損耗，在弱的部份耗失之後會導致強的部份加速耗失。

熱固類聚合物配方（formulation）的變化多。不同的配方所得到的產品和不同交聯硬化條件所得到的產品，其性質均不相同。目前主要的熱固類聚合物有不飽和聚酯（unsaturated polyester）環氧（epoxy）和聚氨酯（poly urethane, PU）三類。PU 將在發泡聚合物中討論。

8.5.1 不飽和聚酯樹脂

如果用含有雙鍵的二元酸去和二元醇酯化，所得到的聚酯聚合物即含有雙鍵，再在樹脂中加入乙烯基單體，這些單體即可與聚酯中的雙鍵聯結而形成網狀結構，這一類的樹脂稱之為不飽和聚酯樹脂。在實務上是以配方中飽和及不飽和二元酸的比例，來控制交聯的密度，是以不飽和聚酯樹脂是由下列四種成分所構成：

1. 二元醇：以 1,2-丙二醇（1,2-propylene glycol, PF）為主，其他的有乙二醇、丁二醇（butane diol）、一縮二乙二醇（diethylene glycol, $(HOCH_2CH_2)_2O$）和一縮二丙二醇（dipropylene glycol, $(CH_3C(CH_3)H-CH_2)_2O$）等會增加韌性，分子量大的二元醇例如雙酚 A、氯化雙酚等則可增進耐熱性質。

2. 不飽和二元酸：以順丁烯二酸酐（maleic anhydride）和反丁烯二酸（fumaric acid）為主，反丁烯二酸的聚合物的性能優於順丁烯二酸。

3. 飽和二元酸：以鄰苯二甲酸酐（phthalic anhydride, PA）為主，其他的包括間苯二甲酸和對苯二甲酸等，己二酸（adipic acid）可以增加韌性，3,6-內亞甲基四氫鄰苯二甲酸酐（nadic anhydride）增加耐溫性；四氯鄰苯二甲酸酐（tetra chloro phthalic anhydride），和 3, 6-內二氯甲基四氯鄰苯二甲酸（chlorendic acid）等則增加耐燃性。

4. 單體以苯乙烯為主，其他的包括增加耐侯性質的 MMA，增加耐溫性質的 DAP（diallyl phthalate）和 TAC（triallyl cyonurate）。

製造過程是將飽和及不飽和二元酸，及二元醇縮合至分子量約為 2,000 左右，然後加入單體，即得到流體狀態的預聚物樹脂。在硬化時，要加有機過氧化物（organic peroxide）作為起始劑，有機過氧化物分解為自由基的溫度，即是硬化溫度。不飽和聚酯樹脂具有下列特性：

• 如前述，不飽和聚酯樹脂組成的變化極多，性質範圍涵蓋很廣。

• 利用不同類的有機過氧化合物和促進劑，可以在室溫至高溫硬化。

• 在加入玻璃纖維之後，其物理強度高過金屬，而強度與重量比則遠高於金屬。

基於這些性質，不飽和聚酯樹脂一般多與玻璃纖維合用，製作**玻璃纖維強化**（glass fiber reinforced plastic, FRP 或 GFRP）產品，包括：

- 利用可在室溫下硬化的性質，製大型產品，例如船。
- 將樹脂與纖維混配成片狀模壓料（sheet molding compound, SMC），然後模壓成浴室、門窗、汽車車身等中型產品。
- 將樹脂與短纖維混配成流動性比 SMC 好的模壓料（bulk molding compound, BMC），然後模壓成例如 PC 外殼、鍵盤座、電插座等中小型製品。
- 利用絲纏繞（filament winding）法製造大口徑管。

8.5.2 環氧樹脂

聚合物的兩端或是鏈中具有環氧基（$\underset{CH_2-CH-}{\overset{O}{\diagdown\diagup}}$），而交聯是在環氧基上發生的樹脂，均統稱之為**環氧樹脂**（epoxy resin）。大部分的環氧樹脂是以**環氧氯丙烷**（epichlorohydrin）和**雙酚 A**（bisphenol A）縮合而得：

epichlorohydrin   bisphenol A

DGEBA

　　預聚的聚合度，n＝0 至 12，n 在 1.5 或以下時，樹脂為流體，n＞2 則為低溶點的固體。前列樹脂，亦稱之為 DGEBA（diglycidyl ethers of bisphenol A），約占環氧樹脂總量的 90%。

　　從 DGEBA 的分子結構可以看出交聯可能發生在環氧基上，或是在羥基—OH上，前者多發生在以胺（amine）類為硬化劑上，而後者則是發生在以二元酸為硬化劑時，同時如果使用路易酸，例如 $BF_3 \cdot MEA$ 作為催化劑時，DGEBA 自身交聯硬化。

環氧樹脂的性質範圍很大，原因是：
- 由環氧氯丙烷可以與一系列含有二個羥基的分子反應，其範圍從線型Novolak 預聚物到丁二醇，均可以聚合成環氧樹脂，其間性質範圍很大。
- 可以用作硬化劑的化學品，種類很多，由於硬化劑的分子結構在硬化時加入到網狀結構之中，故而硬化劑的種類也會影響最終產品的性質。
- 在硬化時可以加入不同帶有環氧基或胺基的化合物作為增韌或改質劑，更拓大了性質範圍。

基本上，環氧樹脂具有下列特性：
- 優良的電絕緣性質和物理強度。
- 抗化學品以及抗腐蝕和抗紫外線臭氧等。
- 優良的黏著性。
- 可以在室溫或是高溫硬化。
- 硬化時的收縮率低。

它的用途包括：
- 積層板（liminate），包括印刷電路板。
- 電絕緣用，例如 IC 封裝。
- 與碳纖維等製成複合材料（composite material），其強度和強度重量比均高於由不飽和聚酯樹脂所製成的FRP產品。環氧樹脂和碳纖維的產品包括飛機的結構件，例如螺旋槳和運動器材，如球拍和球桿等。在 2000 年之後

上市的大型飛機，例如 Air Bus 380 和 Boeing 787 均用環氧樹酯和碳纖維的 FRP 作為機身。即是其可靠性已得到公認。

- 塗料，主要的是用於工廠用的保護油漆，公共場所等高使用率地點的地面塗料，和酚樹脂調配的罐頭內層源，以及管線的防銹塗料等。
- 模壓製品，包括電子零件的封裝。
- 結構和一般用途的黏著劑。
- 土木結構的補強和修補，由於硬化後的環氧樹脂強度比水泥高 10～15 倍，硬化時間比水泥短，同時又可以用液態注入縫隙等優點，此項用途很重要。

8.5.3　熱固類樹脂的展望

酚樹脂和氨基樹脂是最早商業化生產的聚合物，由於相對的加工時間比較長，其若干用途均已被熱塑類聚合物所取代。例如早年的電話機為黑色，是由酚樹脂模壓而成，目前的電話機則是用 ABS 來製作的。熱固類樹脂目前和熱塑類聚合物相比較，是具有熱塑類聚合物不能達到的強度，熱塑類聚合物有耐高溫的聚合物，但是加工非常不易，而且價格很高，基本上在高溫而且需求強度的用途方面不能和熱固類競爭。自 2000 年以來，環氧樹酯和碳纖維所組成的複合材料，開始從軍用飛機走向大型民航機，如果能進一步再增加價格上的競爭力，是極具市場發展性的。

熱固類聚合物的生產設備比較簡單，但是，如本節所敘，影響品質的因素多而複雜。對樹脂生產者和加工業者來說，都是易學而非常難精的材料。

8.6　發泡樹脂

如果在成型時，即聚合物是在容易變形的狀態時，例如流體，加入*發泡劑*（blowing agents 或 foaming agents），幾乎所有的聚合物均可形成發泡的產品，發泡的目的是為了要減少比重。發泡產品一般占聚合物用途中的小部分。

在本節中所要討論的是以發泡為目的而設計的兩類聚合物：發泡級聚苯乙烯（expendable polystyrene, EPS）和聚胺酯（polyurethane, PU）。前者 100%用於發泡，後者有 80%用於發泡產品。

8.6.1 發泡級聚苯乙烯

使用懸浮（suspension）法聚合，而且在聚合過程或是在聚合完成後加入溶劑使得 PS 粒子中含有沸點在 60～70℃的溶劑，例如正戊烷和正庚烷，即是 EPS。EPS粒子在受熱到 100℃以上時，PS 達到 Tg、容易變形，粒子中的溶劑汽化而使 PS 發泡形成低密度的產品。

EPS是價格低廉的發泡聚合物，主要用途是用作保護性包裝，例如家電產品，以及隔熱和消音之用。

由於EPS中含有液態的發泡劑，必須貯放在 20℃或以下，同時不能久存，是以生產 EPS 的工廠一般均設立在距下游用戶不遠的地方。單廠的產能一般不超過每年 10 萬噸。

8.6.2 聚胺酯樹脂

異氰酸酯（isocyanate）與聚多元醇（polyhydroxy, polyol）的化合物分子鏈中

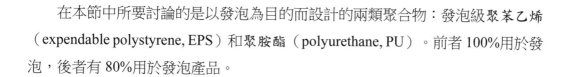

含有—C—N—基，統稱為聚胺酯 PU。完整樹脂的成份包括：異氰酸酯與 polyol 聚合成預聚物，拓鏈劑（chain extender）以及催化劑，各類主要成分是：

- **異氰酸酯**：依次以 TDI（toluene diisocyanate）、MDI（diphenylmethane diisocyanate）、PMDI（polymeric diphenylmethane diisocyanate）為主，其他的有 NDI（naphthalene diisocyanate）、HDI（hexamthylene diisocyanate），以及環烷的異氰酸酯。
- **polyol**：主要成分為聚醚（polyether polyols, PEP）和聚酯（polyester polyol, PESP）兩大類，而以 PEP 用量占大多數。

(1) PEP 是以聚丙二醇為主，其線型結構者化學式是：

$$HO-CH-CH_2-O-\left[CH_2-CH-O\right]_n-CH_2-CH-OH$$
$$\quad\ \ CH_3 \qquad\qquad\qquad CH_3 \qquad\qquad\quad CH_3$$

如加入 EO，則在兩端 CH_3 為 H 取代，具有較高的活性。交聯後的結構是（在使用甘油作為聚合的起始劑時）。

$$HO-CH-CH_2\left[O-CH-CH_2\right]_x O-CH_2$$

PEP中所含有的OH基（和OCN的交聯點）數量可以用起始劑來改變，一般為 2～8 個。PEP 的分子量一般在 250～8,000 之間。分子量、鏈結構，以及所含羥基的數量，均對產品的性質有影響。

另一類重要的 PEP 是 PTMG（polyloxytetramethylene）和 PTHI（polyltetrahydrofuran）。

(2) PESP基本上是由雙基酸和二元酸的酯化縮合物，分子量一般在 2,000～4,000，天然castor oil 亦為含有三個羥基的酯類，用於塗料和黏著劑用的PU。

‧**拓鏈劑**：以二元胺和二元醇為主。

‧**催化劑**：以 tertiary aminie 為主。

　　約 50% 的 PU 用作軟性發泡產品，在軟性發泡之中，約 60% 直接用於家具，35% 用於交通工具，另有 5% 用於包裝和隔音。另有 30% 的 PU 用於硬質發泡，其功能是保溫和消毒。

　　在聚合物之中，PU 系列是唯一涵蓋了熱可塑和熱固型、塑膠橡膠和人纖類的聚合物。其他主要的用途包含有：人造皮、塗料、黏著劑、運動跑道、彈性纖維等。

Chapter 9

人造纖維

　　本章說明了纖維的分類，主要的人造和半人造纖維性質的比較和生產流程，以及它們在國民經濟中的重要性和今後發展的方向。

　　本章作者為郭東瀛博士，徐武軍補 9.2 節。

9.1 緒　言

　　如眾所周知，棉纖維來自棉花，羊毛纖維來自綿羊，絹絲來自桑蠶，石棉纖維來自岩石，通稱這些來自自然界現成的纖維為天然纖維（natural fiber）。除此之外，舉凡須經人類再加工才能製取的纖維皆稱之人造纖維（man-made fiber，以下簡稱人纖），例如：螺縈纖維（rayon fiber）、醋酸纖維（acetate fiber）、聚醯胺纖維（耐隆，polyamide fiber）、聚酯纖維（特多龍，polyester fiber）、聚丙烯腈纖維（亞克力，polyacrylonitrile fiber）、聚丙烯纖維（polypropylene fiber）、碳素纖維（carbon fiber）、聚氨酯纖維（spandex 彈性纖維，polyurethane fiber）等。人造纖維的製得，是將能製造出人造纖維的原料，先製成屬線性的纖維級聚合物（fiberic polymer），其次將之溶解或熔解成纖維紡絲液（fiber spinning fluid），經擠壓出（extrusion），通過紡嘴組合盒（spin pack）和紡絲噴口（spinnerette）的纖維成形（fiber formation），而固化結晶為初始纖絲（nescent filament），再經延伸（drawing）為部分延伸紗（partial oriented yarn）或全延伸紗（full oriented yarn），又經捲曲（crimping）和牽切（draft-cut）及上油（oiling），即製得棉狀短纖（staple fiber）；如直接上油捲取成絲餅，即製得部分延伸或全延伸短纖（staple fiber）；如直接上油捲取成絲餅，即製得部分延伸或全延伸紗；部分延伸紗則還須經延伸縮鬈（draw-texturing）加工成為加工紗（textured yarn），才能供紡織使用。這一系列的工業生產行業便是人造纖維工業（man-made fiber industry）。

　　這些人造纖維當中，以天然纖維為主體原料如纖維素（cellulose），所生產得的螺縈，即屬再生纖維（regenerated fiber），又另加入其他非天然纖維成分如醋酸所生產得的醋酸纖維，即屬半合成纖維；而完全由非天然纖維原料如對苯二甲酸和乙二醇所生產得的聚對苯二甲酸二乙酯纖維，即屬合成纖維。常見的人造

纖維的分類如表 9-1，原料來源如表 9-2。

⧖ 表 9-1 人造纖維分類表

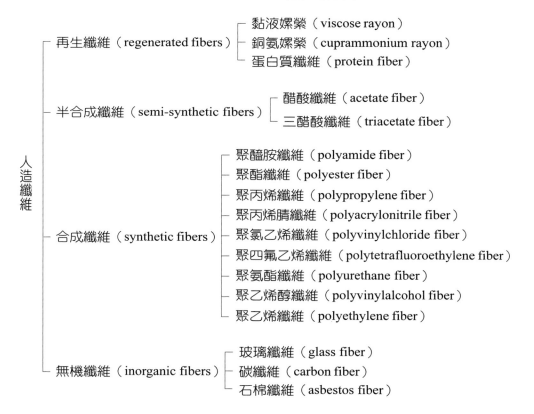

⧖ 表 9-2 人纖的主要原料

人造纖維	主要原料	原料來源
嫘縈（rayon）	可溶性紙漿，短棉纖（cotton linters）	紙漿工業，農業
醋酸纖維（acetate fiber）	可溶性紙漿，短棉纖，醋酸，醋酸酐	紙漿工業，農業，石化工業
銅氨纖維（cuprammonium rayon）	短棉纖，液氨	農業，石化工業
聚醯胺 6 纖維（Nylon 6）	己內醯胺（CPL）	石化工業
聚醯胺 6/6 纖維（Nylon 66）	己二胺（HMDA），己二酸（AA）	石化工業

表 9-2　人纖的主要原料（續）

人造纖維	主要原料	原料來源
聚酯纖維（polyethylene ter-ephthalate fiber）	對苯二甲酸（PTA）或對苯二甲酸二甲酯（DMT），己二醇（EG）	石化工業
聚丙烯腈纖維（polyacrylonitrile fiber）	丙烯腈（AN）	石化工業
聚丙烯纖維（polypropylene fiber）	丙烯	石化工業
聚氨酯纖維（polyurethane fiber）	甲苯基二異氰酸鹽（TDI 或 MDI），多元醇（1, 4BE 或 PTMEG）	石化工業
聚乙烯醇纖維（polyvinyl alcohol fiber）	乙烯醇	石化工業
碳纖維（carbon fiber）	聚丙烯腈纖維，瀝青纖維，酚纖維	石化工業

表 9-3 是天然纖維和人造纖維性質的比較。

表 9-3　合纖的優缺點

	天然及再生纖維	合成纖維
比重	較重	輕
乾濕物性差異	大	小
強力	小	大
伸度	小	大
韌性	小	大
彈性回復率	小	大
吸濕性	大	小
可塑定型性	無	有

　　表 9-1 中的再生纖維和半合成纖維的產量日益減少，合成纖維的用量依次為：聚酯、聚醯氨（尼龍）、聚丙烯和聚丙烯腈，以及聚氨酯、聚酯、尼龍及聚丙烯腈合稱三大人纖。無機纖維中的石棉已因有礙健康的原因禁用，碳纖維的用途在增加。

在 2010 年，人造纖維的總量，大略和天然纖維相當，其中聚酯纖維的量，約與棉的產量相當。

台灣因天候、土質、耕地面積等條件受限，所以只能全方位於人纖生產來滿足民生需求和厚植經濟成長，特別是合纖產銷以及成衣外銷。經歷自 1951～1969 年的初期發展，1970～1980 年的後續發展，1982 年至現在的近期發展，均不斷地分別自國外歐美的工程公司如 Chemtex、Karl Fisher、Zimmer、Lurgi、Didier、Inventa、Hitachi，和德日義國外廠家如 Toray、Teijin、Hoechst、Mitsuibishi Rayon、Sina Viscosa，引進新技術並加以消化應用擴產，已成為舉世舉足輕重的主要人纖生產大國。

9.2 人造纖維的性質

能作為纖維團的聚合物，必需能抽成細絲，同時，作為紡織品的纖維愈細（丹尼愈高），則其輕柔感愈佳。

要能抽成抽絲而不斷線，分子間的作用力必需要強，即是 Tg 和 Tm 要高。尼龍的分子鏈之間有氫鍵：

$$
\begin{array}{c}
\text{O} \\
\parallel \\
-\text{N}-\text{C}- \\
\mid \\
\text{H}
\end{array}
$$

是以尼龍見最早被發現的人纖。而丙烯腈的極性非常強，是以聚丙烯腈是合適做纖維的聚合物。聚丙烯亦如是。

聚酯的分子鏈是由苯環所組成，是液晶（liquid crystal），在受力時，分子鏈很容易沿力的方向呈線型排列，而有利於抽絲。在實務上，聚酯的抽絲速度最高。

聚酯纖維能和棉、毛混紡為紗，而尼龍不能。在天然纖維加入吸水率低的人纖，減低了織物的吸水率，因而改善了織物的「挺直」不起縐性能，也加強了織

物的強度和快乾性。這是聚酯在人纖中的用途廣，用量大的原因。

尼龍在中國大陸的名稱是「錦綸」，是具有如絲的光澤，而且強度高的纖維；其另一特點是其耐磨性好，缺點為吸水率高，吸水之後強度下降。用於需要強度的織物例如降落傘，帳蓬、風帆、背包、仿絲織物、內衣、高強度工業用織物。

聚丙烯腈（PAN）的觸感近似羊毛，用於仿羊織物。也用作生產碳纖維的原料。

聚丙烯纖維的優點有二：一是價格便宜，在可能的情況下，會取代其他纖維，例如用作襯裡；另一是吸水性極低，用於貼身的用品如尿布以保持皮膚乾燥。單一用量最大的是用作編織袋。

彈性纖維，如第十章所敘，必需是交聯聚合物，其生產過程比較複雜，如本章後文。

玻璃纖維的主要用途是用於同不飽和聚酯和環氧樹酯所組成的複合材料（composite materials），例如印刷電路板，汽車車體等。

碳纖維與環氧樹酯所組成的 FRP（fiber reinforced plastic）已用於波音 787 和空中巴士 3B0 的機體，即是全面接受作為結構材料。其用途會增加。

9.3　人造纖維製程

台灣當前有產銷的人造纖維，計有嫘縈纖維、聚醯胺 6 纖維、聚酯纖維、聚丙烯腈纖維、聚丙烯纖維、碳纖維、聚醯胺 6/6 纖維、聚氨酯纖維等八種，其生產年代如表 9-4 所示。製程分別敘述於下。

表9-4 我國各類人纖開始生產年代

	1957 年	1959 年	1964 年	1967 年	1969 年	1985 年	1987 年	1990 年	1994 年
嫘縈絲	✓								
嫘縈棉		✓							
聚醯胺 6 絲			✓						
聚酯棉				✓					
聚丙烯腈棉				✓					
聚酯絲					✓				
聚丙烯絲						✓			
聚丙烯棉							✓		
碳纖維							✓		
聚醯胺 6/6 絲								✓	
聚氨酯絲									✓

9.3.1 嫘縈纖維製程

嫘縈纖維製程主要可分：黏液製造、嫘縈絲製造、嫘縈棉製造等三部分，分別敘述如下。

9.3.1.1 黏液製造

將含 96%以上 α 纖維素之嫘縈紙漿，定速喂入調漿器中，浸漬在含 18%氫氧化鈉水溶液中，使之成為鹼化纖維素（alkali cellulose），並溶去半纖維素和雜質，鹼化纖維素經壓榨撕裂成纖維團，送入快速老成機（rapid ageing machine）加熱老成後，輸送至磺酸器（xanthation reactor），抽真空後注入鹼化纖維素重量 $1/10 \sim 2/10$ 之濃度 65%二硫化碳，黃酸化反應成深橘紅色膠狀之磺酸鈉纖維素（sodium cellulose xanthate），經真空脫臭後，加入濃度 $2 \sim 5\%$ 之溶解鹼，保持在 18℃以下攪拌，使黃酸鈉纖維素完全溶解成為黏液，儲存在 10℃以下 $8 \sim 10$ 小時使之成熟（ripening），經過濾、脫泡，再存於低溫儲槽至黏度不變，即為可供纖維製造用之成熟黏液。基本的化學反應式如下。

$$(C_6H_{10}O_5)_n + nNaOH \quad (C_6H_9O_4 \cdot ONa)_n + nH_2O$$

$$(C_6H_9O_4 \cdot ONa)_n + nCS_2 \quad (SC{<}^{S \cdot Na}_{OC_6H_9O_4})_n$$

9.3.1.2　嫘縈絲製造

將成熟黏液輸送至紡絲機（spinning machine），再分配至各紡位之計量幫浦（gear pump）擠壓出，經燭式過濾器，由白金製之紡絲嘴（spinnerette）擠出於紡絲浴（spinning bath）中。黏液離開紡絲嘴，隨即與紡絲浴內的凝固液進行凝固再生作用（regeneration），在紡絲速度 300～800m/min 下，同時也接受延伸作用（drawing），使再生纖維的分子獲得順向（orientation）排列和應力引誘結晶作用（stress induced crystallization），而具備紡織纖維物性，束絲經導出捲取成絲餅，再經除酸、脫硫、除鹼、水洗、脫水、上油（oiling）、烘乾、回潮等，即可繞成筒裝嫘縈絲或絞裝嫘縈絲，完成嫘縈絲製造。

$$(SC \overset{S \cdot Na}{\underset{OC_6H_9O_4}{<}})_n + 1/2nH_2SO_4 \longrightarrow 2(C_6H_{10}O_5)_n + 2nCS_2 + 1/2nNa_2SO_4$$

9.3.1.3　嫘縈棉製造

嫘縈棉製造與嫘縈絲製造極為相似，只是製造嫘縈棉的黏液，纖維素與鹼之比例較大，黏液經噴絲嘴紡於低酸紡浴內，紡成每根約 1～3 單尼，統計約 12,000 根的纖維束（tow），經在高溫紡絲浴內延伸，並同時完成再生，再經在集束捲上一套轉輪延伸後，經切棉機牽切成 1 吋或 1 吋半的棉狀纖維，再送入鬆捲槽，以高溫軟水處理，除去殘餘之二氧化硫，分散纖維成嫘縈棉毯，順液排出於輸送帶上，進行洗酸、脫硫、洗鹼、加油及除水等處理，再經開棉機開散嫘縈棉毯，分散送入乾燥室乾燥，再送入回潮室回潮、鬆弛、打包即完成嫘縈棉製造。

⏳ 表 9-5　嫘縈纖維的標準物性

項目	標準
乾強度（g/d）	>1.6
乾伸度（%）	>1.5
丹尼差異率（%）	±35
濕強度（g/d）	>0.7
濕伸度（%）	<3.0

紡絲丹尼＝吐出量（g/min）$\times \dfrac{9,000}{\text{紡絲速度（m/min）}}$

原絲丹尼＝$\dfrac{\text{紡絲丹尼}}{\text{延伸倍率}}$

9.3.2 聚醯胺 6 纖維製程

聚醯胺 6 纖維，亦稱錦綸（以下稱之 Nylon 6 絲或耐隆 6 絲）製程主要可分：聚合工程（polymerization）、紡絲工程（spinning）、伸撚工程等三部分，分別敘述如下：

9.3.2.1 聚合工程

以熔點等於或高於 68.4℃、含水量低於 0.2%、色相最高不超過 30APHA（65%水溶液）、不含非水溶性化合物的己內醯胺（caprolactam）為原料，送入熔化器（melter），通過蒸氣加熱至其熔點以上，再送入混合槽與定量之催化劑純水、安定劑醋酸、去光劑二氧化鈦等均勻混合，以計量幫浦送入聚合塔（VK tube），塔內配置數片的孔板，便流動均勻，聚合溫度在 250～270℃ 之間，於常壓中進行，由上向下流動，聚合塔中段加熱外套溫度較高，以促進較快聚合反應。聚合塔反應混合物之上端充以純氮氣，而聚合塔附屬之分餾器作回流己內醯胺之用，反應時間約 20～24 小時完成。化學反應式如下：

$$\underset{(CH_2)_5-NH}{\overset{\overset{O}{\parallel}}{\underset{}{C}}} + H_2O \longrightarrow HOOC\,(CH_2)_5NH_2$$

$$\overset{\text{~~~}HNOC\,(CH_2)_5NH_2 \longleftarrow \text{~} CONH\text{~~~}}{}$$

9.3.2.2 紡絲工程

將經乾燥後保持水分約 450～700ppm 之耐隆 6 絲，在充純氮氣之下喂入螺桿式擠壓機（screw extruder），在溫度 260～280℃ 之下熔融，經計量幫浦保持 150～200bar 下流入裝有砂杯、金屬濾網和不銹鋼製紡嘴（L/D≡2）的紡絲盒而

擠出，隨即通過溫度範圍 16～22℃、 RH45～55%之冷卻空氣橫向或垂直向上吹拂的驟冷箱（quench chamber），進行順向結晶和固化成纖，以及接續集束上油，或經導輪導絲於捲取機（winder）速度 600～1,200m/min 下，捲成未延伸絲絲餅，或經導輪導絲於捲取機速度 3,000m/min 以上，捲成半延伸絲絲餅，或經導輪導絲於成對的延伸導輪，完全延伸後在捲取機速度 4,500～6,000m/min 下，捲成全延伸絲絲餅。耐隆 6 絲的規格依吐出量、紡絲速度、延伸倍率等設定，有 70D/17f、70D/24f、210D/24f、420D/48f 等種類。

9.3.3 伸撚工程

通常未延伸耐隆 6 絲，須經伸撚機（draw-twister）延伸 3～4 倍及 3～5twists/m 微加撚後捲取成筒管紗（bobbin yarn）。半延伸耐隆 6 絲可經延伸假撚機（draw-false twister）加工成伸縮紗（stretch yarn），或經整經延伸機（draw warper）延伸整經成全延伸絲捲取於經軸做織布經紗用。

9.3.4 聚脂纖維製程

聚酯纖維，亦稱滌綸，製程因使用原料不同，而區分為交換酯化法（interchanging esterfication）和直接酯化法（direct esterification）。又因聚合體製造後的先製成酯粒再去熔融紡絲，和直接接續紡絲之不同，分為批式製程（batch process）和連續式製程（continuous process）。茲以聚合體製程、製纖製程、原絲加工製程敘述之。

9.3.4.1 聚合體製程

1.酯化

(1)交換酯化法

將已熔融之對苯二甲酸二甲酯（dimethyl terephthalate, DMT）同時與乙二醇（ethylene gylcol, EG）按莫耳比（mole ratio）1：2 進料混合，再送入酯化槽，一面均勻攪拌，一面逐漸加熱至 180～240℃進行反應，一般

有加入 Ca 或 Zn 或 Mn 化合物為觸媒，反應時間 4～5 小時，除生成酯化率約 96%的對苯二甲酸二羥基酯（bihydroxethyl terephthalate, BHET）之外，另產生副產物甲醇和過量的乙二醇，均由反應槽頂端逸出，送回收塔回收再循環使用。其化學反應式如下：

$$H_3COOC \bigcirc COOCH_3 + 2HOCH_2 \cdot CH_2OH \xrightarrow{180\sim240℃}$$

$$HOCH_2COO \bigcirc COOCH_2CH_2OH + 2CH_3OH$$

(2)直接酯化法

以純對苯二甲酸（pure tereplithalic acid, PTA）同時與乙二醇（ethylene gyloc, EG）按莫耳比（mole ratio）1：1.2～1.4 進料混合，再送入預留有 1/3BHET 的酯化槽裡，一面均勻攪拌，一面逐漸加熱至 260～265℃ 進行反應，反應時間 4～5 小時，除生成酯化率約 96%以上的 BHET 之外，另產生副產物水和過量的乙二醇，均由反應槽頂端逸出，送回收塔回收再循環使用。其化學反應式如下：

$$HOOC \bigcirc COOH + 2HOCH_2 \cdot CH_2OH \xrightarrow[催化劑]{260\sim265℃}$$

$$HOCH_2COO \bigcirc COOCH_2CH_2OH + 2H_2O$$

2. 聚合

將 BHET 直接送入預聚合槽並加入三氧化二銻或金屬醋酸化合物為觸媒，以及磷酸鹽為熱安定劑，升溫至 280～285℃ 行預聚合約 1～2 小時，其次輸送至盤式反應槽（disc reactor）或薄膜反應器（thin film reactor）恆溫或略升溫的減壓至 100～10mmHg 之下行聚合反應約 1～2 小時，再送入最終聚合槽（final polymerization reactor）持續恆溫或略升溫的減壓至

0.5～0.1mmHg 之下行聚合反應約 1～2 小時，完成聚合反應。反應過程產生副產物乙二醇或其他低聚物，均由反應槽頂端逸出，送回收塔回收再循環使用或收集處理排放。其化學反應式如下：

$$nHOCH_2COO \hexagon COOCH_2CH_2OH \xrightarrow[\text{催化劑}]{280\sim285℃}$$

$$HO(CH_2)_2[OOC \hexagon COO(CH_2)_2]_n + (n-1)HOCH_2 \cdot CH_2OH$$

來自交換酯化的聚合體製程，具 DMT 與 EG 混合均勻，酯化反應完全，副反應較少等優點。來自直接酯化的聚合體製程，具 PTA 之單位用料較 DMT 省約 17%，和 PTA 的生產成本又較 DMT 便宜等利點，在直接酯化的聚合體製程技術成熟之後，已幾乎全面取代交換酯化的聚合體製程。

9.3.4.2 製纖製程

聚酯製纖製程可分為紡絲製程和紡棉製程。分別敘述如下：

1. 紡絲製程

先將聚酯粒乾燥至含水分 50ppm 以下，在充純氮氣之下喂入螺桿式擠壓機，在溫度275～295℃範圍之下熔融後，或直接將聚合後之聚酯熔融液，輸送經計量幫浦保持 150～200bar 下流入裝有砂杯、金屬濾網和不銹鋼製紡嘴（L/D≡2）紡絲盒而擠出，隨即通過溫度範圍15～22℃、RH50～65%之冷卻空氣橫向或垂直向上吹拂的驟冷箱，進行順向結晶和固化成纖，以及接續集束上油，或經導輪導絲於捲取機速度 1,500～2,000m/min 下，捲成未延伸絲絲餅，或經導輪導絲於捲取機速度 3,200m/min 以上，捲成半延伸絲絲餅，或經導輪導絲於成對的延伸導輪，完全延伸後在捲取機速度 4,500～6,000m/min下，捲成全延伸絲絲餅。聚酯絲的規格依吐出量、紡絲速度、延伸倍率等設定。

2. 紡棉製程

紡棉製程與紡絲製程之不同，在於自驟冷而下的纖維，經上油集束，在導

輪紡速 500～1,500m/min 下，將絲束按一定的盤置規則，定量鋪放在棉束筒（tow can）裡。其次，配合設定的總單尼數需求棉束數，分別自排列整齊的棉束筒引出絲束，經導條架送至延伸定型槽裡分段予以充分延伸和定型，再輸入捲曲機（crimper）賦予捲曲，並給適當鬆弛處理後再牽切成定長的棉狀聚酯棉，其規格為半光棉或棉束、1.3D～6.0D/30mm、38mm、51mm、64mm。

9.3.5 聚丙烯腈纖維製程

聚丙烯腈纖維，亦稱耐綸，除了主要原料丙烯腈之外，通常尚配含有 7～10% 的共單體（comonmer），以改善其物性。共單體有丙烯酸甲酯（methyl acrylate）、醋酸乙烯（vinyl acetate）、丙烯醯酸胺（acrylamide）等種類。為使其纖維易染，有時也加入第三種化合物，適用鹽基性染料加入如丙烯酸（acrylic acid），適用酸性染料加入如丙烯酸（acrylic acid）或乙烯咪唑（vinyl pyridine）。

聚丙烯腈纖維製程通常區分為：(1)聚合工程；(2)原液工程；(3)紡絲工程；(4)製棉工程；(5)溶劑工程。分別敘述如下。

9.3.5.1 聚合工程

製造聚丙烯腈纖維之丙烯腈共聚合體的製法有懸浮聚合法（suspension polymerization），和溶液聚合法（solution polymerization）。前者以水為溶液，生產成本較低，廣為採用；後者採溶劑。按欲製造的聚合體之共聚合組成，分別秤量注入調液槽調合，其次將此調合液和另外調製好的過氧化物觸媒及反應媒體的水，一起以一定量連續導入聚合槽，在攪拌和溫度及 pH 之下完成聚合反應。以懸浮法生產的聚合體，經分離水、乾燥、粉碎及溶解溶劑，配製成為適當黏度之聚合體溶液，再過濾和脫泡備用。如採用溶液法，聚合體於溶劑中形成，具黏性之聚合體可直接配製可紡性溶液，其步驟似較懸浮法簡單。而未反應的單體，則利用回收設備來回收再使用。上述的代表性聚合的結構式如下：

$$\cdots\cdots-CH_2-CH\cdots\cdots-CH_2-CH-CH_2-CH-CH_2-CH\cdots\cdots$$

CN   CN   COOCH$_3$ CN

Acrylonitrile unit   Methyl acrylate unit

$$\cdots\cdots-CH_2-CH\cdots\cdots-CH_2-CH-CH_2-CH-CH_2-CH\cdots\cdots$$

CN   CN   COOCH$_3$ CN

Acrylonitrile unit   Vinyl acetate unit

9.3.5.2　原液工程

將聚合工程所製得的聚合計量，和計量過的二甲基醯胺（dimethyl carbamyl）系溶劑如二甲基甲醯胺（dimethyl formamide, DMF）或二甲基乙醯胺（dimethyl acetamide, DMA）一起輸入溶解槽溶解。如欲製半光或無光纖維時可加入少量的二氧化鈦。原液聚合體的濃度為 15～30%，經減壓脫泡和過濾，便可送去紡絲使用。

9.3.5.3　紡絲工程

聚丙烯腈纖維的紡絲方法有濕式和乾式，前者廣為工廠採用，而後者已逐漸趨於淘汰。濕式紡絲是將紡絲原液，通過白金材質的孔徑 0.04～0.15mm 之紡嘴，而噴出至溶劑──水系的凝固浴中凝固成絲條，以 50～70m/min 速度將絲條倒入水洗槽熱水清洗，接續在 80～90℃下熱延伸，賦予充分的分子順向和結晶化。

9.3.5.4　製棉工程

是將熱延伸過的絲條，再經稍高之溫度下的蒸氣熱定型處理，然後上油、乾燥、捲曲，最後或定長切斷成棉，或牽切成纖維束帶（tow）。

9.3.5.5 溶劑工程

一般包括製造溶解聚合體所用的溶劑之溶劑製造工程，和紡絲工程排放的溶劑及水之溶劑回收工程。溶劑製造工程可由有機酸和二甲基胺（dimethyl amine）。

9.3.6 聚丙烯纖維製程

聚丙烯纖維，亦稱丙綸，是由纖維級的聚丙烯熔融紡絲製取得的。纖維級的聚丙烯的分子量約在 30,000～50,000，分子量分佈值低於 5，熔融指數 20 以上，同位排列在 97% 以上，分子構造式為（ $-CH_2-CH-$ $\overset{|}{C}H_3$ ）。

由於纖維級的聚丙烯粒的吸濕率極低，因此熔融紡絲前，頂多經絕乾空氣處理過便可使用；開包後直接使用亦無妨。熔融紡絲溫度範圍 270～290℃；由於其熔融黏度較高，所以擠壓機的 L/D 比（24 以上）和紡絲嘴的 L/D 比（2.2 以上），均須較之聚酯或等醯胺者為高。驟冷溫度範圍在 13～20℃，濕度不拘。通過擠壓機壓出的熔融聚丙烯，經紡絲盒的砂杯過濾，分流板和濾網整流、紡嘴的塑型，噴流而下再經驟冷固化，上油集束，在紡絲速度範圍 500～1,000m/min，捲成未延伸絲絲餅，之後將之再經熱伸撚成全延伸聚丙烯絲，便可紡織使用。國產聚丙烯絲的規格依吐出量、紡絲速度、延伸倍率等設定，有 50D/30f、75D/30f、100D/30f、150D/30f、175D/30f、200D/30f、200D/45f、250D/60f 等種類。

製造聚丙烯棉，製程上是將紡絲捲取的原絲先予集束，再經延伸、韌化或淬火（annealing）、捲曲、乾燥、熱定型、冷卻、牽切等處理，即可獲得。國產聚丙烯棉的規格，有 1.5D/38mm、2D/38mm 或 50mm、2.5D/45mm、50mm、3D/38mm 或 50mm、15D 或 30D 或 70D 或 110D 或 140D/90mm 或 120mm 或 150mm、3D 或 6D 或 8D 或 12D/60mm 或 75mm 或 90mm、6D 或 15D/90mm 或 120mm 或 150mm 等種類。

9.3.7　碳纖維製程

　　基本上，須以有機系纖維為前軀體（precursor），經高溫碳化處理來製取。涉及高溫碳化處理的收率高低效益，如今的碳纖維工業生產所採用的前驅體，主要是聚丙烯腈纖維，其次是瀝青纖維，再其次是酚纖維（phenolic fiber）。高溫碳化處理是將前驅體在伸張一定之下，先於300～400℃的空氣中予以氧化開始架橋反應，其次在惰性氣體中提升至400～900℃使之進行縮合環化反應，然後繼續升溫至900～1500℃來增大縮合環，化學反應的模式如圖9-1所示，之後碳化妥的碳纖維表面予以上偶合劑（coupling agent）處理，就可無碳纖補強應用。

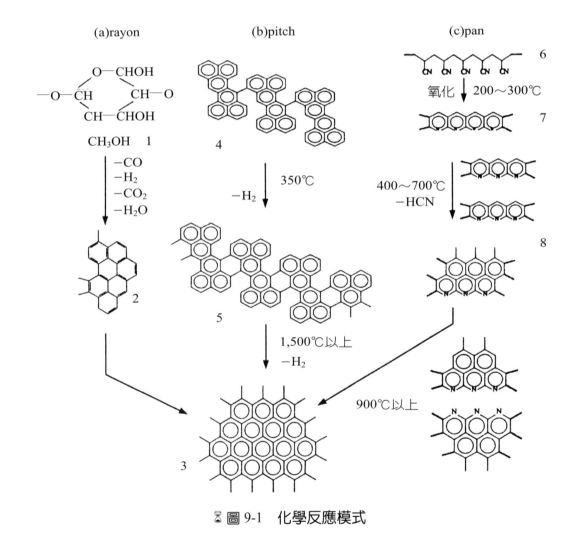

▲圖 9-1　化學反應模式

將上述的碳纖維，持續在惰性氣體中，將溫度升至 2,000℃ 以上，則其大縮合環碳素結構就轉型為石墨結構成 *石墨纖維*（graphite fiber），較前者更具高彈性率（350～450GPa），亦屬廣義的碳纖維。

國產碳素纖維的流程圖如圖 9-2，規格和物性如表 9-6 所示。

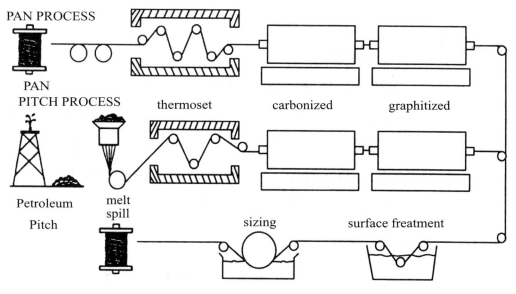

⌛ 圖 9-2　碳素纖維的製造流程

⌛ 表 9-6　國產碳素纖維的規格和物性

纖束根數（filaments/tow）	6,000	12,000
單位重量（g/m）	0.41	0.84
直徑（μ）	7	7
密度（g/cm³）	1.80	1.80
上漿量（%）	1.2	1.2
拉張強度（kg/mm²）	352	442
拉張模數（10³kg/mm²）	23	30

9.3.8 聚醯胺 6/6 纖維製程

聚醯胺 6/6 纖維，亦稱錦綸，製程包括：(1)耐隆 66 鹽製造；(2)聚醯胺 6/6 合成；(3)聚醯胺 6/6 紡絲。

9.3.8.1　耐隆 66 鹽製造

以濃度 60～80% 的己二胺和濃度 20% 的己二酸，在沸騰的甲醇中反應，沉澱出耐隆 **66** 鹽（hexamethylene diamonium adipate），並予水洗和乾燥出白色結晶粉，其熔點約為 195～200℃。耐隆 66 鹽製造的化學反應式如下：

$$H_2N(CH_2)_4NH_2 + HOOC(CH_2)COOH \longrightarrow$$
$$[^+H_3N(CH_2)_6NH_3{}^+] + [OOC(CH_2)_4COO]$$

9.3.8.2　聚醯胺 6/6 合成

取耐隆 66 鹽水調成濃度 60% 的水溶液，加入適量（1/2～1mol）的黏度安定劑如醋酸，在聚合槽先升溫至 220℃、250 1b/in² 下聚合 1～2 小時，其次再升溫至 270～280℃、250 lb/in² 下，減壓至常壓聚合 1 小時，等候 1 小時聚合溫度降至 264℃ 下，充入氮氣，將熔融聚醯胺 6/6 擠壓出，水冷製條切粒成聚醯胺 6/6 粒。

9.3.8.3　聚醯胺 6/6 紡織

先將聚醯胺 6/6 粒乾燥至合水分 50ppm 以下，在充純氮氣之下喂入螺桿式擠壓機，在溫度 280～295℃ 範圍熔融後，或直接將聚合後之聚醯胺 6/6 熔融液，輸送經計量幫浦保持 150～200bar 下流入裝有砂杯、金屬濾網和不銹鋼製紡嘴（L/D≡2）紡絲盒而擠出，隨即通過溫度範圍 15～22℃、RH50～65% 之冷卻空氣橫向或垂直向上吹拂的驟冷箱，進行順向結晶和固化成纖，以及接續集束上油，或經導絲於捲取機速度 1,500～2,000m/min 下，捲成未延伸絲絲餅，或經導輪導絲於捲取機速度 3,200m/min 以上，捲成半延伸絲絲餅，或經導輪導絲於成對的延伸導輪，完全延伸後在捲取機速度 4,500～6,000m/min 下，捲成全延伸絲絲餅。聚醯胺 6/6 紡絲的規格可依吐出量、紡絲速度、延伸倍率等設定，市售者有 15D/5f、20D/7f、30D/10f、40D/14f、70D/24f、70D/68f 等規格。

9.3.9 聚氨酯纖維製程

聚氨酯纖維屬聚氨酯嵌段共聚物組成的纖維，至少需含有 85%的聚氨酯。分子量為 5～10 萬，其中軟段（soft segment）是由聚酯或聚醚組成，約占 60%以上，每段分子量為 1,500～3,000，鏈長 15～30nm；硬段（hard segment）是由異氰酸酯基組成，約占 40%以下，每段分子量為 500～700，鏈長 1.5～3nm。聚氨酯纖維製程分聚合和紡絲，分別敘述於下：

9.3.9.1 聚合

以分子量 1,000～3,000 的聚酯或聚醚二元醇，如聚己二酸乙二醇丙二醇或聚四亞甲基醚二元醇（PTMEG），和二異氰酸酯如 4, 4-二苯基甲烷二異氰酸酯（MDI），或 2, 4/2, 6-甲苯二異氰酸酯（TDI），用 1：2 莫耳比反應，生成兩端為異氰酸酯端基的預聚物（prepolymer）。其次使預聚物再與低分子量的二元醇或二元胺，如 1, 4-丁二醇或 1, 2-乙二胺，反應得到聚氨酯嵌段共聚物。

上述的化學反應式，分別為：

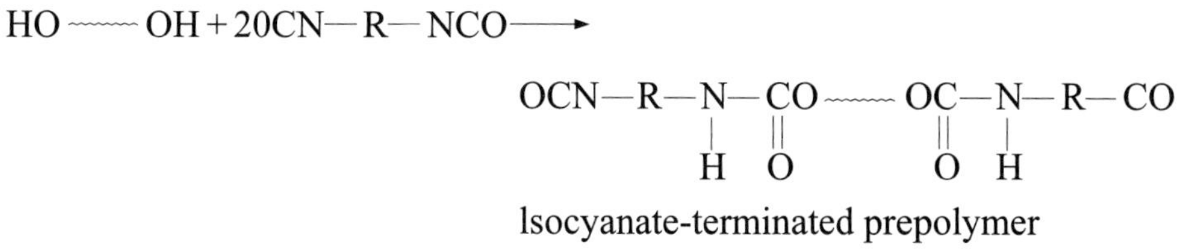

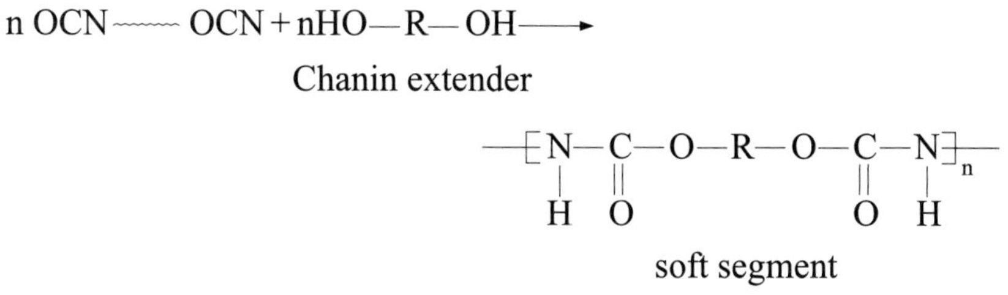

HO ⎯⎯ OH + 20CN⎯R⎯NCO ⎯⎯→

$$OCN-R-\underset{\underset{H}{|}}{N}-CO \text{⎯⎯} OC-\underset{\underset{O}{|}}{\overset{\overset{}{|}}{}}-N-R-CO$$

lsocyanate-terminated prepolymer

n OCN ⎯⎯ OCN + nHO⎯R⎯OH ⎯⎯→

Chanin extender

$$-\left[\underset{\underset{H}{|}}{N}-\underset{\underset{O}{||}}{C}-O-R-O-\underset{\underset{O}{||}}{C}-\underset{\underset{H}{|}}{N} \right]_n$$

soft segment

$$n\ OCN \!\!-\!\!-\!\!-\ OCN + nH_2N\!\!-\ R'\!\!-\ NH_2 \longrightarrow$$

Chanin extender

$$-\!\!\left[\!N\!-\!\!\underset{\underset{O}{\|}}{C}\!-\!O\!-\!R'\!-\!O\!-\!\underset{\underset{O}{\|}}{C}\!-\!N\!\right]_{\!\!n}\!-$$

hard segment

9.3.9.2　紡絲

用低分子量的二元醇當**擴鏈劑**（chain extender），與兩端為異氰酸酯端基的預聚物反應，所得到聚氨酯嵌段共聚物，易熔融，在 130～145℃ 下，可在 500～800m/min 熔融紡絲到聚氨酯纖維，隨之經在 85～110℃ 下淬火後，便可供紡織使用。

用低分子量的二元胺當擴鏈劑，與兩端為異氰酸酯端基的預聚物反應，所得到聚氨酯嵌段共聚物，無法熔融，通常加入二甲基醛胺（DMF），配成濃度一定的紡絲原液，以水或醇為凝固液浴，行 5～50m/min 濕式紡絲，經水洗、乾燥定型、延伸所捲取的聚氨酯纖維，便可供紡織使用。

聚氨酯纖維製程的流程，如圖 9-3、9-4 所示。國產的聚氨酯纖維丹尼規格有 20D、40D、70D 等三種，目前市售含進口者，其規格則有 10D、20D、30D、40D、70D、……、3,360D。

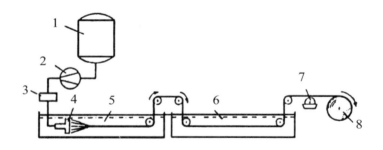

1.紡絲溶液或預聚合物　　2.紡絲幫浦　　3.濾網　　　　4.紡嘴
5.凝固浴　　　　　　　　6.後洗浴　　　7.上油裝置　　8.捲取裝置

⏳ 圖 9-3　聚氨酯纖維濕式紡絲製程流程圖

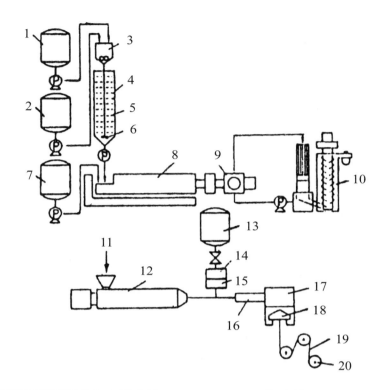

1.～2.製備物和計量幫浦　3.混合槽　　　4.預聚合槽　　　5.阻流孔板
6.混合器　　　　　　7.拓鏈劑和計量幫浦　8.雙螺桿反應器　9.輸送幫浦
10.製粒機和乾燥機　　11.粒子輸送　　　　12.雙螺桿擠壓機　13.～15.添加劑製備
16.混合器　　　　　　17.熔融導管　　　　18.紡嘴　　　　　19.紡絲延伸
20.捲取

⧗ 圖 9-4　聚氨酯纖維熔融紡絲製程流程圖

9.4　人造纖維的供應及市場

9.4.1　概　論

　　和第 8 章所討論的塑膠不同，在沒有人造纖維之前，人類用來蔽體的是天然纖維如棉、毛，然後在 20 世紀初開始有半人造纖維，再在 1950 年代之後加入了人造纖維。這三類纖維在今日用量所占的比例如表 9-7。

表 9-7　各類纖維的需求（用量）（萬噸/年）（　）為所占%

	1995 年	2000 年	2005 年（估）
天然纖維	(49.3)	(46.3)	(45.7)
棉	1,900(45)	2,000(42.2)	2,200(41.9)
毛	180(4.3)	190(4.1)	200(3.8)
半合成纖維	250(6)	250(5.4)	250(4.8)
人造纖維	1,850(44.7)	2,300(48.3)	2,600(49.5)
總計	4,180	4,740	5,250

從表 9-7 中可以看出下列各點：

- 天然纖維所占的比例在下降，要理解地球上的人口每 10 年左右增加 1 億，而天然纖維的生產必須要用到土地。在人口增加時，土地會優先用於生產糧食，是以人造纖維的重要性是與日俱增。半合成纖維由於不耐皺，在性質上不能和人造纖維競爭，其重要性日愈減少。

- 以 2000 年為例，全世界的人均纖維總用量是每年 7.9 公斤/人；而人均人造纖維的年均用量是 3.8 公斤/人。這些數字，在已發展國家和落後地區之間的差距很大。

9.4.2　人造纖維的產能分佈

人纖工業的下游工業是紡織、染整和成衣工業；而成衣工業是傳統的勞動力密集工業，故而總的趨勢是向低工資而又能提供可接受的基礎建設和社會秩序的地區移動。

在亞洲，日本是最早出口大量成衣的地區，續之以亞洲四小龍，然後集中在中國大陸。同時，自 1980 年開始，石化工業的獲利大不如以前，是以生產工廠向市場移動。

台灣是從 1960 年代末期開始人纖工業，到了 1980 年代末期，由於看好中國大陸市場，以及認為中國大陸無法在短期內發展出可以自足的人纖工業，而大肆拓充人纖生產能量。而南韓亦基於同樣的看法來拓充石化工業。中國大陸的人纖

工業開始於 1970～1990 年代末期，其規模落後於台灣及南韓，而在 2000 年之後大幅度的拓充。今日中國大陸和台灣的人纖產能均在全世界占有重要的地位。表 9-8、9-9、9-10 和 9-11 分別是用量最大的四種合成纖維的產能分佈。

⏳ 表 9-8　聚酯纖維的產能分佈（萬噸/年）（　）為所占%

	1995 年	2000 年	2005 年（估）
美洲			
美國	200	260	275
其他地區	70	88	95
	270(15.9)	348(16.9)	370(16.2)
歐洲			
西歐	110	110	110
其他地區	80	90	98
	190(12.2)	200(9.8)	208(9.5)
亞洲			
台灣	240(14.1)	350(17)	360(15.8)
中國	280(16.5)	320(15.6)	380(16.7)
南韓	230	245	280
日本	85	90	92
	835(49.3)	1,005(48.9)	1,112(48.8)
其他地區	400(23.6)	500(24.4)	580(25.5)
總計	1,690	2,053	2,278

⏳ 表 9-9　尼龍纖維的產能分佈（萬噸/年）（　）為所占%

	1995 年	2000 年	2005 年（估）
美洲			
美國	140	146	150
其他地區	34	35	37
	174(34.8)	181(33.4)	187(33.4)
歐洲			
西歐	75	78	76
其他地區	70	70	70
	145(29)	148(27.3)	146(25.3)

▓ 表 9-9　尼龍纖維的產能分佈（萬噸/年）（　　）為所占%（續）

	1995 年	2000 年	2005 年（估）
亞洲			
中國	48(9.6)	60(11.1)	65(11.3)
台灣	38(7.6)	50(9.2)	55(9.5)
日本	30	32	32
南韓	30	34	36
	146(29.3)	166(30.6)	188(32.6)
其他地區	34(6.9)	47(8.7)	55(8.7)
總計	499	542	576

▓ 表 9-10　聚丙烯腈纖維的產能分佈（萬噸/年）（　　）為所占%

	1995 年	2000 年	2005 年（估）
美洲			
美國	20	23	25
其他地區	22	31	35
	44(15.1)	54(16.5)	60(17.7)
歐洲			
西歐	72	75	75
其他地區	45	49	50
	117(40)	124(37.9)	125(36.9)
亞洲			
中國	40(13.7)	45(13.8)	48(14.1)
台灣	16(5.5)	16(4.9)	16(4.7)
日本	44	44	44
南韓	16	16	16
	106(36.3)	121(37)	124(36.6)
其他地區	25(8.6)	28(8.6)	30(8.8)
總計	292	327	339

表 9-11　聚丙烯纖維的產能分佈（萬噸/年）（　）為所占%，
不含扁平絲（flat yarn）

	1995 年	2000 年	2005 年（估）
美洲			
美國	95	120	130
其他地區	13	20	25
	118(485)	140(46.2)	155(45.2)
歐洲			
西歐	19	25	28
其他地區	17	22	26
	36(14.8)	47(15.5)	54(15.7)
亞洲			
中國	51(20.9)	66(21.8)	75(21.9)
台灣	5	7	8
日本	12	18	22
南韓	4	4	5
	72(29.6)	95(31.3)	110(32)
其他地區	17(7.1)	21(7)	24(7.1)
總計	243	303	343

　　表 9-9 至 9-11 是產能，不同於表 9-8 的用量。一般說來，亞洲的開工率最高，達到 80%以上，美洲次之，西歐再次之，其他地區的開工率有低到 60%左右的。

　　同時，同樣以公元 2000 年為基準，這四種主要織物用人纖產能的比例是：

聚脂：尼龍：聚丙烯腈：聚丙烯≒6.8：1.8：1.1：1

　　中國和台灣的產能，聚脂占世界總產能的 1/3（2010 年 60%），尼龍和聚丙烯氰占 1/5（2010 年 50%），與塑膠和合成橡膠不同，是人造纖維生產大國。

　　台灣人纖的年人均產能是 163 公斤/年，高於世界平均用量 43 倍，是以必須直接以纖維或織物型態出口。中國大陸的年人均纖維產能是 4 公斤/年，略高於世界平均值，但是由於中國是成衣出口大國，故而每年仍需進口和人纖相關的原材料。

9.4.3 人纖的市場

如 9.4.2 節所述，聚酯纖維的用量遠大於其他類人纖，這是由於聚酯可以同棉、毛混紡，是用於衣物方面的主要人纖，同時也正由於聚酯和棉、毛混紡，故而和棉之間有一定的取代性，其價格亦受到棉價的影響。

尼龍又稱之為錦綸，其特點為高強度及耐磨擦，除了作為襪子之外，尼龍多用於非穿著用織物，例如背包、帳篷、雨傘、風帆等。

聚丙烯腈的手感和羊毛相類似，用來取代全部或部分羊毛作為衣物等。

聚丙烯是進入市場最晚的人造纖維，其特性為超低的吸水率以及價格低，其缺點為染色困難。由於低吸水性，故而用於衣物、用品貼身的部分以及運動衣物。

凡是同時可用於人纖和塑膠的聚合物來說，人纖級聚合物的要求比較高，例如不能含有凝膠（gel）或雜物，分子量分佈要狹等；而用於塑膠的聚合物，其分子量比較高。

9.5　人纖工業發展方向和前景

回顧先進工業國家的人纖工業，在歷經 50 餘年的發展後，其走向莫不改弦易轍，往大量生產化、自動化、省能源化、高品質化和多樣化。這些都是我國人纖工業後續發展方向的借鏡。具體而言，機器人的自動化人纖製程、單線日產 300 公噸的 3 槽式連續聚酯製程、單線日產 100 公噸的連續式聚醯胺 6 製程、聚丙烯腈熔紡製程、無公害嫘縈溶紡製程、賦予人纖有高功能性（如：高吸濕性、高耐熱性、高吸油性、高耐候性、高導光或電性、感溫變色性、感光變色性、高過濾性）和高性能性（如：高強力、高模數、高彈性）產品生產等都是迫切需求投入研發的主要項目。

無庸置疑，我國的人纖工業一定要在現有的基礎上，持續戮力耕耘，才有美好前景。換言之，要一面在衣料纖維產製上，以優異的品質和低成本，繼續厚植國際市場競爭力，另一方面要以人纖工業為中心進行如圖 9-5 所示的多角化經營，傾向隨著科技文明成長的相輔相成生產，如此方得永續經營。

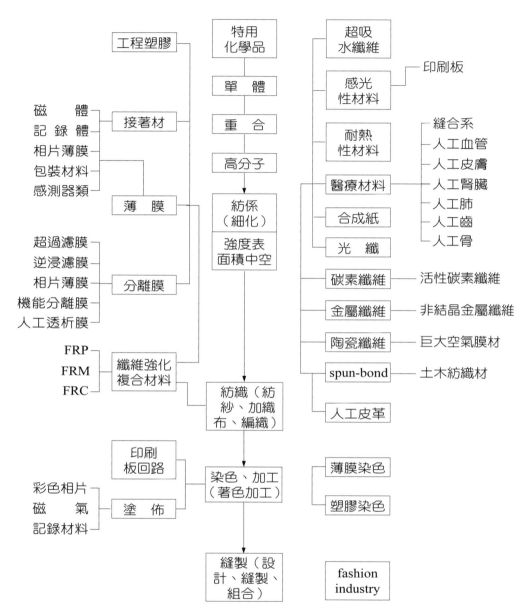

⧗ 圖 9-5 合纖技術的多角化經營途徑

Chapter 10

合成橡膠

在塑膠、人纖和合成橡膠三大類聚合物中，合成橡膠的用量最少，市場也比較集中，是可以在不長的篇幅中作比較完整的敘述。本章依次討論：

- 橡膠的性質。
- 合成橡膠的種類。
- 產業特性。
- 現況及展望。

10.1 橡膠的性質

橡膠（rubber），亦稱之為彈性體（elastomer），泛指具有彈性（elastic）的材料。這類材料在受力時可以承受很大的變形（一般表現為伸長（elongation））率高，同時在外力消失時能完整的恢復原來的形狀。要滿足這兩個要求，聚合物需要具備的條件如下：

1. Tg 要低。材料在低於 Tg 的環境下，是脆的，能承受的變形很小。是以材料的 Tg 必使低於使用環境的溫度。例如，假設 $-40°C$ 是冬天最低的溫度，則汽車輪胎所使用的橡膠的 Tg 必需低於 $-40°C$，一般訂在 $-70°C$。

   Tg 是分子鏈開始內旋的溫度。

   (A) 從分子結構來看，鍵距愈長、鍵角愈大的分子容易內旋，是以由 Si—O 主 C—S 及 S—S 所組成的聚合物均為好的橡膠。前者即為常見到的矽膠（Silicon rubber）；二者均為橡膠，但後者價格高，用於航、太工業等特殊用途。

   (B) 含雙鍵，除了共軛雙鍵之外的分子容易內旋。是以如果用含二個雙鍵的雙烯（diene）類分子作為單體，在聚合為聚合物之後，分子鏈中即含有大量雙鍵，即具橡膠的性質。是以由丁二烯及異戊二烯所組成的聚合物歸類為橡膠。

   (C) 分子鏈之間的距離長，分子間的作用力減弱，即有助於內旋，降低 Tg。短（1 至 4 個碳）的枝鏈即具此效應。是以含大量枝鏈的聚合物，同時

枝鏈的排列不規則，無法形成結晶，即可具有橡膠的性質。枝鏈的來源
有二：

(i)單體上即具有枝鏈，例如丙烯和異丁烯。在聚合的過程中，如果枝鏈
能規則排列而形成結晶，例如IPP（全同聚丙烯，甲基均排列在分子
鏈的同一側），即是塑膠。如果支鏈不能規則排列，即具橡膠的性
質，例如由異丁烯所組成的丁基橡膠（butyl rubber）。枝鏈的數量
和接在主鏈上的位置，相對的，是固定的。即是可以生產出均勻的
產品作為商品出售。

(ii)在聚合的過程中，已形成分子鏈的部位可能活化而接上單體或分子
鏈，因而形成枝鏈。加成聚合中的自由基（free radical）聚合和離子
（ionic）聚合過程中，均有枝鏈產生。聚合的速率愈快，枝鏈的數
量愈多，但是無法控制枝鏈聯結到主鏈的位置。即是無法控制枝鏈
聯結到主鏈上的位置和枝鏈的數量。很難生產出對性質均勻要求高
的產品。

前列三類具橡膠性質的分子結構，其差異性有：

- Tg：(A)類比(B)類低，(B)類比(C)類低。或是以「柔」性來說，(A)＞(B)＞
  (C)。或是說可應用的溫度，(A)類低於(B)類，(B)類又低於(C)類。

- (A)類和(C)類聚合物中不含雙鍵，故而比含雙鍵的(B)類穩定。即是(A)類和
  (C)類相對的可以用於較高的溫度，具較佳的抵抗紫外線、臭氧的攻擊等。
  此項差異，亦影響交聯（crosslink）。

2.回彈性質：材料之所以會在受力後回彈的原因是：在受力時，聚合物的分
子會沿力的方向規則排列；外力消失後，分子即會由有序回歸無序排列
（熱力學第三定理），是以聚合物均有回彈性。在回彈後完全恢復原來的
形狀，則需要固定聚合物內每一個分子鏈的相對位置。固定分子鏈之間的
相對位置有兩個途徑：

(A)交聯：即是用化學鍵將分子鏈聯結在一起，分子間的交聯點稱之為鏈結

（node）。有下列兩種情況：

第一種情況是對含有雙鍵的橡膠類聚合物（前列(B)類）來說，雙鍵容易活動化，可以藉由雙鍵完成交聯。這是在實務上最普遍的情形。

第二種情形是聚合物不含雙鍵（前列(A)及(C)類），這時可藉由不同的引發劑形式自由基的方法，來使分子鏈交聯。但是這種方法不能控制交聯在分子鏈上發生的位置，即是幾乎完全不能控制鍊結在聚合物中的分佈。是以飽和的橡膠會在聚合時會加入一種能相容共聚的雙烯，使得聚合物中含有雙鍵，以便於交聯。這是普遍用於前列(C)類合成橡膠的做法。

(B)藉由硬段固定柔段分子鍊。將Tg低的「柔」（soft）性聚合物分子鏈的兩端聯結到另一 Tg 高的「硬」（hard）聚合物分子鏈上。在溫度低於「硬」段 Tg 的情況下，硬段是在強而硬的狀態，其間是可以承受大變形的「柔」段。在這種情況下，「硬」段具有固定 Tg 低「柔」段的功能，使得由「硬」段聯結「柔」段再聯結「硬」段的三崁段聚合物（tri-block copolymer）具橡膠性質。當溫度高於「硬」段的 Tg 時，橡膠性質消失（硬段的硬而強的性質消失），聚合物能流動，而具塑膠類聚合物的加工性。當溫度下降到「硬」段的 Tg 以下時，「硬」段恢復其硬而強的性質，聚合物又呈現橡膠的性質。

比較前列二固定分子鏈之間相對位置的做法，其優劣點分別是：

- 利用「硬」段固定「柔」段所得的橡膠，如前敘，在溫度高於「硬」段Tg時，可以流動而用和與塑膠類聚合物相同的方法加工，故而稱之為熱可塑橡膠（thermoplastic rubber / elastomer, TPR/E），具有便於加工，加工費用低的優勢。

- 在若干性質上，交聯聚合物較優。以磨耗為例，磨耗是摩擦力將橡膠從輪胎上撕裂下來。是以分子之間的作用力愈強，則磨耗愈小。交聯橡膠是用化學鍵將分子聯結在一起，而熱可塑橡膠則是藉分子間的范德華力形成，二者的強度度差兩個數級，是以交聯橡膠的磨耗低。

10.2 合成橡膠的種類

綜合 10.1 節，具下列三類分子結構之一的聚合物具橡膠性質：

1. 具 Si—O，C—S 和 S—S 鏈結構的聚合物，其中具 Si—O 的是矽膠廣泛用於建築的封縫用途。

2. 以雙烯為單體的聚合物。雙烯以丁二烯為主，是合成橡膠的主流。

3. 以短枝鏈的單體所形成的聚合物。例如丁基橡膠（Gutyl rubber）和乙丙二元及三元橡膠（EPM 和 EPDM）。

丁二烯是合成橡膠類最主要的單體，在下文中將依次說明聚丁二烯，和主要的丁二烯共聚合物橡膠。

不同的聚合方法所得到的聚合物的微觀結構（microstructure）不同，故而所表現出來的性質亦不同。這在合成橡膠領域中是非常重要的，故而在文中對此有所著墨。

10.2.1 聚丁二烯

1, 3 丁二烯，$CH_2 = CH - CH_2 = CH_2$，在聚合的時候由於雙鏈打開的位置不同，可能有下列三種結構：

1, 4 聯結：

順式（cis）

反式（trans）

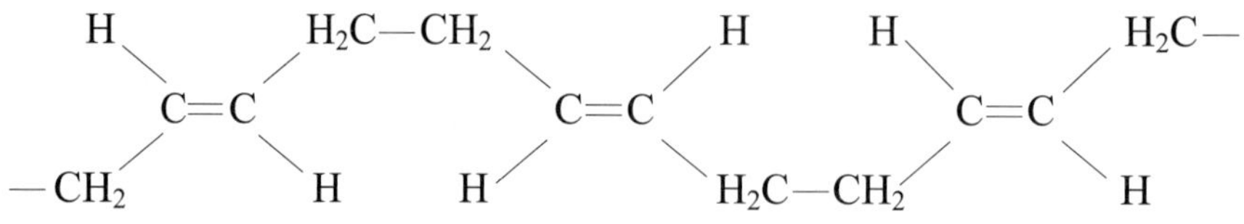

H   H₂C─CH₂   H   H   H₂C─
 \\   /   \\   /   \\   /
  C═C   C═C   C═C
 /   \\   /   \\   /   \\
─CH₂   H   H   H₂C─CH₂   H

1, 2 聯結（1, 2 vinyl）：

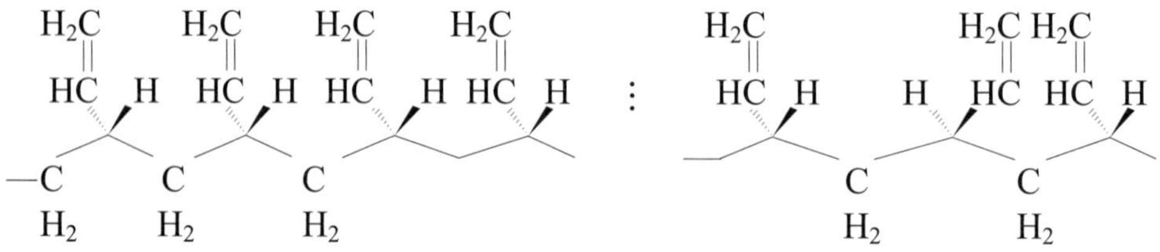

這三種結構所呈顯出來的性質均不相同，例如其玻璃轉化溫度（Glass Transition Temperature, Tg）分別為：

	Tg（℃）
cis	−110
trans	−110～−90
1, 2	−15

Tg 是聚合物分子鏈開始可以**轉動**（rotation）的溫度，Tg 愈低，表現出來的柔性愈強大，脆裂的溫度（或是可以使用的最低溫度）也愈低。以上說明相同的單體，由於聚合的過程上的差異，所得到聚合物的性質的差異差很大。

目前在商業上，聚丁二烯是用 Ziegler 型催化劑所得到的高**順**（high cis BR），或是用有機鋰（organic lithium）作為起始劑聚合所得的低順或中順（low 或 medium cis BR）。後者可以控制 1, 2 結構的含量。這幾類聚丁二烯的結構如表 10-1：

⌛ 表 10-1 聚丁二烯的結構

	cis	trans	1, 2 vingl	Tg（℃）	分子量分佈
高順	>96	1～2	1～2	100	狹
中、低順	20～50	30～60	10～60	70	非常狹

聚丁二烯在交聯之後，和其他橡膠相比較，具有下列性質：

1. 高彈性，回彈性好，在動態受力時，能量耗失少，產生的熱量少。

2. 低溫性質好，Tg 低於其他橡膠。

3. 耐摩性能優異。

4. 與其他橡膠的相容性好。

5. 可加入多量的（與丁苯膠相比較）填充料。

6. 拉伸強度及撕裂度較低。

7. 濕滑性不佳，1, 2 含量增加時對濕滑性有改進。

　　高順聚丁二烯一般用於輪胎及一般橡膠製品（占 60～70%）；低及中順的最大用途是聚苯乙烯改質為抗衝擊聚苯乙烯（High Impact PS, HIPS）及其他橡膠製品。塑膠的 Tg 比橡膠高，故而**韌性**（toughness）不夠，為了加強塑膠的韌性，故而要在塑膠之中加入橡膠，所用的橡膠以聚丁二烯為主。目前聚丁二烯用於塑膠增韌，例如 HIPS 的比例在 10～15%。

10.2.2　丁二烯的共聚合物

　　丁二烯與其他單體共聚所得的橡膠，以丁苯（styrene-butadiene）系列為主要，丁腈（acrylonitrile-butadiene）次之。在丁苯系列中，工業上有乳聚（emulsion polymerization）和在溶解中用陰離子聚合（cationic polymerization）亦稱之為溶液丁苯（solution polymerized SBR, SSBR）兩大類。分述如後。

10.2.2.1 乳聚丁苯

乳聚丁苯（SBR）是目前產量最大的合成橡膠。產品一般是固態的膠塊，或是乳膠（latex）；前者的聚合溫度比較低（5～10℃），主要用於輪胎和其他需要強度的橡膠製品；後者包括羧基丁苯（carboxylated SBR latex)，其聚合溫度一般高於 60℃，主要用作黏著劑，和紙的表面塗佈。固態膠主要是用於代替天然橡膠，一般用下列號碼表示不同的類別：

1. 1000 系列：高溫乳聚丁苯橡膠，主要用於黏著劑。
2. 1500 系列：低溫乳聚丁苯橡膠，主要用於輪胎及一般橡膠製品。
3. 1700 系列：1500 系列加入拓展油（extend oil），用途同 1500 系統。

和天然橡膠相比較，SBR的優點在於易於加工混煉，而強度、耐摩耗和發熱性能均不及天然橡膠。在輪胎上用於負載低的小客車輪胎，SBR 主要用於輪胎（占 70%）及一般樣膠製品。而SBR乳膠的用量近年來成長很快，基本的原因是成本低而可用的範圍廣的黏著劑。

10.2.2.2 溶液丁苯

以有機鋰為起始劑，調整反應條件，例如溶劑的極性，可以得出一系列的丁二烯—苯乙烯共聚合物，和乳聚相比較，此一聚合方法可以控制丁二烯和苯乙烯分子間的排列，以及丁二烯的微觀結構。而其中以下列二系列為主：

1. 溶液丁苯橡膠（solution SBR, SSBR），即是丁二烯與苯乙烯的分子任意排列或部分規劃排列，其用途與乳聚 SBR 相同，但是改變產品種類的靈活性極大。
2. 苯乙烯—丁二烯嵌段共聚合物（styrene butadiene block copolymer, SBS, SBC）即是丁二烯和苯乙烯各自形成分子量在 10,000（以上的聚丁二烯段和聚苯乙烯段，再用化學鍵結合在一起，這屬於熱可塑彈性體（thermoplastic elastomer, TPE, TPR）。將 SBS 中的雙鍵氫化飽和之後，稱之為 SEBS

（styrene-butylene-ethylene-styrene），二者的使用範疇將在下文中說明。

目前一般的 SSBR 生產成本略高於 SBR，而且由於分子量分佈較狹而相對的加工比較困難，用量不大。SBS 由於加工的方法和塑膠相同，大幅減低了加工成本，成長幅度很高。

10.2.2.3　丁腈橡膠

丁二烯與 15～50%的丙烯腈乳聚，得到不同型號的丁腈橡膠（butadiene acryl-onitrile rubber, NBR）。這一系列的合成橡膠具有優良的耐油（溶劑、汽油、潤滑油等）、耐老化以及耐摩耗性能，一般稱之為耐油膠。

NBR 的性質與丙烯腈含量相關，即是丙烯腈含量增加時，耐油、摩耗、抗老化，以及強度、硬度均增加；而耐低溫性質、彈性變差。NBR 中的—CN 為極性，故而 NBR 的電絕緣性質不佳。

NBR 一般用於耐油（溶劑）及耐溫用途。

10.2.3　其他以碳四和碳五為原料的合成橡膠

除了丁二烯之外，異丁烯（isobutylene）是丁基橡膠（butyl rubber, IIR）的主原料；氯丁二烯是氯丁（Neoprene, CR）橡膠的單體；此外異戊二烯（isoprene）是聚異戊二烯（polyisoprene, IR）的單體。現分述如後。

10.2.3.1　丁基橡膠

丁基橡膠是以異丁烯為主要單體，在溶液中用陽離子法聚合，橡膠用丁烯的合成溫度低於−90℃。由於在聚合之後聚合物中沒有雙鍵，故而加入約 5%異戊二

烯來提供交聯的雙鍵；同時為了增加黏著性能，丁基橡膠一般會略加溴化（BIIR）或氯化（CIIR）。

丁基橡膠最大的特性是透氣率低，故而用作內胎。同時由於个含不飽和鍵，其耐熱性、耐候性（臭氧、紫外線）、耐油性等均亦優良。電絕緣性質良好。

丁基橡膠用於內胎或輪胎的防氣漏層、耐溫，以及彈性避震等用途。

10.2.3.2 氯丁橡膠

氯丁橡膠是以 2-氯，1, 3-丁二烯為單體乳聚而得，其中的氯提供極性，增加內聚力。故而 CR 具有高的**生膠強度**（green strength，生膠是指未交聯的橡膠），良好的耐熱、耐氣候、耐油性質，同時由於含有氯，故具有耐燃性。

氯丁橡膠用於需要耐高溫和耐油等用途；同時由於具有良好的黏著性，是強力膠的主要成分。

10.2.3.3 聚異戊二烯

在結構上和性能上，聚異戊二烯與天燃橡膠最為接近。由於異戊二烯的來源少，故成本高。蘇聯因為取得天然橡膠困難，為了戰略原因而大量生產之外，IR 在其他地區的產量不大。其聚合過程，和高順聚丁二烯相類似；用途同天然橡膠。

10.2.4 乙丙橡膠

從本章中可以看出，合成橡膠基本上是以碳四中的雙烯丁二烯為最主要的原料，其次是異丁烯和異戊二烯。**乙丙橡膠**（ethylene propylene rubber, EPR/EPM）的用量僅次於 SBR 和 BR，同時其主原料是乙烯和丙烯，是唯一與碳四無關的主要橡膠。

乙丙橡膠是用配化催化劑在溶液中聚合，依照乙烯和丙烯的比例的不同，和是否加入了雙烯類的第三單體和加入量的多少來分類。沒有加入第三單體的乙丙橡膠也稱之為二元乙丙橡膠，加入了第三單體的則稱為三元乙丙橡膠（ethylene propylene diene rubber, EPDM）。所加入的第三單體提供加硫交聯所需要的雙鍵，所用的雙烯有乙叉降冰片烯（5-ethylene-2 norbornene, ENB）、雙環戊二烯（dicyclopentadiene, DCPD）以及 1, 4-己二烯（1, 4-hexadiene, HD），所得到產品的性質略有不同。雙烯加入的量約相當於每 1,000 個碳鏈中含有 2～15 個雙鍵。丙烯的含量約在 50～80%之間。乙烯的含量愈高，所得到產品的塑膠性質愈顯著（即是橡膠的性質，例如彈性減弱）。

交聯後的乙丙橡膠中不含未飽和的雙鍵，相對之下最特出的性質是耐氣候、耐老化以及耐溫性質，耐化學品性質亦佳，由於極性低，電絕緣性質亦佳。乙丙橡膠的售價較高，其用途是與其特性有關，例如汽車上暴露在外的門窗封條、車胎的側面和水箱的引水管等，在建築上則用於屋頂防水等。而在台灣有相當大的量用於彩色腳踏車胎，這是利用 EPDM 的耐氧化以保持輪胎顏色的不褪色和鮮豐。

10.2.5 特種橡膠

除了前述各種橡膠之外，其他的重要合成橡膠有：

1. *矽橡膠*（silicon rubber），這是以 siloxane，—Si—O—Si—，為主鏈的聚合物，Si 和 O 間的距離比 C—C 長，故而柔性及低溫性優良；同時 Si—O 的鍵能比碳鏈約高 50%，耐高溫性質良好。同時具有優良的電絕緣性質，及對人體無不良影響等性質。這一系列聚合物以 *二甲基矽橡膠*（polydimethyl siloxane）和 *甲基乙烯基矽橡膠*（ethylene vinyl polysiloxane）為主。在日常生活中，室溫硬化的矽橡膠廣泛用於門、窗、浴室等的填縫劑（sealtant）。

2. 氟橡膠（fluoro rubber），是指在主、支鏈上含有氟原子的彈性體，主要是以乙烯和丙烯的氟化物為單體聚合而得，例如：

KEF 系列：$[(-CH_2-CF_2-)]x-(CF_2-\underset{\underset{Cl}{|}}{CF})y-]_n$

Viton A 系列：$[(-CH_2-CF_2-)]x-(CF_2-\underset{\underset{CF_3}{|}}{CF})y-]_n$

Viton B 系列：$[(-CH_2-CF_2-)x-(CH_2-CF_2)y-(CF_2-\underset{\underset{CF_3}{|}}{CF})x-]_n$

氟橡膠具有耐化學品侵蝕、耐高溫等優異性質，用於航空、軍事以及航太等高要求的用途。

3. 聚氨酯橡膠（polyurethane），聚氨酯是指以含有氨基甲酸酯─$\underset{\underset{H}{|}}{N}-\overset{\overset{O}{\|}}{C}-O$─結構的聚合物。此一系列聚合物是由二異氰酸（diisocyanate）與聚醚或聚酯等含有 hydrogen donner 的長鏈化合物相反應而得；性質變化的範圍極大，產品的類型包括：軟質和硬質的發泡產品、熱固及熱可塑彈性體，以及塗料和黏著劑等。

除了熱固類和熱可塑彈性體之外，澆注成型類聚氨酯橡膠由於容易使用加工，用於一般對精密度要求不高的橡膠產品。

4. 丙烯酸酯橡膠（acrylate rubber），這是以丙烯酸酯，$CH_2=CHCOOR$，所組成的橡膠。其耐溫、耐油等綜合性能僅次於氟橡膠，用於與汽車和發動機相關的油封、O-ring 和膠管等。

5. 氯化聚乙烯（chlorinated PE）和氯磺化聚乙烯（chlorosulfonted, PE），這

是對聚乙烯加以氯化或氯磺化，打破原有的結晶結構而得到的彈性體。由於在主鏈上不存在雙鍵，故而耐老化等性質比雙烯類橡膠好，由於極性增加，黏著力上升，而電絕緣性降低。

6. 氯醚橡膠（epichlorohydrin rubber），這是以 epichlorohydrin 為單體或與環氧乙烷共聚所得到的產品。基本上這一系列橡膠的性能平恆，耐候性良好，極性大而黏著性強。可用於汽車、飛機及機械的配件。

7. 聚硫橡膠（polysulfide rubber），這一類聚合物中的主鏈上是硫原子；具有良好的耐高溫（長期 130℃）和耐低溫（−60℃）性質，以及耐溶劑性和化學穩定性。主要用於防腐蝕塗料。密封材料和軍事及太空用途。

8. 氫化丁腈橡膠（hydrogenated NBR, HNBR)，這是將丁腈橡膠中的雙鍵用氫飽和，故而 HNBR 中不含不飽和鍵，可以長期用於 200℃ 以上的溫度。

10.2.6 橡膠的令名

橡膠業界習慣用英文簡稱，表 10-2 列出了橡膠的中、英名稱簡稱。

⌛ 表 10-2 橡膠的通用簡稱和中、英文名稱

中文	英文	簡稱
天然橡膠	Natural Rubber	NR
丁苯橡膠	Styrene-Butadiene Rubber	SBR
聚丁二烯	Polybutadiene Rubber	BR
高順丁橡膠	High cis Polybutadiene	High cis BR
低順丁橡膠	Low cis Polybutadiene	Low cis BR
異戊橡膠	Polybutadiene	IR
丁基橡膠	Butyl Rubber	IIR
氯丁橡膠	Neoprene Rubber	CR
乙丙橡膠	Ethylene Propylene Rubber	EPM
三元乙丙橡膠	Ethylene Propylene Diene Rubber	EPDM
丁腈橡膠	Nitrile Rubber	NBR

⧗ 表 10-2　橡膠的通用簡稱和中、英文名稱（續）

中文	英文	簡稱
丙烯酸酯橡膠	Polyacrylic Rubber	ACM
矽橡膠	Silicon Rubber	MQ
氯醚橡膠	Epichlorohydrin Rubber	ECO
氯乙烯橡膠	Chlorinated Polyethylene	CM
氯磺化聚乙烯	Chlorosulfonated Polyethylene	CSM
聚胺酯橡膠	Polyurethane	PU
熱可塑彈性體／橡膠	Theroplastic Elastomer/Rubber	TPE/TPR
聚烯烴類熱可塑彈性體	Thermoplastic Polyolefin	TPO
聚酯類熱可塑彈性體	Thermoplastic Polyester	TPEE
熱可塑苯乙烯嵌段共聚合物	Thermoplastic Styene Block Copolymer	TPS
苯乙烯丁二烯嵌段共聚合物	Styrene Butadiene Bolck Copolymer	SBC, SBS

10.3　產業的特性

表 10-3 是各類橡膠用於輪胎的比例。

⧗ 表 10-3　各類橡膠用於輪胎的比例（%）

橡膠	美國	西歐	中南美	亞洲
天然橡膠	72	67	80	72
合成橡膠				
丁苯橡膠	73	66	73	67
聚丁二烯	81	75	88	67
乙丙橡膠	12	8	9	9
丁基橡膠	57	50	70	55
全部合成橡膠	57	50	70	55
天然及合成橡膠	61.5	56	73	65

即是 60%以上的橡膠用於輪胎市場，和人纖幾乎 100%用於成衣不同的是：

- 人纖經由紡織廠、染整廠而至成衣廠，紡織廠多而分散，是以人鐵工廠的用戶並不集中。同時在規模上，人纖工廠大於紡織廠，而紡織廠大於染整工廠，人纖工廠故然要考慮到成衣工業的需要，但是成衣工業並不能完全

主導人纖工業的發展，是以人纖工業具有一定程度自我發展和調整的空間。同時，成衣是時尚的，要求新求變，人纖工業也要求新求變。

- 橡膠的客戶是輪胎工廠，而輪胎工廠的客戶以汽車工廠為主；同時汽車工廠的規模大於輪胎工廠，而輪胎工廠的規模又大於橡膠工廠。所形成的結果是汽車工業對用於輪胎的橡膠有絕對的決定權。當以成本為要點時，合成橡膠工業無力求新。

由於用於輪胎的橡膠是由下游的輪胎工業所主導，故而在討論橡膠的時候，將橡膠區分為胎用（tire applications）和非輪胎用（non tire applications）兩大類。胎用橡膠的變化少，而非胎用橡膠的變化比較大。基本上，合成橡膠工業是非常保守性的工業。

表 10-3 中也顯示出，輪胎中天然橡膠的用量在 45%左右，這顯示出天然橡膠有其優點，說明如後。

胎用橡膠的要求如下：

- 在行駛時其**滾動摩擦**（rolling resistance）要小，所以所需要的動力也小（省油），同時由於摩擦力小，故而輪胎的耗省（耐磨）也小。高順聚丁二烯即是耐磨性質極優的。

- 在要停止的時候，**滑動摩擦**（skid resistance）要大。即是在剎車時，車子停下來的距離要短。很明顯的，這一項要求和前項相反。High cis BR 在這一項上的表現極差。

- 在行駛時發熱量要少。這項要求和橡膠在受力變形後回復到原形狀的回復性或**回彈性**（rebound）有關，回彈性愈好則在受力鬆弛循環中能量損失（損失的能轉變成熱能）愈少，發熱量也愈少。天然橡膠和聚異戊二烯的回彈性最好，故而高載重車輛的輪胎是一定用它來製造。而一般需要高彈性的產品，例如醫用手套也都是用天然橡膠。是以天然橡膠有其很難被取代的優點。

由於沒有一種橡膠能滿足前列三項要求，故而一般是將 NR、BR 和 SBR 混用，以求得平衡的綜合性質。NR 最大的缺點是它是天然產物產，品質的變化大、

分子量大、加工性不好，量和價格都不穩定，所以會用加工性好的SBR去代替部分的 NR。但是高速胎和載重胎則一定需要天然橡膠，故而天然橡膠有其不可取代性，但是 NR 可以取代合成的 SBR 和 BR。這也使得 SBR 和 BR 等合成橡膠的價格和天然橡膠的價格聯在一起。這是合成橡膠工業的另一特色，即是價格受到天然橡膠的影響。

由於汽車趨向於向高速發展，故而小車輪胎中 NR 的比例要提高，NR 在輪胎上用量會持續上昇。

10.4 供需現況

表 10-4 是前 30 餘年需求的變化。

⧗ 表 10-4　世界橡膠用量（萬噸/年）

	1974 年	1982 年	1990 年	2000 年	2010 年
合成橡膠					
SBR，固態	280	230	330	310	450
乳膠	24	25	34	45	60
羥化乳膠	－	－	120	180	220
BR	74	90	170	200	300
EPM/EPDM	20	28	60	90	150
Neoprene	31	32	31	26	35
NBR	20	19	34	34	55
Butyl	23	25	25	25	35
其他	60	60	120	150	200
總計	532	509	924	1,080	1,625
合成橡膠所占%	66	63	65	65	65
天然橡膠	270	300	500	560	850
天然＋合成	802	809	1,424	1,620	2,475

表 10-4 說明如下：

1. 固態 SBR，氯丁、丁腈和丁基橡膠的用量在前 1974-2000，28 年中變化不大，或是完全沒有實質上的成長。基本上這幾種合成橡膠完全沒有供需上的問題。

2. 固態 SBR 的低成長，直接受到 1973 年第一次石油危機的影響。第一次石油危機引發了強烈的節省能源要求，一方面汽車走向輕而小，同時使用壽命較傳統輪胎長 4 倍以上的輻射胎（radial tire）也開始大量普及；是以輪胎的用量大減，SBR的用量也減少（1982 年少於 1974 年）。在 2000 年之後，固態 SBR 每年均可維持小幅的成長，在 2005 年之後，由於中國的市場的快速成長，而有較大幅度的上昇。

3. SBR 乳膠的用途是作為黏著劑，即是和生活的改善而增加用量，其成長率高於固態的 SBR。

4. 聚丁二烯除了用於輪胎之外，尚用於 PS 改質為 HIPS。用於 HIPS 的聚丁二烯是隨著塑膠市場的充光而增加，故而 BR 整體仍有相當的成長率。

5. EPM/EPDM 是在 1960 年代中開始生產的橡膠，由於不含雙鍵，故而具有優異的耐氣候性，及耐溫性，它在汽車上的用途，從側胎膠（side wall）到門窗的密封條，以至於保險桿（與 PP 共混）等，是以具有相當高的成長率。

6. 天然橡膠占橡膠總量的比例保持在 40%左右，即是天然橡膠和SBR不同，保持一定的成長率。這是由於輪胎走向高速化，用於小客車輪胎中的比例由 40%增加到 45%，未來可能會增加到 50%。

7. 合成橡膠中的其他類成長甚快，這是由於歸在其他類中的熱可塑橡膠（TPE 或 TPR）的成長率很高。TPE 類的成長率遠高於熱固類橡膠的原因，在10-4 節中說明。

2000 年後的高速成長，得力於中國及其他新興國家汽車工業高成長。按在 2011 年，中國居年車銷售量的首位，超過了美國。

10.5 發展現況和前景

在下文中將合成橡膠區分為兩大類，即汽車用（包含輪胎）和熱可塑橡膠。

10.5.1 車用合成橡膠

10.5.1.1 胎用橡膠

輪胎目前主要是用 NR、SBR 和 PB 三種橡膠混拌而來的。如前述 NR 和 poly-isoprene 的性能相接近。

利用有機鋰（organic lithium）作為起始劑的陰離子聚合，可以：

- 控制各單體間的排列方式，例如令 M_1 和 M_2 為單體，則二者可以是：

    任意排列例如：$\sim M_1 M_2 M_2 M_1 \sim$。或是

    嵌段排列例如：$M_1 M_1 \cdots M_1 M_2 M_2 \cdots M_2$。

- 可以控制二烯類的微觀結構，即是丁二烯或異戊二烯在聚合之後雙鍵的位置。

是以利用苯乙烯、丁二烯和異戊二烯為單體，可以用陰離子聚合法合成具有 NR、SBR 和 IR 混拌後性質的單一橡膠，這一類橡膠統稱之為積成（integrated）橡膠。積成橡膠綜合性質在事實上優於目前由混拌所得的膠料，同時在加工作為輪胎時的工序短。但是價格較高，故目前雖然有日本的 JSR 和德國的 Bayer 有產品上市，但是用量不大，每年全世界不超過 60,000 公噸。除了價格的因素之外，加工條件亦和傳統橡膠不同，故而輪胎工業尚不能普遍接受。

10.5.1.2 高順聚丁二烯

High cis PB 是用配位催化劑，其中又分為鈷系和鎳系二類，所得到橡膠的 cis 含量約為 96%。如果改用稀土金屬，例如釹，則 cis 含量可以高到 98% 以上，而

所得到的 PB 可以形成結晶，因而增加分子間的作用力，或是增加成品的強度。利用烯土金屬催化劑的 PB，目前有商業生產。全世界的用量不超過每年 50,000 噸。

10.5.1.3　EPM/EMDM

聚合系統中如果含有 M_1 和 M_2 兩種單體，使用 Metallocene 系催化劑，可以使這兩種單體在聚合物中的分佈變得均勻，因而使得聚合物的性質變得更一致。Metallocene 用於 LLDPE 時即高度呈現其在這一方面的優點。EPM/EPDM 新的聚合方法，即是採用 Metallocene 催化劑，可以聚合出性質相當於 PP 和 EPM 共混物的熱可塑彈性體，目前已大規模生產。

10.5.2　熱可塑彈性體

在三大類聚合物之中，人纖和橡膠均有相對應的天然產品，但是沒有相對應天然產品（即是全新的材料）的塑膠用量遠遠超出了人纖和合成橡膠，三者目前的比例（含天然產品）約為：

$$塑膠：人纖：合成橡膠 = 160：40：10$$

其原因是塑膠的熱可塑性，即是加熱後即可流動，使得塑膠加工過程是相對的簡單：

原料 ⟶ 加熱熔化使能流動 ⟶ 流入模型內定型
　　　　　　　　　　　　　⟶ 流經模頭定型

故而在性質可以合用的情況下，塑膠大幅度取代其他的材料。橡膠需要在低溫具有柔性，故而分子鏈極「柔」，同時彈性體必須要有能固定分子鏈之間相對位置的鍊結（node）才會有回彈性，是以傳統橡膠必須將分子鏈相互交聯。在交

聯之後一則分子量大幅增加,再則交聯固定,分子鏈的位置,不能流動,故而不是熱塑類。傳統橡膠因而必須是熱固類,加工成型的週期長,例如小型車胎加壓加熱的時間約為 12～15 分鐘,而用 ABS 製作一個電視機殼約需時 30～40 秒。所以傳統橡膠的加工成本比塑膠要高很多。

熱可塑彈性體中包含有兩種不同的分子鏈:

1. 一種是「柔」性。即是分子間作用力弱,和橡膠分子鏈結構相同的(soft)鏈段,soft 鏈段(block)提供彈性。

2. 另一種是分子間作用力強,和塑膠分子鏈相同的**硬鏈段**(hard block)。硬的鏈段提供兩種功能:

   - 一種功能是在比較高的溫度時變成可以流動的熱可塑功能。
   - 另一種是在室溫(硬段為固態)時,作為固定軟段的結。要作為軟段的結,其必要條件是:

     (a)硬段和軟段之間是用化學鍵聯在一起,或者

     (b)硬段和軟段分子間的作用力很強,或者是二者之間的相容性很好。這一類的 TPE 一般是用**共混方式**(compomding)製作。

以下將熱可塑彈性分為共混和聚合兩類分別討論。

10.5.2.1　聚合熱可塑彈性體

在這一類中以苯乙烯—丁二烯嵌段共聚合物(styrene butadiene block copolymer, SBS 或 SBC)的用量最多,氫化 SBS,或 SEBS(styrene ethylene butylene styrene)和熱可塑聚胺脂(thermoplastic polyurethane)次之,以及聚脂、醚的嵌段共聚合物又次之。

SBS 的用量約占 TPE 總量的一半,是用有機鋰為起始劑(陰離子)聚合而得。傳統的製法是用丁基鋰聚合為**二嵌段**(diblock)以後,再偶合為星型的 teleblock,或是線型的 linear。

用途包括黏著用熱熔膠（hot melt aclhesive, HMA）、瀝青改質和聚合物改質而以取代傳統橡膠用作鞋底。在中國及台灣和東南亞地區，80%SBS 的用途集中在作鞋底；在中國大陸，由於自產石油中瀝青含量太少，瀝青供應不足，瀝青改質有極大的發展前景。

丁基鋰（butyl lithium）上含一個鋰，作為起始劑所聚合出來的是 SB 二嵌段，必須要偶合成 SBS 型式之後始具有彈性，一般偶合率不高於 92%，即是由單鋰（monolithium）所得到的 SBS 中含有至少 8% 不具彈性的 SB dliblock。但是如果用雙鋰（di-lithium）作為起始劑，即可以直接聚合出 SBS，或相當於偶合率為 100% 的 SBS；其表現出來的彈性等性質優於用單鋰偶合而得的產品。若干公司所出產的「透明 TPE」，亦是用雙鋰為起始劑。

用氫將 SBS 中聚丁二烯段所含的雙鍵飽和，則聚丁二烯段中的順、反結構變得和聚乙烯相同，1,2 結構變得和聚丁烯相同。氫化後的 SBS 分子是 Styrene-ethylene-butylene-styrene 結構，中的丁烯結構（EB 段）如果大於 40%，具有彈性，SEBS 即是熱可塑彈性體。由於不含雙鍵，故而 SEBS 的耐溫、耐氣候，以至於耐化學品業性能均超出 SBS 甚多。SEBS 可以耐 100℃ 的溫度，即是可以用低壓蒸氣或沸水消毒，大量用於醫療器材。

聚胺脂是由異氰酸（isocyanate）與多元酸（polyol）酯化而得，一般說來，異氰酸是短鏈，多元醇可以是分量為 600～2,000 的長鏈和分子鏈短的 Chain extender。
- 二元異氰酸與長鏈的二元醇脂化之後形成長鏈的軟段。
- 二元異氰酸和短鏈的二元醇脂化後形成硬段。
- 三元異氰酸和三元醇則可以形成網狀交聯。
是以可以用異氰酸和多元醇聚合成含有軟段和硬段的熱可塑彈性體，所得到產品的物性，優於 SBS。

由於：

・異氰酸和多元醇可以自由取得。

・生產設備（雙螺桿指出機）的投資不大。

可以小規模生產，有小廠存在的空間。

10.5.2.2　混摻熱可塑彈性體

目前由混摻所得到的主要 TPE 有兩種。

一種是由 PVC-NBR 相混拌而得。如前述，NBR 中含 AN 的量為 20～60%，含 AN30%左右的 NBR 和 PVC 因為極性相近，故而可以混半得到熱可塑彈性體。

EPM 與 PP 混摻是 thermoplastic polyolefin（TPO）的主流，最初亦是由 Monsanto 公司所發展，目前用於做汽車保險桿等用途。EPM 中含有丙烯，故而與 PP 的相容性極好。PP 的生產者在 1988 年左右發展出來聚合時，一次聚合出 PP-EPM-PP 的 TPO 產品，性質比混摻所得的均勻；但是產品限於高乙烯含量的 EPM（性質接近塑膠而彈性較弱）。Du Pont/Dow 新設立用 Metallocene 作催化劑的工廠，可以生產全面 PP-EPM-PP 產品。即是用聚合所得到的 TPO 將取代傳統的 TPO。

Chapter 11
能　源

在本章中將討論兩個課題：一個是化學工業的能耗，另一個是能源工業的現況與未來。前者是化學工業從業人員應具備的常識；後者則是希望能說明和能源相關的一些基本觀念。

11.1　化學工業與能源

化學工業是一個高能耗工業，原因是：

1. 在化學反應之後，有繁複的分離（seperation）和純化（purification）操作，例如分餾和結晶等。這些操作都需要用到物質的潛熱（latent heat），所需要的熱量遠大於升溫。

2. 石化工業基本上是聚合物工業，聚合物在加工成型時需要將聚合物加溫至可以流動的狀態，就單位重量材料在加溫時所需要的熱量來說，由於有機化合物的比熱比無機材料高一個數級，所以聚合物在加工時所需要的熱能大於金屬材料。

粗略的估計，1 噸聚合物從單體合成、聚合到加工加型所需要的能源，約為 5～8 萬大卡，是所有材料中最高的。

11.1.1　節能——從化學過程的觀點著手

如前述，化學工業之所以會需要大量能的，原因是有繁複的分離操作，其原因在於：

1. 反應不完全，故而未反應的原料需要回收以便再利用，即是轉化率（conversion）愈低，所需要回收未反應原料的數量愈多。

2. 在反應時，有副產品產生，這些副產品需要和主產品分開，即是反應的收率（yield）未達到 100%時，即有可能需要將副產品和主產品分開。即是收率愈低、副產品的量和種類愈多，分離過程愈複雜，用掉的能也愈多。

3. 在反應系統中含有不參與化學反應的化合物，例如溶劑，則在反應之後，這些不參與化學反應的物質必須分離。

針對前述原因，化學師在節能上努力的方向是：

1. 在選擇化學反應的途徑時，要以提高收率為主要的考慮，減少及消除副產品的產生。

2. 如在第 4 章中的 EO、AN 等的製程中，都呈顯出催化劑的重要性，化工製程的主要突破，多半是由於在催化劑上有所突破。

3. 選擇在溶液中反應的原因很多，例如：減少黏度，使反應物的分散以利於反應，和增加反應物的濃度等。在選擇溶劑時，化學師如果能考慮到：

   (1) 分離的困難程度，例如溶劑和產品沸點的差異要大一點，溶劑的潛熱小一點等。

   (2) 分離的量少一點，即是溶劑用量儘可能的少。

   則對整個製程的經濟性會有幫助。

　　此外，非常重要的，化學師必須對會排放有害廢棄物的製程，重新設計化學反應途徑，這是化學工業防治污染的根本之道。

11.1.2 節能——工程師的努力目標

　　在設計上，製程中熱的循環和再利用目前已有長足的進展，基本上，工程師仍可在下列各方面更進一步：

1. 發展不需要用到潛熱的分離方法，例如第 3 章中所討論到的對二甲苯利用吸附分離。

2. 在分離過程中儘可能的不要加入其他需要再分離的物質。如果能克服高黏度流體的流動和熱傳這兩個問題，則所有的溶液聚合都可以節省約一半的能源。

3. 選用低能耗的轉動（rotational）設備，例如泵和壓縮機。

　　除了前述各點之外，有些工作是要共同努力來做的。例如聚合物一般是以粒狀出售的，即是在聚合物的生產工廠，要加熱使在聚合物處於可流動狀態來造粒，然後降溫至室溫。而聚合物的加工廠再加熱將粒狀聚合物變為可流動的狀態。在本體聚合時，自聚合反應器流出的聚合物即是流體，不需要額外的熱量即可造粒。

但是在生產 PE 和 PP 時，自反應器中所排出的是蓬鬆的小粒子，需要再加熱造粒，否則假比重（bulk density）低而不為加工客戶所接受。如果能用簡便的方法使假比重增加，再說服加工廠使用非傳統的粒狀產品，即可節省相當多的能源。例如 PTA 目前在台灣即是以液態送到聚酯工廠中，以減少再一次加熱液化所需要的能源。

11.2 能源工業的現狀

日常我們所接觸到的能源，可分為：

1. 燃料：包含由石油中所提煉出來的汽、煤、柴和燃料油、天然氣和煤。
2. 電力：包含水、核能和火力（thermal）發電。在火力發電中包含了煤、天然氣和不同類的油料。發電的基本方法是使由導體所繞成的線圈在磁場中轉動，水力發電是利用水的位能來轉；核能和火力發電是利用熱產生高壓的水蒸氣，再用蒸氣來打動渦輪（tubine）而轉動線圈；如果燃燒所產生的氣體中不含腐蝕性物質和微粒，則可以用燃燒後的氣體直接打動渦輪機發電，例如天然氣和自石油中提煉出來的油料。表 11-1 是現有各種發電方法的簡略比較。

⌛ 表 11-1　不同發電方法

	能的分類	傳遞的媒介	來源	是否再生	建廠週期	建廠費用	操作費用	衍生的問題
水力	位能	水	雨水	是	5～15 年	最高	最低	建設水壩對環境的影響極大
火力	熱能	水蒸氣	石油 煤	否	5～8 年	中等	$\frac{高}{次低}$	CO_2的排放，及空氣污染
	熱能	燃燒後的氣體	天然氣	否	5～10 年	最低	最高*	CO_2的排放，但比煤和石油要少很多。
核能	核能	水蒸氣	鈾	否	5～10 年	高	低	輻射廢棄物的處理

*指非天然氣產地。

從表 11-1 可以看出，在現有的主要電源中，除了水力發電之外，均為不能再生的能源（就是會用完的），即使是水力發電，也有水庫淤集的問題。就貯量和使用量來看，石油和天然氣將先用完，最後是鈾，這是能源工業所面臨的第一個問題。第二個問題是無論是煤、石油或是天然氣都排放 CO_2 所引起溫室（green house）效應而導致由地球表現升溫所引發的氣候劇變問題，其中尤以煤為甚。

如果將能源分為民生用和工業用兩類，則：

民生用能源可分為家庭用和運輸用，其中：

　　家庭用包含：氣態的燃料，如天然氣，和電力。

　　運輸用包含：汽、煤和柴油。

工業用能源有：煤、燃料油和天然氣等燃料和電力。

是以，在台灣或其他經濟較發達的地區，煤不用來當作家庭燃料，原因是在燃燒煤時，目前只能在排放時作污染控制，這在大型工廠中可以做到，而一般家庭做不到。這也是煤在同一燃燒值的基礎上價格最低的原因。

11.3　能源問題的特性

能源問題的特性為它是一個民生問題，是基本的民生必需品，故而：

1. 能源的價格必須要合理而能被人民所接受。即是，日用能源的費用，在人民正常收入中所佔的比例要合理。

2. 能源的供應必須穩定。即是，產業的運作和人民的日常生活受到能源不足影響的程度，要減少到最低。

脫離了這兩個原則來討論能源是不切實際的。

由於能源工業是一個非常龐大的工業，故而如果未來的能源工業和現在的能源工業完全不同，則：

建立新工業所需要的投資是非常非常的高，建設所需要的時間是非常長，而新工業所需要的人材也多且要長時間去培養，因而所轉嫁到用戶的費用會是非常

的高而不被接受，是以新的能源工業必定會是自現有工業中，逐漸演變出來，而不可能是在短期內以突變方式出現。同時新能源的成本要在一定範圍內和現有能源的成本相當。

要在此指出：

1. 美國從未在限制 CO_2 排放的京都協定上簽字同意。

2. 加拿大原本是京都協定的簽字同意國，由於要開發油砂，CO_2 的排放會增加，於 2012 年 12 月宣佈退出京都協定。澳洲亦因要開採外海的油、氣而退出。

即是在考慮經濟發展和減碳時，美國、加拿大和澳洲均選擇經濟發展。台灣不具備比美國、加拿大和澳洲更佳的條件可以不考慮經濟發展去救地球。

11.4 可再生能源

由於現有的能源是會用完的，故而在考慮新的能源時，一定會想到將自然界所提供的能，進一步多加利用，其中包含了連續性和不連續性兩類。

11.4.1 連續能源

在地球上的若干地點，海水高潮和低潮時的位差可以達到 10 公尺以上，如果沿海築壩，高潮時海水自然灌入到壩內，低潮時是否即可以利用水位差來發電，目前水力發電所需要的最小位差是 20 公尺（6 層樓）高，而潮位差能達到此一要求的是沒有。故而此一想法目前只能作為是一種夢想。能否利用潮流在流動時的動能來發電，是在探討中的課題。

同樣的，在赤道上，表面海水和深海的溫差可以達到 30℃，理論上可以利用溫差來發電，但是 30℃ 溫差的最大可能利用效率的理論值在 10% 左右，而實際上的效率更低，故而實用性很小。

　　另一構想是利用氫作為燃料，氫燃燒後成為水，而水又可以分解成氫。此一過程不但合乎環保的要求；同時水循環再生，亦不虞缺乏。同時，氫和氧結合為水時會放出電子，利用此一現象來發電的稱之為燃料電池（fuel cell），而且發電的效率極高。即是，氫可以同時作為燃料和電的來源，是理想至極的能源。

　　為實現此一構想，研究人員正致力於解決下列兩個問題：

1. 第一個問題是氫的來源，努力的方向有兩個：一個是利用光電池和陽光來電解水，另一個方向是分解水成為氫和氧。目前只能算是在起步階段。
2. 第二個問題是氫的貯存，由於氫的液化非常困難，而且也需要用到大量的能源；同時氫分子很小，容易滲透到金屬中去因而引起金屬脆化。是以目前傾向於用吸附在固體上的方式來貯存氫，例如利用鋰的化合物和碳奈米管等。

利用氫作為燃料是目前相當受到重視的研究課題。

11.4.2　不連續能源

　　在不連續能源之中，太陽能和風力發電是最受人注目的。它們共同的問題是二者均是不連續的能源，發出的電量隨陽光或風力的強弱而改變。平均發電量，為設備設計發電量的比例，風力發電約為 12%，太陽能約為 4%。而電力的供應是必需要穩定的、不能短缺的，在估質可靠風力或太陽能的供應電量時，只能取其最低值，其最低值更低於平均發電量。是以如果以太陽能或風能作為主要的電力來源，則必需具備有極大量的貯電設備，或是設有相當大量的備用發電能力。前列任何一種途徑，均會極大幅度的提高投資費用和發電成本。否則僅能作為點綴性的輔助能源。風力發電近日成為可再生能源主流的原因，即在於其連續性（日、夜、晴、雨都可能有風）較太陽能（夜、雨天沒有太陽）高很多，但是亦必需廣為裝設，以平衡風力會因時因地不同的問題。

　　在地廣人稀的中國大陸西北部，風力和太陽能發電都有一定的需求和市場，它的前題是當地的居民從來都沒有享受過電力所能提供的方便，每天能看幾個小

時的電視已是一大進步。英國和德國則在海域中廣為裝設風力發電，在達到一定的數量之後，是可以取代一部份傳統電力。

風力和太陽能發電在目前要完全取代傳統電力來源的可能性極低。

另一被討論到的可再生能源，是將植物的澱粉和糖發酵為酒精，或植物的油酯酯化作為汽、柴油的代用品。按目前糧食的總產量，包含植物油，約為每年 23 億噸，即使能 100%的轉化為汽、柴油，仍不足今日的汽柴油用量，同時所造成糧食價格上昇（2013 年，美國約 1/3 的玉米用作生產酒精，造成因飼料成本上昇牛肉價格上昇 70%，豬肉價格上昇 50%）的後果，不是人類所能承受的。

如果能在海洋中種植大量的植物，或可解決部份問題。或是能發展出將天然纖維轉化為液態燃料的經濟且環保的製程。按自然界中沒有可分解纖維的微生物，否則木及紙製品均會如同澱粉一般的發酵、消失。在上帝創造萬物時，他認為天然纖維可用來傳承人類的文化，而不是一時的。

11.5　煤的氣化和液化

如前述，煤的蘊藏量遠大於石油和天然氣的貯存量。同時，燃煤的問題在於 CO_2 和硫化物的排放，以及煤灰的處理。如果石油和天然氣由於貯量減少而價格大幅上升時，煤是要加以利用的。在本節中要敘述的即是煤利用的現況。

11.5.1　煤的氣化

在第 8 章中提到含碳的物質在高溫與水蒸氣反應，即得到H_2和 CO，二者合稱之為合成氣，而且均可燃燒，是 19 世紀和 20 世紀初的民生用燃料，是時稱之為水煤氣（water gas）。

此一技術目前的主要用途是生成合成氣，目前的技術指標如下：

碳轉化率：　　　　　95～99%

生成氣體組成：

CO：36～43%

H_2：32～42%

CO_2：20～25%

沿用煤的氣化技術而提高煤的使用效率，有ICGC（integrated coal gasification combined cycle）發電技術的出現，略如圖 11-1：

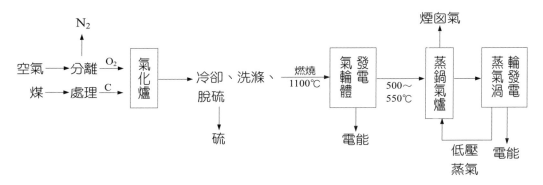

⏳ **圖 11-1　ICGC 發電流程**

和目前的用煤直接燃燒產生高壓蒸氣發電相比較，IGCC 流程在環保和煤的利用效率上，均有大的進步。其中氣化部分和生產合成氣相同。

是以在將煤氣化為可燃燒的氣體方面，目前已有可用的技術，此類技術的投資均大，而且無助於減少 CO_2 排放。

11.5.2　煤的液化

將煤液化為液態的碳氫化合物燃料有兩個途徑，一個是在 7 章節所提到的MTG製程，另一是在二戰期間由德國所開發的Fischer-Tropsch製程，其基本化學反應是：

$$nCO + 2nH_2 \xrightarrow{\text{催化劑}} -(CH_2)_n + nH_2O$$

即是在有催化劑的情況下，CO 和 H_2 形成碳氫化合物。二戰之後，由於此一製程所製得的汽油等不能和自石油中提煉所得的汽油在價格上競爭，而停止；南非由於種族政策長期受到貿易限制，故而一直以煤液化作為汽油來源，在技術和經驗上領先。

如第七章所敘，中國正在大力發展 MTG 和 MTO 製程。

11.6 核　能

從環保的立場來看，核能發電的優點是不排放 CO_2，而缺點是沒有有效處理核燃料廢棄物的處理方法（除了深埋地下之外）。

核能有兩種，一種是利用使鈾分裂為比較小的原子過程中部分質量轉換為能。另一種則是利用在重氫熔合為氦過量中質和能的轉換。二種均可用作武器，即是鈾原子彈和氫彈，二者的區別在於人類可以控制鈾分裂反應的速度，而目前尚無法控制重氫的熔合，是以目前所有被和平利用的核能均是鈾裂解型的，由於由鈾開始裂解為完全穩定的元素需時在萬年以上，是以核廢料的處理構成相當大的問題。

核能之大規模用於發電，是在第一次石油危機（1973 年）之後開始的，原因是要分散能源的來源，以便國家的民生和經濟脫離產油國的控制，原本就要以核能取代石油。法國的核能佔總發電量的 78%，至今從未表達廢核電的態度。其後，美國發生了三哩島輻射外洩，及蘇聯（烏克蘭）車諾比核反應爐災變事件。尤其是後者的後果非常嚴重，導致全世界停建核能。自 1998 年的京都減碳排放的協議開始，核能又成為了可被考慮的能源，美國、中國、印度等地有新的核能電廠規劃。然後 2011 年日本福島的核能事件，又加深了反對核能的力量。重氫熔合為氦是在太陽表面上隨時發生的反應，它的優點是沒有廢核燃料（反應之後的鈾235）問題，同時由於處於激發狀態的重氫數量極少，發生核災變的可能性大幅減少。反應條件是重氫需要約 1 千萬度左右的高溫來激發到可反應的狀態。作為氫

彈，重氫是由鈾彈爆發來激發的。如果可以用人為的方法將極微量的重氫激發到可以反應的狀態，則重氫的熔合即可在可控制的狀態下用作民生用途。目前是用高能的X光和加速器等方式，所遭遇到的問題是加入的能量大於重氫熔合時所釋放出來的能量，是不可商業化的貼本做法。

由於重氫的原子量小，沒有廢核燃料的問題，同時重氫的來源充足，沒有供應上的問題。重氫熔合是目前被寄以厚望的技術。

11.7　台灣能源供應現況

除了目前不具經濟開採價值的煤礦之外，台灣目前：

　　　火力發電煤：65%

　　　火力發電，天然氣：20%

　　　核能發電：10%

　　　水力發電：5%

台灣能源對進口依賴的程度高達97%，必須要採取嚴肅的節能政策。

11.8　能源工業的展望

長期來看，利用重氫熔合發電，和氫作為燃料是最理想的能源，在這二種技術未能真正的商業化之前，頁岩氣、油砂和煤無可避免的會成為石油和天然氣的代用品。

參看11.4節，風力發電和太陽能由於不是連續性能源，要取代現有能源的可能性不大。德國的風力發電占發電總量的15%（2013年），即因財務負擔太大而在重新檢討電力政策。除非願意和有能力付出高的代價，風和太陽能目前不具備大規模應用的條件。

以下，將自CO_2排放的狀況來討論未來能源成長的變化。在2010年：

地區	年均人排放量，噸／年	總排放量，億噸／年（佔全世界的%）
油、氣生產地區：卡達、巴林、科威特、阿拉伯聯合大公國	25～60	5(1.6%)
OCED 國家	11	150(50%)
美、加、蘇聯	17～20	90(30%)
西歐、日本等	10～20	60(20%)
世界	4.4	300(100%)
台灣、南韓	11	9(3%)
發展中國家		
中國	5	80(27%)
印度	2	22(7.3%)
巴西	5	8(2.7%)
其他		26(8.7%)

假設：

1. 頁岩氣一如預期，可提供約 200 年的化石燃料需求。

2. 核能的發展受到排斥。

美國和蘇聯的 CO_2 排放量會維持在每人每年 20 噸左右，西歐、日本在 10 噸／人一年。而中國、印度、巴西等國會上昇至 8 噸／人一年，由於人口多，會將全球的 CO_2 排放量昇高至 450 億噸／年。

　　能源價格會不可避免的升高，節能的措施是不可避免的，例如發展公共運輸系統以減少路上的車輛。在第 2 章中提到能源的分配和使用均極度不均衡，隨著人口的增長偏重在比較落後的地區，世界將日趨向兩極化。真正要思考的是我們在未來的世界上，會居於什麼地位。

參考資料

1. 入門性的參考資料，以教材為主要。英文教材的系統性，一般優於中文教材。名校所用的簡體字教材，內容非常豐富。

2. 比入門性教材更詳細的資料是百科全書類書籍。近年來新版不多，但仍具參考價值，例如：

   《化工百科全書》，北京化學工業出版社。

   《橡膠工業手冊》，北京化學工業出版社。

   《Encyclopedia of Polymer Science and Technology》，Wiley Interscience.

   Kent, J.A.《Riegel's Handlook of Industrial Chemistry》，Van Nostrand Raein-hold.

   Kirk-Othmer,《Encyclopedia of Chemical Technology》，Interscience Publishers, New York.

   《Ullman's Encyclopedia of indsutrial Chemistry》，VCH Verlags Gesel-Ischaft.

3. 技術資料，簡體字的技術資料書籍的內容，遠比英文的詳細。讀者可善加利用。

4. 年鑑類書籍，遂年說明產業的情況。例如：

   中國化工信息中心所出版的《中國化學工業年鑑》和《世界化學工業年鑑》。

   Gulf Publishing Co.的《Petrochemical Industries》和《Refining Industries》。日本，重化工業通訊出版的《亞州石油化學工業》。

5. 期刊報導和產業相關的新聞，以CE＆N（Chemical and Engineering News）週刊最重要。

6. 網路上可取得下列資料：

   A.技術性的資料，一般英文的優於中文的，其詳盡程度，不及百科全書。

可作為快速的資訊來源。

B.產業發展和投資資訊，以英文為主，需付費。內容多不具深度。

C.價格和市場，以英文為主，需付費。

國家圖書館出版品預行編目資料

石油化學工業：原料製程及市場／徐武軍著.
一三版.一臺北市：五南，2015.08
　面；　公分.
ＩＳＢＮ: 978-957-11-8177-6（平裝）

1.石油化學業

457.5　　　　　　　　　　　104011295

5B49

石油化學工業—原料製程及市場

An Introduction to Petrochemical Industry

作　　者 － 徐武軍(180.4)

發 行 人 － 楊榮川

總 編 輯 － 王翠華

主　　編 － 王正華

責任編輯 － 金明芬

封面設計 － 周芷蔚

出 版 者 － 五南圖書出版股份有限公司

地　　址：106 台北市大安區和平東路二段 339 號 4 樓

電　　話：(02)2705-5066　傳　　真：(02)2706-6100

網　　址：http://www.wunan.com.tw

電子郵件：wunan@wunan.com.tw

劃撥帳號：01068953

戶　　名：五南圖書出版股份有限公司

法律顧問　林勝安律師事務所　林勝安律師

出版日期　2005 年 3 月初版一刷
　　　　　2007 年 6 月二版一刷
　　　　　2015 年 8 月三版一刷

定　　價　新臺幣 400 元